大法鼓經講義

——第六輯

平實導師 述著

ISBN：978-626-97355-6-3

佛法是具體可證的，三乘菩提也都是可以親證的義學，並非不可證的思想、玄學或哲學。而三乘菩提的實證，都要依第八識如來藏的實存及常住不壞性，才能成立；否則二乘無學聖者所證的無餘涅槃即不免成爲斷滅空，而大乘菩薩所證的佛菩提道即成爲不可實證之戲論。如來藏心常住於一切有情五蘊之中，光明顯耀而不曾有絲毫遮隱；但因無明遮障的緣故，所以無法證得；只要親隨眞善知識建立正知正見，並且習得參禪功夫以及努力修集福德以後，親證如來藏而發起實相般若勝妙智慧，是指日可待的事。古來中國禪宗祖師的勝妙智慧，全都藉由參禪證得第八識如來藏而發起；佛世迴心大乘的阿羅漢們能成爲實義菩薩，也都是緣於實證如來藏才能發起實相般若勝妙智慧。如今這種勝妙智慧的實證法門，已經重現於臺灣寶地，有大心的學佛人，當思自身是否願意空來人間一世而學無所成？或應奮起求證而成爲實義菩薩，頓超二乘無學及大乘凡夫之位？然後行所當爲，亦不行於所不當爲，則不唐生一世也。

——平實導師

如聖教所言，成佛之道以親證阿賴耶識心體（如來藏）爲因，《華嚴經》亦說**證得阿賴耶識者獲得本覺智**，則可證實：證得阿賴耶識者方是大乘宗門之開悟者，方是大乘佛菩提之眞見道者。經中、論中又說：證得阿賴耶識而轉依**識上所顯真實性**、**如如性**，能安忍而不退失者即是**證真如**，即是大乘賢聖，在二乘法解脫道中至少爲初果聖人。由此聖教，當知親證阿賴耶識而確認不疑時即是開悟眞見道也；除此以外，別無大乘宗門之眞見道。若別以他法作爲大乘見道者，或堅執**離念靈知**亦是實相心者（堅持意識覺知心離念時亦可作爲明心見道者），則成爲實相般若之見道內涵有多種，則成爲實相有多種，則違**實相絕待**之聖教也！故知宗門之悟唯有一種：親證第八識如來藏而轉依如來藏所顯眞如性，除此別無悟處。此理正眞，放諸往世、後世亦皆準，無人能否定之，則堅持離念靈知意識心是眞心者，其言誠屬妄語也。

——平實導師

目　次

本經並未分品，故無目錄。

自序

佛法之修證義學淹沒已久，肇因於時局混亂而致外道法猖獗，是故末法時世仍有九千年而竟失傳，三十年前平實出世弘法而舉出標竿：佛法實證之標的即是第八識如來藏。於正覺同修會提出此項主張之後，引起兩岸佛教界側目，致有毀謗及謾罵正覺為邪魔外道者；嗣後經由正覺不斷以經典的講解整理成書而梓行，加之以禪宗公案的拈提及公開流通，繼之以阿含聖教中的八識論聖教依據而作說明，佛教界才終於確認正覺的主張為正確。但這項成果的顯示而獲得佛教界不得不的認同，已是正覺弘法將近三十年後的事了；由此可見第八識大法如　佛所說：眾生難信難以接受，是不可思議的勝妙法而難以生忍。是故證第八識的本來無生而能於此生忍者，即名證得大乘無生忍者。

今此《大法鼓經》中則以法與非法二者建立世間法及出世間法，而以出世間大法的第八識如來藏含攝世間諸法的非法，由此攝盡世間、出世間一切有情及一切諸法。然而此一大法亦名「此經」，即是第八識如來藏；所以者何？謂一切世間法及一切有情，莫不從此一大法而生住異滅，致有三界眾生的輪迴生死無盡，亦因此第八識而有三乘菩提的存在與施教。若無此一大法者，則十方三世一切諸有全歸於無；而 世尊一代聖教所說諸經，悉皆依此大法而開演、而教導弟子實證此一大法，故有三藏十二分教諸部經典的演示與教誡，莫不皆從此一大法而出，從各個不同層面而有極多演示，具令諸菩薩弟子得以早日進道乃至成佛；是故舉凡直接演示此一大法之經典，不論名稱爲何，同樣皆名之爲「此經」，謂此大法第八識如來藏也。

苟能勝解此理而廣修六度波羅蜜多，次第實修至第六住位滿心，加修四加行而求親證第八識如來藏，證已即能現觀此識本具之眞如法性，名爲證眞如之賢聖。此後進修三賢位的非安立諦三品心，於入地前再加修安立諦十六品心及九品心後，依憑受持無盡的十大願，以發願久之，已經清淨而能永遠受持故，名爲增上意樂清淨，即得入地；此後進修十度波羅蜜多，即得漸次進到十地滿心位；從此百劫修相好，圓滿極廣大福德而成妙覺菩薩，俟時由佛授記而成爲一生補處，待緣下生人間即得成佛，並得廣益眾生。此即佛菩提道的概要，然皆由親證宇宙萬法本源的第八識如來藏而成就。

何以故？謂此第八識即是一切有情生命的本源，父母未生前的本來面目；一切器世間及有情生，莫不從之生，莫不從之滅，如是輪迴不已；是故證得此第八識而能現觀其眞如法性並轉依成功者，即謂之爲賢聖。若不肯依序實修六度波羅蜜多，始從布施去貪開始，繼之以持戒清淨，乃至末後修學四加行之法，即使偶遇善知識助益而得實證，亦將無法轉依成功，終必退轉而致謗法及謗賢聖，死後必墮三塗，無可救者，學人於此必須知之而且謹記於心。

由於此第八識如來藏難以實證，亦兼證已難以信受故，必須有人護持此一大法而救護眾生；亦因越至法滅之時，此一大法越難被世人所信受及受持，是故必須有大菩薩於末法最後八十年中加以護持，令已實證之人心得決定而不退轉，是故 佛於此經中授記「一切世間樂見離車童子」，於末法最後八十年中護持此經第八識如來藏妙法，如是成就此經宗旨。今以此部經典講述圓滿整理成書，並將於二〇二三年初逐輯陸續出版，即簡說此經宗旨而以爲序。

佛子 **平實** 謹序

公元二〇二一年小暑 謹誌於松柏山居

（上承第五輯未完內容：）

《大法鼓經》

經文：【「復次，迦葉！聲聞、大乘常相違反——世俗、無漏，愚癡、黠慧。復次，迦葉！若謗『此經』者，應當攝取，所以者何？彼以謗故，捨身當墮無邊黑闇；哀愍彼故，當設方便，以大乘法而成熟之。若不可治者，當墮地獄；若有信者，彼自當信；其餘眾生，應以攝事攝令解脫。」】

語譯：【世尊又開示說：「除此以外，摩訶迦葉！聲聞乘和大乘始終都是互相違反的，是世俗與無漏而相對的，也是愚癡和黠慧相對的。除此以外，摩訶迦葉！如果毀謗『此經』的人，一樣應該要設法攝取他們，爲何這麼說呢？他們因爲毀謗的緣故，捨壽之後，將會下墮於無邊的黑暗之中；哀愍那些人的緣故，應當巧設方便，用大乘的佛法而成熟他們的善根。如果是不可對治的人，他們死後將會下地獄；如果有願意信受的人，他們在你巧設方便之下，自然就會信受；至於其餘的眾生，應該用攝受事相上的方便來攝受他們，使他們得以解脫。」】

講義：這還是在說明三乘的不同：聲聞乘與大乘法永遠都互相違反。我們一向都說：「三乘菩提沒有互相違背，三乘菩提是互通的，只有淺深、狹廣的差別，沒有互相牴觸。」現在我還是這麼說。但是如來在這裡提出來說：「聲聞、大乘常相違反。」「常」就是自始至終都不改變。那到底是什麼地方永遠互相違反呢？就是說，聲聞法中所說的法義以及所觀行的對象都是世俗法，從來就不是無漏的實相法；而大乘法中說的法義和觀行的內涵都是無漏的實相法。那我們就要來說明這一點，才不會以爲：此前說的怎麼跟現在不一樣？因爲達賴就公然指控：「如來前後三轉法輪說的法互相牴觸、互相矛盾。」可是我說：「沒有牴觸，沒有矛盾！問題只是他們不懂聲聞法與大乘法的相異之處。」

聲聞法所觀行的對象全部是有漏法，雖然所證的果報是無漏的，但是所說的法，全部內涵都是世俗法，那就是「有漏」。譬如聲聞法裡面說：「一切有情全部都是無我。」爲什麼講無我？因爲蘊處界以及所有心所法全部生滅無常，無常故無我，沒有常性，沒有常性就是生滅法；生滅法不可能是眞實的「我」，所以說無我。但是所說無我的對象，都是蘊處界以及各種心所法，所以不單單五蘊十八界是生滅法，這五蘊十八界存在的同時同處，還有各種心所法，同樣都是無常的世俗法。譬如那五十一個心所法，也就是五遍行、五別境、六根本煩惱、二十個隨煩惱、善法的十一個心所法，加上四個不定之法；這些都附屬於蘊處界，但這些都是生滅法。從解脫道來講，這些是應該否定的，所以它們都是世俗之中可滅之法，而不牽涉實相法界，都是世俗。

但是大乘法一開始就要證眞如，眞如是無漏性的實相法，而眞如可以含攝世俗法，因爲眞如出生了一切世俗法；可是眞如本身無生，由於這樣的現量、這樣的事實存在，所以《大般若波羅蜜多經》才說：「一切法、一切有情皆以眞如爲定量故。」才會說一切世間皆以眞如爲定量。而眞如是無漏的，以眞如心所顯示的眞如法性來函蓋一切的世俗法，這所生的世俗法就是無漏的。假使有人證眞如了，就說：「我這個眞如心好高興，我這個眞如心好有智慧！」那表示他的眞如依舊是世俗法，而不是眞如；因爲那都是有漏的，是不離欲界人間的有爲生滅法。

所以聲聞與大乘所觀行的內涵以及所證的結果大相逕庭。在聲聞乘裡面，要把蘊處界、把一切心所法、乃至要把一切的器世間都全部否定；因爲這些法都是世俗法，都不是常住，都不是無漏；而且聲聞乘的觀行之後，所證的果報是滅盡自己，出離三界生死。但大乘法所證的法是第八識眞如心，而眞如心本來無漏，不是修行以後才變無漏，這個無漏性卻函蓋了聲聞乘。比如聲聞阿羅漢否定了一切世俗法，已經滅除了我所執和我執以後，成爲阿羅漢，將來捨壽入無餘涅槃是無漏的；然而入無餘涅槃後的「無漏」，卻是大乘所證的第八識眞如心的自住境界。所以聲聞乘所觀行的對象、所滅除的對象都是世俗法，永遠不會改變這個事實；然而大乘法所證的，永遠都是無漏性的第八識眞如心；即使是往前推溯到過無量無邊不可思議阿僧祇劫之前的諸佛如來，或者往後推遲到過無量無邊不可思議阿僧祇劫之後的諸佛如來，以及現在十方世界的一切諸佛如來，所證的都同樣是第八識眞如心，這是永不改變的現量。因爲這是一個事實，也是可以親證的；一切親證的人都同樣以此爲現量或定量。

所以 如來說：「**一切世間、一切有情、一切諸法都以眞如爲定量。**」而這是永遠都不會改變的。所以無漏只有一個，就是第八識如來藏；而十方三世一切諸佛如來成佛的憑藉，都同樣是這個本來無漏的第八識眞如心，永遠不會改變。那我們正覺弘法之後，把這個道理提出來，對於有智慧的人來講，很有說服力；因爲佛法的修學終於有一個標的，很明確。以前佛教界，這山頭也說悟了，那山頭也說悟了，好多的山頭都說開悟了；但是開悟的內容呢？卻是眾說紛紜，莫衷一是；各人悟各人的，大家相安無事，所以都是當濫好人，都說：「**各人悟各人的啦！我不批評你，你也不要批評我。**」所以人家來問我呢，我說你有悟；人家去問你呢，你也說我有悟；咱們名聞都有了，利養更不在話下，於是一眾相安無事。

後來出了個正覺同修會，攪混了一池清潭。（有人說話，聽不清楚。）嗄？把它攪出來了？原來佛教界本來就是泥潭，不清淨！那我們再把它注入一泓清水，那清水不但注入了，結果就像一句成語講的「涇渭分明」。「涇渭分明」這成語知道嗎？猶如另一條河，源於新疆阿克蘇，阿克蘇翻譯成中文叫作「白水」，因為從那山巔流下來的水，它很清淨，浪花都是白的，所以叫作白水。從阿克蘇那裡流到平原以後跟別的河水混合，那一段以下就改名了，猶如涇水跟渭水合流一樣，未合流之前，兩條水的水質是不一樣的，就是一邊清水、一邊渾水，所以叫作「涇渭分明」。

正覺出來弘法，眞是壞事：好人不當，當惡人！雖然是被逼，不得不當上了惡人！那為什麼人家要說你正覺悟錯了？因為他們這麼講：「我們大家都是悟得這個離念靈知，大家都可以，偏偏你說一定要悟得第八識如來藏才行，那我們本來證悟的身分就沒了！欸！怎麼可能大家都悟錯了，就只有你正覺悟對了！」這話就出來了。但我們得要救他們，如果不救他們，他們將會因為大妄語業而下墮地獄啊！因此這個「惡人」還得當。看看沒有人願意當，我就出來當了。假使救得他們，捨壽之前懂得如法懺悔滅罪，這就是好事。就等於我們拿了一塊明礬，投入那個濁水的缸裡面，不斷地把它攪拌，拌到那明礬溶光了；然後等它靜止下來，水就變清了。我們小時候鄉下沒有自來水，就是這樣用水的；以前從山裡面引了水下來，濁濁的，都用明礬。正覺同修會正好是臺灣佛教界的明礬，現在水不就清了嗎？大陸佛教界目前沒辦法投明礬，因爲宗教都被控制著，我們正覺在那裡不能自由發言。

但是話說回來，二乘菩提觀行的對象既然都是世俗法，大乘菩提所要觀行的對象卻是無漏的眞如，這永遠不會改變。一直到三大阿僧祇劫之後，諸位成佛了，再過很多很多的阿僧祇劫之後，你們的徒子的徒孫、的徒孫，已經不曉得幾輩的徒孫了；他們成佛的時候，一樣還是這個法，同樣是第八識眞如，因爲法界的實相是永遠不會改變的。那我們正覺同修會出來弘法，給出了很明確的定義：證阿羅漢是要什麼樣的內涵，大乘法的證悟是證什麼，都說出了很明確的內涵；然後眼見佛性，依據《大般涅槃經》定義的境界是什麼，也給出了很明確的內涵，定義都非常清楚。於是現在佛教界漸漸趨向一統，就是：「一切人唯有八識，不少於八識，也不多於八識；證眞如，唯有證得如來藏一事，沒有第二件事。」很明確定義出來。

然後，我們把成佛之道以及相應的解脫道境界，把它製成表，列在書後，讓大家去看。大家看過就知道了：「喔！原來是這樣！」再也不像以前渺渺茫茫。現在大家都知道：「我在六度裡面好好修，現在大概是修到哪一度了。」很清楚啊！「我是否進入第七住位？就看我有沒有『證眞如』。」「我有沒有進入到十住位？就看我有沒有『眼見佛性』，如幻觀是否成就了。」「我有沒有入地？就看我有沒有把『非安立諦的三品心』修好，有沒有再把『安立諦的九品心、十六品心』修好？而我發的十大無盡願有沒有清淨？是不是眞正的增上意樂？這個增上意樂是不是眞的清淨了？」然後二地要修什麼、三地要修什麼？也全部列出來。現在很多人說：「喔！原來佛法是這樣修的！」不必再像以前抱怨說：「三藏十二分教浩如煙海，無從下手。」現在很少人抱怨了。

你們現在還有聽人家這樣講嗎？沒有啦！除非他沒讀過正覺的書。所以現在很確定，大家歸於一統，回歸到正統佛教來。大家很清楚知道：「我們要這樣修，現在我在哪個位置，接著要修什麼。」就很清楚了。不像以前，渺渺茫茫！這就是說，對於聲聞乘和大乘的差別所在，一定要弄清楚；如果不弄清楚，像釋印順、像以前各大山頭一樣，都把錯誤的解脫道當作就是成佛之道，那麼怎麼修都是唐捐其功，連二乘解脫道都沒門兒，別說大乘佛菩提道。

所以我們不斷地說明：聲聞乘是世俗諦，因爲所觀行的對象都是現象界的法；大乘法是第一義諦，是勝義諦，因爲所觀行的對象是實相法界的法。這樣區分出來就很清楚了。但是從聲聞乘中的所證，轉入佛乘來修學時，沒有牴觸、沒有衝突；只是觀行的對象是互相角立、互相違反的，因爲大乘觀行的對象是第八識眞如，屬於實相法界；聲聞乘所觀行的對象是蘊處界入等世俗法，屬於現象法界，所以觀行的對象是互相角立的，不是同一種，當然**「常相違反」**，但所證可以互通。

有時候不互通，是因爲聲聞乘的實證者不能了知大乘法，而大乘法的實證者能了知聲聞乘；所以大乘法不共聲聞，但聲聞法共於大乘，所以大乘法才會分成別教、通教的差別。大乘通教修的也是二乘菩提，差別只在於他們是菩薩種姓，證阿羅漢、證緣覺果以後永遠不入涅槃，要永遠繼續利樂有情同得出三界果；而這個法是通大乘也通二乘，所以叫作大乘通教。那麼大乘的別教呢？因爲有別於二乘菩提，不共二乘，所以叫作別教。可是不要以爲別教的法沒有通教法，因爲別教的法就是大乘法，把二乘菩提函蓋在內，然而觀行的所緣是永遠互相違背的：一個是世俗有漏法、一個是實相法界無漏法；但觀行的結果有共、有不共，沒有互相違背。

如來又說：「愚癡、黠慧。」說聲聞乘或者說二乘菩提那一些聖人是愚癡的，而大乘的菩薩們是黠慧的。這可不是我個人在罵阿羅漢，這是如來說的。可是咱們弘法早期，我出來說：「假使今天眞的有阿羅漢來到正覺講堂，也開不得口。」哇！佛教界好多人私底下罵翻了，說：「這蕭平實口氣好大！」其實我口氣不大，我若是眞的口氣大，就不用這個麥克風了。我的口氣不大，因爲我說的是老實話。是如實語，就不能說是口氣大、口氣狂。如來也是這麼講的：「聲聞乘、證得二乘菩提的人是愚癡的。」爲何愚癡？因爲他們愚昧於法界實相。菩薩們一腳踩在現象界裡面，所以懂得二乘菩提；另外一隻腳踩在實相法界，兩邊都攝受了，當然不愚癡。那聲聞乘的聖人見到了菩薩，一談起實相法界來，只能夠噤口不語，根本開不了口；因爲菩薩們說什麼，他們都聽不懂啊！眞的不用懷疑這一點。

比如說，菩薩們講中道，都說中道的觀行，簡稱中觀，說有個法不生不滅，請問阿羅漢：「您知道那個不生滅法嗎？」這阿羅漢聽了，心裡面嚇一跳：「那個不生滅法在哪兒呢？」他一定想像不到什麼法不生不滅，因爲他所觀行的法都是現象界的法：「蘊處界等法全部都有生有滅，哪有什麼法不生不滅的？」菩薩這麼一開口，他只好閉嘴了，因爲他弄不懂。那菩薩換一句話說：「不談不生不滅了，因爲你不懂。咱們談『不來不去』！」他又呆了，不知道該怎麼回應。看他聽不懂，再跟他說：「有個法不垢不淨。」一樣不懂！不然再跟他講：「有個法叫作不一不異。」欸！也不懂啊！

跟他講了很多的雙不，他都聽不懂；不然跟他講淺顯一點：「不美不醜。」也不懂；「不男不女」也不懂，還以爲菩薩跟他開玩笑呢！因爲世俗法說人家不男不女，那是罵人的話；沒想到實相法界還眞的是不男不女，這阿羅漢弄不懂。假使他運氣好，遇到了老禪師：「那菩薩說不增不減、不來不去、不垢不淨，唉！還告訴我什麼不生不滅、不男不女，我眞的不懂哩！那我問您，這不生不滅到底是什麼？」老禪師可能會跟他開個玩笑說：「一絲不掛！」有位禪師跟一個比丘尼講過一絲不掛，老禪師可以拿來跟她開個玩笑，可也有指點她。那麼這個阿羅漢能不能悟？保證悟不了！你說，他不是很愚癡嗎？而這個智慧還只是第七住位的智慧，當然阿羅漢是愚癡啊。

那菩薩有時候站在現象界跟他說法，有時候又站在實相法界跟他說法。這阿羅漢聽起來：「菩薩說法怎麼顚顚倒倒的？」其實何曾顚倒？只是他聽不懂。菩薩看他沒奈何，只好跟他說：「你忘了無餘涅槃中的『本際』嗎？忘了名色緣識、識緣名色的『識』嗎？」阿羅漢終於想起來，世尊是有說過這個「本際」或者「識」，所以這阿羅漢只好承認：菩薩眞正黠慧啊！至於菩薩黠慧的緣由，是因爲兼通現象界與實相界。

在世俗法中，我從小到大被我二哥敲腦袋說：「你爲什麼這麼笨！」可是我這個很笨的弟弟寫了書、說了法，他讀不懂、聽不懂；而這個黠慧從哪裡來？從我通達二乘菩提、大乘菩提來的；那這個現象永遠不會改變，所以將來 彌勒尊佛龍華樹下三轉法輪，大家全都證得阿羅漢；大家證阿羅漢以後，遇到證悟的菩薩，依舊開不了口。屆時他們那一些阿羅漢們遇到了證悟的菩薩，那時的菩薩們會是什麼人？就是諸位啊！要有這個大心：「**將來我在龍華三會的時候，就是要輔佐彌勒如來，攝受三次各九十幾億的阿羅漢。**」九十幾億雖然是天竺的算法，依中國的這個數目來算，應該叫作九百多萬的人。三次各九百多萬，那人很多，當然需要很多的人來幫忙；單靠今天同修會的同修們還不夠，還要有他方世界的菩薩們再往生過來。但是諸位別當逃兵！你如果逃去極樂世界，天亮回來，可能賢劫千佛都過去了！

這就是說，如來說阿賴耶識這個法不共凡愚。「凡」是指凡夫，「愚」是指二乘聖人，而二乘聖人已經是阿羅漢、是人天應供了，如來竟然說他們是愚人，說他們沒有智慧。因爲他們愚於實相法界，他們只證二乘菩提，對大乘菩提仍然是愚癡的，所以雖非凡夫，而是愚人。

這指控很嚴厲欸！但是我二十年前就講了，說阿羅漢來到正覺講堂也開不了口；我說他們愚癡，一點都不過分，因爲他們對實相法界完全不曾碰觸到，更別說深入了。世間人不敢講，我爲什麼敢講？因爲我看得很清楚，阿羅漢的境界是這樣，從來不外於現象界諸法；從阿羅漢的境界來看菩薩的實相境界時，當然看不懂！看不懂當然叫作愚癡，而這個現量永遠不會改變。過往無量諸佛、現在十方諸佛、未來無量諸佛所弘傳的三乘菩提之中，仍然會是這個現象——阿羅漢是愚癡的、菩薩們是黠慧的。那菩薩有時從現象界說過去，阿羅漢聽懂了；然後把它歸到實相界的時候，阿羅漢又不懂了，所以始終弄不懂菩薩的智慧是什麼；因此阿羅漢永遠是愚癡的，菩薩永遠是黠慧的。那阿羅漢就是聲聞乘，菩薩就是大乘。

如來這樣說了以後，又告訴摩訶迦葉：「如果毀謗此經的人，應當要攝取他們。爲何如此呢？他們由於毀謗此經的緣故，捨身之後，下一世起的無盡未來，將會下墮到無邊的黑暗裡面。」無邊的黑暗，講的就是地獄境界。鬼道還有光明，所以人們現在白天，鬼道裡就是白天；人們晚上的時間，鬼道也就是晚上；只因爲白天人們來來去去，他們不方便，不小心被人們撞見了就麻煩，所以他們選擇晚上的時間活動，一則、陽光不刺眼，沒有陽光刺眼了就好活動；二則、晚上碰到人的機會少，容易閃躲。也許有人想：「嘿！人們都怕鬼啊！鬼爲什麼要閃躲人？」對喔？其實不對！老人家常說：「唉！身體衰弱了，又碰上了鬼，陰氣襲人就病了。」那反過來呢？鬼也怕陽氣，如果撞著了你，算他倒楣！他可就難過了，所以他要躲；而且如果沒躲好，被發現了就有問題，因爲人們一定會馬上就來作法事；他本來不想去極樂世界，人們就逼他非去不行，一定要辦超度法會！那就是他倒楣了。

所以，以往農業時代，那些鬼神出來活動的時間，都選在下午三點以後。因爲農業社會的人，下午三點他們在田裡耕作快完了，就開始收東西，然後挑著要走回家。因爲六點時天都暗了，所以六點以前，就要把飯煮好，要把身體洗好，然後點了蠟燭吃飯，吃完就睡覺了，所以下午三點以後外面人就少了。那現在呢？人們還怎麼樣呢？所謂什麼夜貓族，半夜到處還有人，我們正覺也是在晚上才共修上課的。這是告訴我們：即使是鬼道，都還有光明的時節，只是他們不方便出來活動而已；但是如果下墮地獄呢？根本沒有光明可說了，有點像照相館沖洗相片時的暗房，全都是紅色的光，很暗，你要進去待一會兒以後才能看得見；如果讓你不說一生，只要三天就好，都住在那裡面，不瘋也會悶死！但地獄眾生的境界是比沖洗照片那個暗房還要暗的，而且總是受苦，那是很難過的地方；而且那個黑暗是無邊的，看不見邊際；繼續走，永遠都是那樣的黑暗境界。表示：毀謗「此經」的人，果報很嚴重。

這麼嚴重的後世多劫果報，而你看見很多人繼續在毀謗「此經」，你能夠無動於衷嗎？想到他們未來世會是那樣的果報，你一定很不忍心。如來大慈大悲，當然更不忍心，所以說：「哀愍彼故，當設方便。」要哀愍這一些人，所以我們就要不斷地說：「六識論是多麼的荒謬！」要不斷地說明，爲的是說多了、書出多了，總有一本會到他們手上。有一天他們突然清醒過來，揚棄六識論，不再毀謗「此經」，趕快在佛前對眾懺悔，來世就不必下墮了。

因為大部分毀謗「此經」的人，他們都沒有根本罪，也沒有方便罪，只有成已罪；所以他那個罪是不具足的，是通懺悔的。

只有像釋印順這樣，根本、方便、成已都具足，他是處心積慮否定「此經」第八識的人，那是不通懺悔的，救不了！就讓他下去了！但因為他害慘了很多人信受六識論，跟著毀謗「此經」如來藏，所以那些毀謗如來藏的人，大部分人沒有根本罪、沒有方便罪，只是人云亦云；雖然有成已罪，其實成已罪還不具足，又因為他們說出來以後，影響力也很小。可是釋印順說出來，那影響力就很大。宗喀巴《菩提道次第廣論》說出來，影響力一樣是很大，那他們的根本、方便、成已都具足、都圓滿，所以他們現在正在無間地獄。我不是詛咒人，我是說明事實。但那一些六識論的比丘尼們，她們只有成已罪，而且那成已罪不具足，那是可以救的，我們應當要救。

所以 如來說：「當設方便，以大乘法而成熟之。」用大乘法來施設方便，來成熟他們的佛法正知正見，讓他們轉入大乘法中。這要怎麼樣施設方便？那就得先把如來藏的「真實有」證明給他們看。所以我們每年辦禪三，希望可以每年都印出《我的菩提路》來，每年來證明：持續有人可以證悟這個第八識眞如，這是一種方便。然後用這個大乘法宣示了以後，施設另外一種方便——針砭。用針刺他們，用尖銳的石頭刺他們，所以要年年施加針砭，讓他們覺得痛，很痛時就會警覺。

在法上要怎麼樣讓他們痛？從兩個層面來說。第一個層面告訴他們：「不論遠意識、近意識、現意識，不論粗意識、中意識、細意識，『彼一切皆意法因緣生故』，全都是生滅法。」讓他們失去所依。以前他們都說：「我六識滅了，還有個細意識，細意識常住，不是意識。」所以他們認爲死了以後，還有個「細意識」可以依靠。就告訴他們：「細意識一樣是意識，同樣是意法因緣生的生滅法。」先把他們的依憑剝奪了。接著再拿針扎他們，那石頭不夠尖銳，痛歸痛，痛在表皮，你拿一根粗的針，一扎扎到裡面去了，而且還左捻右捻起來，眞的徹骨徹髓，讓他們不能視而不見。

然後就提出質疑來：「你們這六識都是會壞的！如來說：『阿羅漢不受後有，入無餘涅槃，要把五蘊十八界全部滅盡。』那你們的細意識還是生滅法，你們把所有意識都滅盡了才能入涅槃，這時涅槃是不是斷滅空？」這等於是拿一根粗針從他後腦門扎進去了，他再也不能告訴自己說：「我沒有被針扎到。」不能的，因為痛徹心扉了。這叫作「巧設方便」，就是用大乘法來針砭他們誤會了的二乘法。聰明的人讀了、聽了就會醒覺：「我們的落處都被人家明白指出來了！堂頭和尚根本無法自圓其說。」這樣他們就會信受「此經」第八識，終於弄清楚了：「細意識證不得，證得了細意識也還是意識，那我們建立那個細意識就沒有意義啊！既然要建立虛幻的常住心細意識，可是佛法中本來就有個『如來藏常住』的第八識眞如，那我們去證如來藏就好了，何必再建立一個不能證的細意識呢？」這一想，想通了，他們就得救了。

所以我們要不斷地指出二乘菩提的狹淺，也要針砭他們六識論者的落處有多大的敗闕，讓他們知道六識論者全都無法實證二乘菩提，要回歸八識論才能實證二乘菩提，這就是攝受他們。可不要想說：「你說攝受他們了，可是他們也沒有來正覺學呀！」不用這樣想，只要他們信受有「此經」第八識眞如，懂得在捨壽前如法懺悔滅罪，死時不落入三惡道，就是攝受了。只要他們能保住人身，下一世讀到了正覺的書，就會信受了；所以佛法中的攝受，不要只看一世。如來攝受那些聲聞弟子成為入地的菩薩，那是多少劫的事了？所以我們既然身為實證的教團一分子，如來開示了，我們得要依教奉行。如來說要攝受他們，要用大乘法來成熟他們，那我們就攝受他們，就用大乘法來成熟他們；所以我們要講這麼多的經，是有道理的。

那如果有的人不被攝受呢？就像世俗話講的「冥頑不靈」的人，五濁時期的人間永遠都會有這種人；那麼 如來就警告說：「**若不可治者，當墮地獄。**」也就是說，有的人得要為他警告，才會警覺。你如果單單跟他說道理，他聽不進去；他只想到後果，說道理沒有用，要說後果。不是有句話嗎？「**菩薩畏因，凡夫畏果。**」菩薩很清楚知道，造了什麼業將來會有什麼果，所以現在就不敢造了。凡夫眾生又是性障深重的人可不是，他們不信因果。

可是你告訴他將來會有什麼果，因為你很有智慧，他只能聽你的；當你說將來會有什麼果，他很害怕！一般人中有一部分人可能嘴裡說：「**啊！我才不信！**」可是等他晚上睡覺的時候，他心裡邊在懷疑：「**那個人說的那個因果，到底是眞的，還是假的？**」他會懷疑！哪一天，也許遇到個老人家，老人家可能告訴他：「**寧可信其有，不要信其無，這樣比較保險！**」想一想說：「**也許有可能。**」那他就改過了，這樣也可以得救。（編案：二〇二〇年的琅琊閣、張志成等人則是不信因果的人，正覺無法救轉他們，正覺的菩薩們只能等候未來劫中再行攝受。）

那麼當菩薩巧設方便，以大乘法而成熟之，有一部分人就會信。所以 如來說：「若有信者，彼自當信。」因為有的人生來就有信根，有的人進一步有信力，可是有的人信根完全不存在，因為他可能輪轉三惡道很久了，回到人間不久，他還得要熏習。這五根、五力不是平白就有，信、進、念、定、慧等五根都不是平白就有，要歷劫熏習；熏習久了才有信根、有精進根、有念根、有定根、有慧根。

有定根的人，臺灣老人家常常會說：「這個人很有定性。」就是說，他相信了某一個事情或某一個法，他就不改變了。那如果老人家說：「這個人沒有定性。」假使你開公司，這種人你就不要聘用，因為他會像沾醬油一樣，馬上就走了。所以有的人一年換十幾個職業，一直換，不到一個月就換一種，就說他沒有定性，表示他沒有定根。

那慧根也一樣，有時候人家會讚歎你說：「啊！你好有慧根喔。」這是好話！可是要提防一下，也許那一句話背後有目的，跟你讚歎說你有慧根，是要你去跟隨他，不是真的你很有慧根。如果真的有慧根，他會進正覺來，勸也勸不走了！如果人家來告訴你說：「你很有慧根，你到師父這裡來出家嘛。」千萬別去！去了你就上當。來到正覺之後，這五根就要轉爲五力——信力、精進力、念力、定力、慧力。這五根與五力都是要熏習、要修學才能成就的，不是生來就有。如果你生來就有五力，那你一定是久學菩薩——過去世曾經悟了，乘願再來。

所以有的人不可治，死後下墮地獄；但有的人有信根、有信力，一說正法他就信了。在此之前，爲什麼他會信六識論、信外道法呢？因爲他的因緣就是那樣，可是遇到了正法時他馬上就改變了，因爲有信根與信力。所以有的人以前在密宗，有的人以前在一貫道，遇到了正法馬上就信受正法，想都不想，直接就跟著這個法，那就是往世熏習的因緣成就了信根與信力，所以如來說：「若有信者，彼自當信。」

可是還有其餘更多的眾生呢？我們就要想方設法了，所以　如來說：「其餘眾生，應以攝事攝令解脫。」這告訴我們說：「有不信的人，無可奈何；有信受的人，一聽就信；可是還有許多的人是不信與信的中間，人數更多，應當要以能攝受他們的事相上的事，來攝受他們結下未來世的因緣，使他們將來可以解脫。」這一些人是什麼人？就是路上晃來晃去那些世俗人。「若有信者，彼自當信」就是諸位，一講就信了。可是「若不可治者，當墮地獄」，就是那些信受六識論，到今天還不改的人，到死前還不悔改的人，就是這一類人。

可是這兩類人是兩個極端：不信有第八識如來藏而修學佛法，這是一個極端；信有如來藏而修學佛法，一點也不疑，這也是另一個極端；可是這兩個極端中間，有更大的一大批人，那一些人有時候說話很有趣：「啊！只要心腸好就好了，不必學佛啦。」諸位聽多了，對不對？遇到這種人你就問他：「那你每天都要吃人家的肉，你的心腸算好嗎？」（大眾笑…）就這樣問。有的人一天到晚想方設法，去讓別的公司生意作不贏他，最後倒閉，然後他去把別人的公司買過來；遇到這種人，他也那麼說，你就告訴他：「你都想方設法兼併人家的公司，你心腸好嗎？」你得要巧設方便。

如果他突然想通了：「那果然我心腸不太好，那我該怎麼辦呢？」也許他擔心，就問你了，你說：「那你就先素食，先不要想著吃眾生肉。第一步，心腸好一點，因為你吃人家一斤的肉，來世要還人家十六兩，外加利息。」

他聽了想：「那好、那好，我不吃眾生肉。」過上幾年又遇見了，聞聞看他身上沒有那種肉腥味了，可以跟他講：「你現在心腸很好了沒有？」「我現在好多了，不錯啦！我都不吃眾生肉了。」你可以再告訴他：「還不夠好，你要當個解脫的人，才是心腸眞的好。」那他如果有興趣了，你才跟他講解脫的法。這就是以攝事的方便來攝受他，使他漸漸一步一步趣向解脫。可是千萬不要一開始說：「你要修解脫道啦！」他都還不能素食呢，你就叫他去修解脫道？操之過急也不行！這就是攝受眾生的善巧方便。我們今天就講到這裡。

《大法鼓經》上回講到三十三頁第二段，今天要從第三段開始。

經文：【「復次，迦葉！若有士夫初得熱病，不應與藥及餘眾治，所以者何？時未至故。要待時至，然後乃治；二處不知，是則敗醫。是故病熟，然後應治；若未熟者，要待時至。如是，眾生謗『此經』者，過患熟時，深自悔責：『嗚呼！苦哉！我之所作，今始覺知。』至於爾時，應以攝事而救攝之。」】

語譯：【世尊又吩咐：「除此以外，迦葉！如果世間有人剛得到熱病的時候，不應該立刻給予藥物以及作其他種種的救治，爲什麼呢？因爲時候還沒有到的緣故。要等待治療的時候到了，然後才可以爲他治療；如果這兩個地方都不知道的話，那個人要叫作敗醫。由於這樣的緣故，病熟了，然後應該給予治療；這個病如果還沒有成熟的話，要等候病熟的時節因緣到來。就像是這個道理，眾生毀謗**此經**的人，當他們的過患成熟的時候，從深心中自己悔恨以及責備說：『嗚呼！眞是苦哉！我在過去所作的事情，如今才開始覺察而了知啊。』到了這個時候，應該以攝受的各種事相而救護攝受他。」】

講義：這一段話說的，其實也正是末法時代佛教界的現象。但是正法時代、像法時代就沒有嗎？一樣有這個現象，只是少了很多。如果有人剛剛得到熱病，這熱病是不是我們講的中暑，這個定義我們並不很確定，那麼我們就仍然用「熱病」這兩個字來講。剛得到熱病的時候，不應該立刻給他藥物以及作種種的治療，因爲治療的時候還沒有到。就好像我們在小時候，有時手上、腳上開始紅腫，那醫師一時無法判定這是什麼；那要等候，等候它露頭了，看見一個黃黃的一點，就說：「這是癰。」或者說是疔，或者癭，他就可以正確判斷了！病徵已經顯示出來了，然後再用不同的藥物去加以治療。

這就是說，弘法的人要懂得時節因緣；時節因緣還沒有到的時候，亂治療是不對的；如果那個徵象已經顯現了，可以確定該怎麼治療了，這時就要看治療的方法懂不懂。如果不懂治療的方法，亂治一場，那就是藥到命除，不是藥到病除。所以一定要看狀況，才能夠決定應該要如何救治他。那如果觀察病徵及應該等候時節等事情都不知道，當病徵出來了以後，該怎麼治療他也不知道，那這個人就叫作「敗醫」。我們弘法時也是一樣，都要看當時佛教界的狀況來作處置，不能自己想要怎樣就怎樣。世間法中養個孩子一直花錢，把家產給花光了叫作「敗家子」；這種不會觀察病徵，又不懂得如何治療的醫生就叫作「敗醫」。

換句話說，要等到病已經成熟了，可以治了，那時才應該治。假設這個熱病是中暑，中暑的時候也不該馬上治；應該先把他移到清涼的地方，然後為他灑水降溫，再給他喝一點水，慢慢地喝，最後才幫他刮痧。如果看他渾身氣力不繼，馬上就幫他刮痧，那是不對的，因為他可能不是中暑，也許他只是身體電解質狀況不對，你只要讓他喝一點鹽水，他就沒事了；也許他這個渾身痠軟無力，可能是血糖不夠，你讓他喝點糖水就沒事了。不要一開始就刮痧、亂刮，刮到渾身都紅了，甚至腫了，結果他的病依舊沒治好。

所以先要觀察他的病徵，它的起因到底是什麼？這個病徵先弄清楚了，那就是救治的時候已經到了，然後看應該用什麼方法來治療他，這才眞正是醫治的時節成熟。那麼同樣的道理，眾生如果毀謗「此經」如來藏，你心存憐憫，不斷地爲他說明都沒有用。甚至於進一步爲他說明毀謗「此經」的利害得失，他也不爲所動，因爲他覺得毀謗了也沒事。等到他毀謗的那些口業漸漸成熟了，有些狀況出現了，你也還沒有辦法來攝受他，因爲他還是懷疑；也許他想，那些狀況跟毀謗「此經」無關。所以事必再三，那種事情一定要一而再、再而三；到了第三次他才會想：「啊！這不是偶然！」他才會相信是毀謗「此經」的後果，這時候你才可以告訴他「毀謗此經的後果，讚歎、護持此經的善業果報」，這時他才會聽受。

可別說那只是世俗人，才會這樣倔強不信；例如我這個人，我也會的。我剛開始弘法，第一次禪三是在瑞芳行陀禪寺，跟人家借寺院辦，最後一天還參不出來的人，我就是明講的。在前三天也幾乎都是明講，所以第二天就開始渾身無力。我心裡面想：「這是巧合啦！剛好我的體力不濟。」第二次借桃園永平禪寺，也是明講，但是第二天晚上，沒來由的肚子鼓得像青蛙一樣；一瓶新的氣功油，有個師兄幫我一直推揉，推揉到清晨四點，一整瓶都用完了，我沒覺得有什麼改善；但他的手已經被冰到痛起來了，那時是清晨四點鐘，我才終於好了些，但我心裡面也是想：「這只是巧合。」沒當一回事。

第三次在石城辦禪三，那一次，在第二天早上要開始小參時，就不讓我講話了，根本發不出聲音來。有個護三的同修打電話回我家裡，告訴我同修說：「老師失身了！」（大眾笑…）我說：「不是失身！是失聲啦。」後來派人去頭城，買一大瓶（那是一千兩百五十或是一千五百西西）的酸楊桃汁，那是比美國的葡萄柚還酸的純楊桃汁，一個早上喝完。一面講一面喝、一面講一面喝，一個早上把它喝光，才終於有一點聲音。這是第三次了，所以心裡就想：「這不是巧合。」後來就不太敢明講。當然可想而知，那次解三回來就去新光醫院，馬上去照胃鏡，趕快處理。所以我也是這樣，我想：「這也沒什麼，開悟就這麼簡單的事，有什麼難的？這明講不會有什麼問題吧！」以前剛悟時，也沒讀過幾部經典，後來才知道是不可以明講，那已經是經過三次教訓的事了。

所以菩薩很理性，那不相信這些奇奇怪怪的事也是正常；但是經過三次以後，就知道這不是巧合，才改過來。那一般人更會如此，你跟他說：「你毀謗如來藏，未來世的果報堪憂。」他想：「我前年就開始毀謗了，現在也沒事。」他不曉得那是一期生死終了才會結算的事。就好像到銀行存款，三年的定期存款，就會是三年一起算的；時候還沒有到，銀行就不給你利息，除非你那個合約是每個月領一次利息的合約。那麼人生是一生算一次，死的時候一起總算；不是每年跟你算一次的，所以他誤會了，心想：「我沒事兒！再怎麼講都無關什麼因果。」這樣的人如果是可救的，那護法神會去警告他；如果是不可救的，護法神不理，就讓他等到捨壽以後未來世的他去承擔。

但有的人是過去世學佛以來很久了，與正法有緣，護法神就會跟他警示；於是他會覺得不對勁，就會想如何補救，這就是他那個病已經熟了，因為那一些過患開始出現了；這時他自己悔責，因為他什麼事都沒幹過，所作的都是善事、好事，推究到最後，就只是這麼一件事，於是就懂得以前作的那些都錯了：跟著人家胡言亂語、毀謗「**此經**」。現在終於知道這一些疾病的由來，所以這個時候，就是可以攝受他的時候了。如果時候還沒有到，不論你如何施設了多少的善巧方便來救護他，都沒有用，他心裡絕對不信，所以說因果很難信啊！就是因爲它到死的時候才結算。

如來藏是被動性的，祂不會起個念：「**這一世我出生了王五這個五陰，他造了這麼多謗法、謗賢聖的惡業，我該趕快救他。**」祂不會起這個念的，祂是被動性的，等到壽命到了，祂就執行因果；所以一般人不太相信謗法、謗賢聖的因果。如果看見過去世的事情，你就絕對會相信了。同樣的道理，我們也常常講破和合僧、或者謗羯磨僧、謗轉法輪僧，這一些都是無間業，也是七逆之一；毀謗「**此經**」也是十重罪之一，就是謗三寶；佛、法、僧之中的「**法**」，講的就是「**此經**」第八識。那他不信，毀謗了，就是謗法。謗法的後果就是違犯菩薩戒的十重戒，報在地獄，這是跑不掉的！但因爲極痛苦的來世異熟果他還沒有看見，所以他不信。有的人大妄語，大妄語的事情，我弘法之前就是一大堆人了；我弘法之後，因爲讀了我的書本而大妄語的也不在少數。那他們大妄語時，過失在我還是在他們？在他們喔！因爲我沒有教他們大妄語呀！他們是讀了我的書以後，自以為懂、自以為親證了，所以自認爲他開悟了，於是就開山弘法，對外宣稱他證悟了，那就成就大妄語。可是來世極不可愛的異熟果還沒有熟之前，咱們救度不了他們！

每回禪三，我也都要講這樣的事。今天讀到一篇見道報告，他也談到這樣一件事，都同樣是大妄語的事。很多人不信邪，爲了世間的名聞利養；甚至於有的人只是爲了那一頂開悟的光環，就對外宣稱開悟了，好像頭上就有個光環一樣；只爲了那個虛名而大妄語，都是愚不可及的人！

末法時代大妄語的情形，其實不論我弘法之前或之後，都不在少數；有時候從外國來、有時候從大陸來，這些人中也有販夫走卒，也有大學教授，全都有，來到臺灣都要找我小參，要求我印證。當然，不在禪三時我是不作勘驗的。有的大學教授就說：「我知道眞如，我遍全身都是，這不就是了嗎？」我們有位老師聽了，覺得講太多也沒用，乾脆告訴他：「你今天來，看我們週二臺北六個講堂一千多人在聽經，每一個人都會這樣講；照你這個標準，每一個人都開悟了。」他終於閉嘴了。

所以這個事情非同小可，不是小事。但是有的人寧可爲那個光環，出去大妄語，所以年紀輕輕的就突然捨報了。年紀輕輕的，現代的人幾歲叫作老？八十？七十？八十？你看，我都還沒老！所以叫作年紀輕輕的。因爲現在人說：「**人生七十才開始**。」那如果是六十歲捨報呢？當然年紀輕，是個小老弟啊。現在我知道，因爲大妄語而捨報的，今天讀到見道報告，又加了一個，已經兩個了！有的是時節因緣還沒有到，護法神不管這個事情。同樣的道理，總是要有一些病狀出現，或者說因果的報應象徵性地開始出現了，他才會相信；否則你要他信，眞的很難！那你如果有如夢觀，看見了往世的事情，對這些事情，只要一想到了，嚇都嚇死了，哪敢去作？所以有時候想起那些在網路上匿名毀謗正法的密宗徒眾，眞爲他們擔憂！那我們能作的就盡量作，救不救得來，就看他們的造化了。

有時想起說，有一次定中看見往世，竟然會當老鼠。爲什麼當老鼠？因爲毀謗一個證第四禪的人。那個人都還沒斷我見，更別說明心或者見性！就只是毀謗這麼一個人，也不是眞的毀謗，就是嫌棄他說：「**他那個只是第四禪，那也不算什麼啦！**」就這樣，但那證第四禪的威德也就夠讓我下墮了。當時我在那個定中好好去體會怎麼當老鼠，原來老鼠也是八識心王具足，所以那些家宅的人在講什麼，老鼠聽久了也懂。老鼠眞的聽懂，只要跟你住在同一個屋簷下，聽久了牠就懂，只是不會講話而已。因此見了老鼠，可不要說：「**讓牠死、讓牠死！**」牠會把你記住的，如來藏會收存這些種子；除非牠是野鼠，沒聽過人講話，牠就聽不懂。

如果牠是家鼠，牠會聽懂，眞的聽懂！我那一世當老鼠，還沒有成家立業（大眾笑…）就死在貓爪下。那你想：「**輕視一個還沒有斷我見的人，只是證四禪而已，果報就這麼嚴厲。**」好在我福德修得多，一世就回來當人了。打從那一次看見了以後，嚇死了！哪敢亂毀謗人家？不敢！但是沒有看見過的人，完全不信！如果我把自己親身體驗告訴他，他一定還會跟我回嘴：「**你是編造故事來嚇我們啦！你那些遭遇，我哪看見？**」怎麼說都沒用！他就是不信。

可是因果這回事，昭昭不爽。就譬如說：佛世有許多弟子，聽聞 釋迦如來成佛了，他們來禮佛。佛陀只說：「**善來！比丘。**」其中有人就立刻成爲阿羅漢，馬上成爲菩薩，往世的證量就回來了，這難道沒有往世的因果嗎？如果不需要往世的因果，如來大慈大悲，應該對每一個人都叫：「**善來！比**

丘。」每一個人都成阿羅漢，立刻成爲菩薩，多棒！但爲什麼不是這樣？表示每個人都有他過去世的因緣。譬如說，以我這一世來講，同樣學佛，爲什麼這蕭平實學佛，這一世還不到五年，他明心、見性了？那各大山頭的長老、堂頭和尚，那些大法師們，少小出家，七老八十了還悟不了？這眞的沒道理可說啊！這表示什麼？絕對有往世的因果。所以你們得要參禪才能悟入，我不參禪，就是把明心見性四個字整理、整理就結了，這就是往世的因果。

可是很多人不信，不信的緣故，表示他的信根還沒有成熟！信根是要培養的。善根也包含了慧根哪！普通所謂的善根很好，善根就是信、進、念、定、慧五根。有時候，有的出家人爲了鼓勵信徒，都會說：「**唉呀！你的慧根很好，你應該趕快來出家。**」因爲那信徒如果信了去出家，他就得了一個徒弟。所以遇到每一個人都說：「**你慧根很好，你很有慧根哪！**」可是我這個人，從來沒有誰跟我說我有慧根。實際上我也不需要，因爲我有慧力；五根之後才有五力呀！但是一般人五根都不具足。這五根要經由熏習，漸漸長養，然後才能有五力。所以當他的信根還不具足時，不論爲他說什麼，他都不信。

因此那些六識論者繼續毀謗說：「大乘非佛說。」繼續毀謗說：「如來藏是外道神我。」你要救度他，救度不來！那我們的作法就是不斷地講大乘經，把經中的深妙義理一一解釋出來。我們繼續來證明：「如來藏這個法才是三乘菩提的根本。」證明這第八識不是外道神我，所以當今在臺灣佛教界，毀謗大乘的人變得非常少，少到現在幾乎不存在了；毀謗如來藏的人也快要不存在了，就剩下印順派一小撮的那些出家人。

所以現在第八識如來藏變成臺灣佛教的顯學，表示我們度了很多人信受第八識「此經」。當他們信受「此經」，不再謗第八識如來藏了，未來他們的善根就會漸漸成熟，可以不墮地獄，將來就會是龍華樹下三轉法輪時要當阿羅漢的人。那你們想一想，屆時你們要當什麼？還是當那些阿羅漢喔？太菜了吧！心量太小了吧！那時候是要輔佐 彌勒尊佛來攝受那一些人成爲阿羅漢的。龍華樹下三會說法，要度那麼多人！諸位想想：得要多少證悟而且入地的弟子們來幫忙？而你們就是要去幫忙的人。但是你們這些人就夠了嗎？還不夠！還要他方世界往生過來的菩薩們一起幫忙。千萬別小鼻子、小眼睛當個小家碧玉，心裡只管想著：「我就那時候去當阿羅漢好了。」那心量太小了！這麼小的心量，憑什麼我要幫你開悟？要想到這一點，所以心量一定要放大！

那麼 世尊這一段話，對照上一段：「若不可治者，當墮地獄；若有信者，彼自當信。」兩種人就是這樣，你沒有辦法救治他，他們將來就是會下墮地獄，有一分人永遠都會這樣；就好像我們在《佛藏經》講的，有的人過去無量阿僧祇劫之前，謗法、謗如來，後來從三惡道中回到人間，又歷侍九十九億佛，已經又過了九十九億佛成佛之後，來到 釋迦佛座下再聽聞 如來說法後，依舊不得順忍，就是連初果向都得不到，如來說這就是業障。想想看：那個餘報多嚴重！下墮三惡道中很久以後回來人間，又歷經九十九億佛那是多少的阿僧祇劫啊？有時候人間整整六十劫中都沒有佛出現，有時候整整三十劫中都沒有佛出現，而他歷經了九十九億佛，奉侍、供養、受學之後，來到了 釋迦佛的年代，親聞 佛陀說法，依舊不得順忍，連證初果向都辦不到。想想那果報有多嚴重！那就是咎由自取。但是，如果有人可以信受，他聽你說了就會信受。

除了這兩種人以外，其他的人呢？將來會不會成爲第一種人？或成爲第二種人？都有可能。但他們現在沒有辦法成爲第二種人，我們就要不斷地演說佛法來攝受他們，來啓發他們的善根；這就要靠各種「善巧方便」，再加上四攝法。你施設了「善巧方便」，還得要用四攝法來攝受他們，讓他們從事相上信受你；然後你爲他們說了佛法，他們這一世往往只會信一分；來世遇見了再爲他們說佛法，他們又再信一分；就這樣一世又一世，時間久了，終於信了；這時才說他們的信根成熟了，信根成熟之後，你爲他們說法才有用。

所以說，十信位的修行，短則一劫，長則乃至一萬大劫，不是沒原因的。因此，「應以攝事而救攝之」，這事情就是我們應該要作的事，不斷地讓大家熏習佛法正見。俗話說：「謊言說一遍人家不信，說十遍，人家有一點點信了；說上百遍、千遍，大家都信了。」同樣的道理，你如果把正法的眞相告訴大眾，一遍又一遍，讓他們不斷地熏習，熏習久了他們開始信了。有的人善根好，一劫就信了，他就可以邁入初住位，就走完了十信位的過程。有的人最長要一萬大劫，才能完成十信位的修行。

所以說「信」這回事不容易，即使短至一大劫，諸位想想看是多少年？

有沒有人算過？一個大劫是幾年？哪裡是十三億？彌勒尊佛來人間，就是未來五億七千六百萬年後。那 彌勒尊佛來了之後，其餘九百九十五尊佛是要在幾億年裡面一直都出現嗎？不可能的！一個大劫不會是十三億，你地上隨便撿個石頭，用碳十四或更先進的方法去測量或檢驗，都有四、五十億年。所以不要看輕路上那隨便一顆石頭，隨便一踢，那一顆就有四、五十億年的歲月，也是古董。難道不夠古嗎？所有的古董，如果有個五百年、八百年，或者兩、三千年就不得了了。但那一顆石頭，你不慎踢到了，那可是已經四、五十億年呢！所以一個大劫，那不是幾十億年的事。

如果有的人要一萬大劫，信根才能成熟，那是多久？但是也別笑他們，我們大家也經歷過這個過程。十信位還沒走完的人，進不了正覺講堂；如果被某個同修強拉了來，坐在這裡聽我講經，他坐那個坐墊可能會有很多針的感覺，他坐得渾身都不自在。縱使有因緣幫他悟了，也是要退轉及謗法或謗賢聖的。要等他十信位修滿了，才能坐在這裡聽經。但是，如果他往世還沒有修習過般若，他在這裡就能坐得住嗎？也不行！一樣是如坐針氈，因為他還沒有熏習般若。所以當諸方道場講的都是：「我們要修心，把這個覺知心修行清淨了，就可以成佛。」諸位都聽多了。來到這裡卻說：「不單要修這個覺知心，而且這個心還要否定。否定了，再證另一個心叫作如來藏。」聽了就起煩惱，還聽不到一個鐘頭，心裡面就賭咒：「我再也不來了！」對啊！因為他往昔沒有熏習過正確的般若，只信那些瞎眼阿師的說法。所以要能坐在這裡聽得歡喜，那是不容易的。

因此，不要妄自菲薄，並且要發願：「將來彌勒尊佛下生成佛時，我要襄助彌勒尊佛，來攝受龍華三會的那一些佛弟子們。」想清楚喔：要幫彌勒尊佛攝受龍華樹下三會說法的那些弟子們。三會說法以後，他們都會成為阿羅漢，那你要幫忙攝受他們，那時你的位階要在哪裡？（有人答話，聽不清楚）想清楚了喔？你們自己講的喔！所以不要一天到晚小鼻子、小眼睛的，心量放大一點！這就是說，對諸位，我所謂的「以攝事而救攝之」，我其實是在拉拔諸位把心量放大，將來要有入地的證量，才能夠被　彌勒尊佛所用。

可是對那一些不信「此經」如來藏的人，我們要作的就是不斷地講經，然後不斷地整理出來，印刷出去，讓他們偷偷去讀。對！他們都要偷偷讀，不能被堂頭和尚看見，不能被師兄弟看見，必須偷偷地讀。有個好方法，就是用紙把書包起來，作個書套，像在學校讀書的時候那樣，保護書本。那有時候萬不得已，拿馬克筆在書本的封皮上面寫著：「外道資料。」然後才可堂而皇之閱讀。「欸！我要破外道，所以我要研究它。」這樣也可以，我都容許，只要願意讀就好。那麼這就是我對他們所作的「以攝事而救攝之」的方便善巧。

因爲他們讀了我的一本書，也許沒感覺怎麼樣；再一本，有一點點感覺；讀到第三本，感覺就多了。那有的人這一部講記讀完了，沒感覺怎麼樣，另一部講記讀了說：「喔！眞是好啊！我喜歡。」他就開始轉變了。所以有的人讀了我的《勝鬘經講記》，他沒覺得怎麼樣，「啊！很深，讀不懂。」讀了《維摩詰經講記》呢，「啊！這個好！這個好。哇！講得太棒了！」每一部經典各有不同的作用。有的人對我那一些講記都不太信，但是有一天讀了《阿含正義》，心裡起念：「原來這蕭平實於解脱道也有證量。嘿！那我可以信他了。」於是我那些講大乘經的講記，他讀得下去了；因爲他本來是個六識論者，學南傳佛法的。

所以每一套書都各有不同的用處，因此多多益善！就怕太少。啊？說我的書還太少？我兩個月出一本書啊！現在快要開天窗了！事情太多。可是這《佛藏經講義》的篇幅大，因爲跟《法華經講義》差不多的分量，所以趕不太出來！而且事情又很多，越來越多。以前每天寫書可以寫到八個鐘頭，大概留兩三個鐘頭處理各種事情；現在是每天處理各種事情就差不多八個鐘頭，寫書時間只有兩三個鐘頭，眞的快要開天窗了！

所以說「攝事方便」很重要，雖然現在這麼忙，寫書的時間少了，整理的時間也少了，忙的也都是「攝事方便」，爲的就是會內、會外許多的人，有很多的事情要作。所以越忙，禪三越要舉辦；因爲家大業大，需要更多證悟的人來共同承擔，所以要多生幾個兒子，不然不夠用。唉！這事情該怎麼說？我同修常常說，是我拖累你們大家，因爲如果我不出來弘法，你們在家裡享受五欲之樂，快快活活的多好！結果今天被我帶累，到這裡來聽經，回去還有一大堆事情與功課要作，眞的是我帶累大家啊！嗄？（眾答：沒有。）沒有喔！那不然說：「諸位帶累我，好不好？」（眾笑答：可以。）可以喔？

可以，這個事情，因果很難說啦！要說眞的，也許就是互相帶累。我過去世欠了你們，你們過去世也欠了我，就這樣互欠著，一直糾纏下去，糾纏到諸位成佛（大眾鼓掌…）。所以忙儘管忙，不煩！雖然有些人作的事情非常不如法，而且有時候同樣的事情會再三發生，處理起來眞的很忙，但是不要煩，因爲五濁惡世的眾生本來如是。五濁惡世的眾生，不可能用純一清淨世界的標準來要求，所以忙歸忙，不煩！該怎麼作，就繼續怎麼作。能往前推進幾步，就推進幾步；眞推進不了，需要退一步，就退一步也沒關係，先保住這個局面，然後再次第往前走。所以事情繁多，很繁雜，但沒關係！心情不要煩；大家都要和和樂樂走這一條路，這才是我所希望的。

至於說，應該以怎麼樣的事相，來攝受那些善根不足的初機學人？我們大家就盡量作，作了之後都是功不唐捐。別以爲說你送一本書給誰，看來沒什麼，也許他下輩子就會進入正法，正好就是要當你的徒弟，這很難講的。所以那個因果一直都在，猶如世間法中說：「每隻雞一生之中，一飲一啄莫非前定。」有時候我遇見某些事情，預兆出現了，結果去接觸、去進行的過程，跟那個預兆完全一模一樣，一點都沒有差訛，一點點的差異都不存在，那就是定業。所以定業在善、惡或者無記這三個層面都有，不能夠不信。

因此我們攝受那一些人時該如何攝受？都要自己去設想，然後要出之於內心的熱誠，絕對不能煩；要很誠懇地去作，這個才是菩薩道修行最快速的方法。所以「應以攝事而救攝之」，就由我們大家共同來作。共同作有個好處，就是這個善業大家綁在一起；善業若有越多的人綁在一起就越好，因為未來世你接觸正法的緣就越廣，非常容易就可以接觸到，這應該大家一起來作；所以不要嫌煩，以至誠心來作這件攝受眾生的事情，那個善業的功德就會更大。那我們這樣作也是奉行　如來的教誨。接著　如來又開示說：

經文：【「復次，迦葉！如有士夫度大曠野，聞合群鳥鳴；時彼士夫畏是鳥聲，謂有劫賊，異道而去，入空澤中，至虎狼處，為虎所食。如是，迦葉！彼當來世比丘、比丘尼、優婆塞、優婆夷，於『有我、無我』聲，畏『有我』聲，入於大空斷見，修習無我，於如是如來藏諸佛常住甚深經典不生信樂。」】

語譯：【世尊又說：「除此以外，迦葉！譬如有一個在世間法作事的人，他要度過一個很大的曠野時，中途聽到一大群的鳥在鳴叫；當時那個人心中畏怖、恐懼那一群鳥的叫聲，誤以為是有要來搶劫的盜賊，於是他改換另一條路而前去，進入了一個廣大的草原或者沼澤中，漸漸地走到了有老虎、野狼的處所，就被老虎吃掉了。就像是這樣的道理，迦葉！那一些未來世的比丘、比丘尼、優婆塞、優婆夷，對於『有我、無我』的音聲，聽見以後恐懼『有我』的音聲，入於大空的斷滅見中，每天修學熏習無我之理，對於像這樣的如來藏諸佛常住甚深的經典，不能生起信心和愛樂。」】

講義：諸位想想：臺灣是不是有這樣的四眾？什麼人？嘎？釋印順等人不正是這樣嗎？對啊！所以一聽到正覺弘揚第八識如來藏的妙法，他們一開始是說：「**那如來藏是外道神我。**」有個比丘尼還寫信給我說：「**這叫作自性見。**」她們聽到「無我空」就喜歡，聽到「有我常住」就覺得恐怖。可是她們的「**無我**」是「**眞無我**」嗎？諸位都知道不是！她們只是嘴上講「**無我**」。她們要的是這個「**意識心的我常住**」，要意識心住在「**無我**」的見解裡面，來繼續保持這個意識心的我可以常住，其實那是「**有我**」，是五陰的我。然而如來說的「**有我**」，是第八識如來藏我，才是眞正的常住。五陰是無常的生滅法，眾生執以爲我，但不是眞實的我，因此叫作無我；而第八識如來藏沒有五陰的我性，但如來藏卻是常住的，性如金剛，眞實而如如，永不壞滅，所以是眞實的我，卻沒有五陰的我性。

但他們恐懼聽到有這個眞我的音聲，爲什麼恐懼呢？有兩個原因：第一個原因是，他們認爲：「大乘經非佛說，所以我只信二乘經，可是這二乘的《阿含經》裡面，都說無我；那你正覺說有個眞實我，你就是外道，我不喜歡聽；所以你正覺講有我，越來越興盛，我就越生氣。」就變成這樣了，這是第一個原因。第二個原因是帶頭的人這樣想：「就算眞的有這個如來藏眞實我，但我證不了。我是印順導師呀！而我證不了，那我就是不如你了，是可忍，孰不可忍？所以推翻你正覺才是我的最好辦法。可是我心裡面掂量一下，又推翻不了你正覺；因爲你蕭平實知道我的落處，我不知道你蕭平實的落處；我推翻不了你，不聽你的總可以吧？我把耳朵捂起來，誰都不要來跟我講蕭平實、講什麼如來藏的事！」

可是私底下，他不也偷偷地讀正覺的書嗎？誰要是跟我說釋印順都不讀蕭平實的書，我永遠不信！即使太陽打西邊出來，我也不信！這蕭平實一天到晚書中都在說他不對，也都有寄給他，他不會好奇喔？也不會有人送給他喔？才怪！因爲每一本書我都有寄給他，我們的新書贈送名單中，他是排第一位。但是他們恐怖「有我」之聲，只要誰去跟他們講「如來藏眞實我」，說這個眞實我是眞實存在，也如實可證；聽說人家要來跟他講這個法，他就心生畏懼，一定跟你推辭說：「出遠門了，不在！」

所以有智慧的人跟愚癡的人反應不一樣，有智慧的人聽到聲音時，會很謹愼去探索那是什麼聲音？遠遠地保持安全距離；等探索清楚了，「喔！原來那是一群鳥在叫。沒事兒！」儘管放心地走過去了。但沒智慧的人心生畏懼，都不想弄清眞相，乾脆避道而去；結果好好的大路他不敢走，走那些羊腸小道；走到最後，知道那是什麼道嗎？那是虎狼走的路！虎狼每天經過那些地方，走來走去，走出個羊腸小道來；而他走上去了，以為很隱密、很安全，都沒人看見；但就是沒人在走才是危險，於是他被虎所食。

所以聽到聲音時先別害怕，先把它弄清楚再說。小孩子剛聽到聲音時都會害怕，這是正常的事！父母就要教他：「別怕！這是什麼聲音。」就像我孫女到我家來住，晚上聽到青蛙「呱呱呱、呱呱呱」地叫，她怕。我女兒就教她：「這個就是妳一天到晚在唸著的『嘓呱、嘓呱』。」她說：「喔！嘓呱、嘓呱，原來是青蛙！」她懂了，就不怕了。那麼有時候聽到某一種聲音，以為那是什麼野獸，結果不是野獸，原來牠只是一隻老鷹；有時候聽到什麼聲音，原來只是白鷺鷥！都不需要害怕，先要去弄清楚那是什麼。那一群鳥吱喳喳的，諸位當然知道，但是有的愚人不知道，聽了就怕。

如來這裡說的是一個愚癡的人，他不曉得那聲音是代表什麼；也不願意去把它弄清楚，直接就避開；當他如果弄清楚了，身上剛好有弓、有箭，拿起來瞄準了也許射幾隻下來，還可以當食物。但他以為是很恐怖的動物，於是避道而去；可是避道而去的時候，卻是走到了虎狼平常活動之道路，虎狼可不會出聲音告訴你說：「我在這裡！」牠會靜悄悄地等。在佛教界也是一樣，如果有人出來破邪顯正，一定是振臂疾呼，怕人家沒聽到，希望大家都聽到。那愚癡的人說：「那到底是什麼聲音？我還是趕快避開！」往另一條路走去了。走上了小路，那邊都不會有人振臂疾呼，不會被他人所歡迎，走進去以後是什麼呢？是外道法！就是這樣，正好是這個譬喻。

走上了外道法中，看來那是一家寺院呢！然而教的是常見外道法、斷見外道法，這個叫作「野狼」。如果走到另一家，看來好像也是佛教，只是有點兒怪怪的，都披著紅衣服，教的是密法——不可告人的雙身法，名之為大樂光明，或名無上瑜伽，那就是「老虎」！可是愚癡人不懂，看見正覺一天到晚滔滔不絕、振振有辭一直講，他聽了想：「欸！這到底是什麼？」害怕了就不敢靠近，避道而去；結果走到常見、斷見「野狼」那裡去，或是走到密宗「老虎」那裡去了！現在兩岸佛教界不正好如此嗎？你們看，這些現象如來早都看見了！所以說：

「彼當來世比丘、比丘尼、優婆塞、優婆夷，於『有我、無我』聲，畏『有我』聲，入於大空斷見，修習無我。」你看他們不是一天到晚都在講「無我」嗎？誰要是講到「如來藏我」，就罵聲一片！咱家出來弘法被罵了十幾年、二十年了，但我始終不改其志，繼續講我的「明心」、我的「見性」，永遠不改變。所說的法只有越來越深、越來越廣，但永遠就是明心與見性。那她們恐怖「有我」之聲，恐怖到現在二十幾年過去了。現在我們的書，也被那些六識論的道場買去，那書櫃裡面特別的一櫃專門放正覺的書，叫作「外道資料」（大眾笑…），就這樣寫著啊！可是大家堂而皇之可以讀，我聽了就說：「這一招好！我贊成。」只要她們實質上得利就夠了，她們是不是說我外道，那都無所謂！因爲她們說我外道時，我不見得就是外道，所以這個無所謂。

但她們以前就是恐怖聽到「有我」之聲，只要有人講到如來藏眞我常住，就怕死了。那她們主張就是「一切法空」，不管什麼都叫作一切法空。以前她們還借用一個很好的佛法名相「緣起性空」，但是我後來說了，緣起性空是要有個主體，藉其他的緣才能生起那一些生滅法；而那一些藉緣而生起的諸法是生滅性的，所以其性本空，應該叫作「緣生性空」。

但是緣起性空印順他們沒資格說，因爲緣起性空不會是平白無故緣起性空；如果沒有個主體，怎麼叫作「緣起性空」？譬如說有個人砍柴，砍柴這件事緣起性空，可是砍柴這件事得要有個主體來作；假使沒有主體一個人來砍柴，會有砍柴這件事嗎？不會的！一定得是如來藏藉緣出生了五陰，所以說「五陰緣起性空」；不能夠把緣起的主體第八識丟了而說緣起性空，否則就變成無因論；所以單說蘊處界入等性空，不涉及能生諸法的第八識如來藏時，只能說是緣生性空，不可說是緣起性空。然而你看，那些落在「大空斷見」的釋印順等人，他們講的緣起性空就是無因而有緣起；但是「無因」不可能有「緣起」，就譬如砍柴這件事情，沒有一個人來作時，怎麼能夠有砍柴這件事情而說爲性空？所以砍柴這件事情固然有緣起性空，這個「緣起性空」卻要藉這個「人」來出現，否則不會有緣起性空。

那五陰的出生不可能無因生，也不可能共生；當他主張說：「**不必有如來藏，只要有六根觸六塵就可以出生六識。**」那他就是龍樹《中論》所破的共生，他落在根與塵共生六識的邪見中；當他否定了如來藏，蘊處界入的出生也就成爲無因生，一樣被《中論》所破。那他弘揚《中論》時又是在弘揚什麼？《中論》一開始就講：「**諸法不自生，亦不從他生，不共不無因，是故知無生。**」但釋印順講的緣起性空正好是共生，也是無因生。所以號稱臺灣佛教界導師的釋印順，他的思想還遠不如哲學界；現代哲學界都懂：「**這些生滅的假法背後，一定有個眞實法。**」所以他們提出來一個很簡單的主張——假必依實。

這是哲學界都懂的道理，結果他身爲臺灣佛教界的導師，竟然不懂！可見這個人浪得虛名。而推崇他爲導師的人，便叫作有眼無珠；他們的眼球都是假的，所以跟著他落入「大空斷見」中。他又怕人家檢點，因爲他既然講沒有如來藏，那阿羅漢入涅槃就變成斷滅空；他自己有警覺到這一點，怕人家檢點，只好回頭又把意識中的一分建立爲細意識，說細意識是常住的。既然細意識是常住的，能生一切法，那麼細意識能出生根與塵嗎？又能生意識嗎？細意識仍然只是意識，依舊是「意法因緣生故」，不可能出生根與塵！縱使細意識能出生根與塵，那他否定了如來藏，說如來藏是本體論，說佛法不應該有本體論，那麼請問：「他建立了細意識常住而能生諸法，不也是本體論嗎？」那就是自己掌嘴了！可是他自己掌嘴了，自己並不知道。爲什麼他被自己掌嘴還不知道？因爲他麻木不仁。對啊！沒有感覺嘛，所以打了自己也不知道打了。

所以，佛教界在咱們正覺弘法之前，被他誤導而普遍落入「大空斷見」中的人，非常普遍；只有中台山落入常見，跟他不一樣。但那釋印順自己又何嘗不是常見外道法？因爲細意識仍然是識陰所攝，不外於識陰，依舊是常見外道法。所以一定要信受「有我」的第八識常住，如果不信受「有我」，遲早入於「大空斷見」，經年累月修習「無我」的結果，就是「於如是如來藏諸佛常住甚深經典不生信樂」；所以那些人看見了大乘經典很厭惡，很厭惡又無法把它剔除掉，他們就想到一個方法：「這電子佛典中，我就弄進很多近代或現代外道的東西，把正法混淆掉了，把正法稀釋掉。」這就是他們現在正在作的事。

所以現在 CBETA 聽說裡面也有《菩提道次第廣論》，聽說《密宗道次第廣論》也編進去了。太棒了！證明他們一樣是痲木不仁！因爲那是否定他們自己所說無我法的外道法，但他們也把它編進去了，結果自己依舊不知不覺。世間有這麼笨的人呀！聰明人遮掩之不及，他們還故意弄出來，讓大家普遍都看見。這也幫密宗證明：「我們密宗眞的有雙身法！」也證明說：「我們釋印順的團體是暗中支持密宗雙身法的。」這不叫作痲木不仁嗎？所以有智慧的人不幹這種事。不說有智慧，單說有慧無智的人都不會作這種事了，何況是有見地的人？不幸的是他們正是沒有見地、沒有智、也沒有慧，連世間慧都不夠，以爲這樣可以把大乘經典的了義聖教稀釋，卻沒想到暴露了他們這一些人的程度如是粗淺！所以有智慧和無智慧的人，所作的事情是截然不同的。

他們這些人看見大乘經典時，這一部也講如來藏常住，那一部也講如來藏常住，不管讀到哪一部都說到：「諸佛就是因爲證如來藏而成佛。」於是越讀、心裡面越火。不是你們大陸講那個「火」，這是越來越火大，越來越生氣了，不是紅火的火！那他們對大乘經典越讀越煩惱，因爲不論怎麼思惟都想不通，企圖要證得大乘經中那個第八識的境界，又全然不可得，所以他們那些人跟密宗喇嘛一樣，很氣正覺。爲什麼氣？因爲正覺每年都有人證第八識開悟，爲什麼這個祕密都沒有洩漏出來？所以很生氣呀！因此他們看了大乘經典都會頭痛，沒有別的形容詞，就叫作頭痛！

然而這一些人爲什麼對於「如來藏諸佛常住甚深經典不生信樂」呢？都有往世的因緣。諸位想想看：你們第一次聽到有如來藏可證，聽到如來藏三個字，是不是心裡就相應了？對啊！有的人一聽到如來藏三個字就歡喜。爲什麼歡喜？不知道！就是歡喜。那你往世聽到如來藏三個字，不一定是中國話的如來藏，眞的如此！也許是印度話，也許是西域罽賓的話都不一定，但是聽到如來藏就會相應，法界中的事就是這麼奇怪。

譬如說你見到一個人，這個人現在世的姓名改了，五陰也改了，可是你見到時就會聯想起往世的某某人；於是你曾經夢過往世的什麼人，就會馬上跟他聯結起來，不會錯過。作夢也是一樣，夢見往世某某人，結果現實上遇到某某人，你就聯結起來了；可是五陰不同、名字也不同，卻聯結起來了，這就是心；但是你的意識、意根並不知道。那究竟是什麼心導致你如此聯結起來的？對！就是第八識如來藏這個我。

所以如來藏講的都是「諸佛常住」，沒有說諸佛入涅槃就斷滅了。不說大乘經典這麼講，二乘經典亦復如是說，所以 如來說，阿羅漢證得的涅槃叫作「常住不變」；阿羅漢入無餘涅槃不再示現於三界中，尚且是常住不變，何況諸佛依於入地時所發的十無盡願，繼續利樂眾生永無窮盡，怎麼可能祂們示現成佛，入涅槃後會變成斷滅空？所以諸佛如來都是常住的。既然十大願最後都說：「虛空有盡，我願無窮。」說虛空假使能夠到達邊際，我的願還是永遠無邊際的。既然如此，成佛之後可以食言而肥嗎？不能！因為諸佛如來不會有哪一尊是食言而肥的。這類事情入地後就不會了，何況諸佛？所以他們的主張很奇怪，他們認為：「釋迦如來入無餘涅槃了，所以灰飛煙滅了，後代的弟子們為了對佛陀永恆的懷念，才創造了大乘經典來紀念。」「懷念」可以是永恆的喔？五陰沒了就沒了！因為他們不相信有如來藏啊！如果懷念可以是永恆的，背後一定有個常住的法，那叫作第八識如來藏，這樣來懷念才可能永恆；否則他們的懷念只會有一世存在。因此我說，諸佛如來都是常住的。

那麼諸佛如來既然是常住的，第一次示現成佛，八相成道完了，一定還會到別的世界，另外再示現八相成道，會不斷地示現。所以《法華經》中 釋迦如來說，祂是過無量無邊百千萬億那由他劫之前成佛；既然是那麼早已經成佛，這回應往昔一千兄弟之約要在同一劫中前後次第成佛，那就是古佛再來。經過這麼長的久遠劫之中，釋迦佛的弟子之中都沒有人成佛了嗎？成佛只要三大阿僧祇劫，而祂成佛以來已經過無量無邊百千萬億那由他劫了，那祂的弟子成佛的一定不在少數。所以當祂成佛那麼久之後，祂的某些弟子陸陸續續示現成佛了，有時也許沒有適合的地方再去示現成佛，來看看以前跟隨過的古佛如來現在在哪裡？欸！知道了，原來在娑婆世界，就去幫祂演一場無生戲，這叫作遊戲人間。這樣的遊戲人間是很快樂的事情，因爲當佛很辛苦，來幫 釋迦古佛度化眾生時當個妙覺菩薩，倒駕慈航來當個妙覺菩薩，就是跟著聽聽法、配合演演戲，多愜意！那叫作寫意的倒駕慈航；只能這麼講，因爲沒有適當的成語。

所以 維摩詰菩薩倒駕慈航可以信為眞，觀世音菩薩、文殊菩薩倒駕慈航都可以信之爲眞，因爲諸佛常住。諸佛不是入涅槃以後就斷滅了，可是對這一點，釋印順等人始終不信，因此入於「大空斷見」。一旦入於「大空斷見」，他們的邪思、妄想就會不斷地衍生出來；已經有一個錯誤的見解，就會產生其他許許多多的錯誤見解；根本錯了，其餘見解就跟著錯。但是我們出來弘法，根本法是正確的，所以依著這個根本，繼續把祂演繹出來；演繹越多，只有越深廣、越勝妙，不會前後互相牴觸。可是你看釋印順的書，前頁與後頁自相矛盾，上一段與下一段自相牴觸，就別說前半部的書與後半部的書了。

所以當年臺灣佛教界很多人私下在流傳說：「**正覺是個新興宗教。**」他們等著看好戲，「**因爲你正覺愛寫書出書，我就看好戲啊！寫越多，破綻越多。**」於是當年也有大學哲學教授開口說要寫書破正覺，結果呢？沒能成功，寫到下一劫還是寫不成功的，因爲沒有成功的機會。這是因爲我們證的是法界實相，既然是法界的實相，表示祂是一個現量，現量就是一個不可改變的事實。而我們證眞如，如來說：「**眞如雖生一切諸法，而眞如不生。**」如來也說：「以一切法、一切有情，皆以眞如爲定量故。」既然我們證的是正確的眞如，不落在識陰或其他的境界裡面，依著這個現量而演繹出越來越多的法，只有越來越深廣、越勝妙，不會前後自相矛盾。

由於這是法界中的定量，不可改變，所以他們等不到正覺這個新興宗教壞滅；等不到的結果，現在臺灣佛教界，如來藏已經是臺灣佛教界的顯學，哪個道場不講如來藏你就落伍！人家會來請求堂頭和尚：「師父！您也講講如來藏吧！」這師父說：「如來藏我根本不懂啊，要怎麼講？」只要這句話出來，信徒就開始走人了，所以後來也是不得不講；依文解義也得講，於是乎如來藏就變成顯學。

所以這個「有我」聲，才是正確的法，但是他們不懂，恐怖於「有我」之聲；聽到那個「無我」的聲音就喜歡。「有我」就譬如那一群鳥，在那邊發出同樣的聲音，讓大家警覺到牠們的存在；「無我」就像老虎、野狼躲著，無聲無息，讓人感覺是不存在的「無」；但那個似乎不存在的「無」裡面潛藏著危險，會使人喪失法身慧命，他們就不懂！所以末法時代這個現象，如來兩千多年前就講了，而他們依舊愚癡地跳進去。他們常常毀謗說：「那大乘經典是後人創造的。」好吧，就算是後人創造的，那後人也夠聰明吧？因為從天竺傳到中國來，已是一千多年了；那一千多年前的天竺人也夠聰明，早就料定今天的臺灣佛教、今天的中國佛教，全都會落入這裡面！那麼這一些落入人家預計境界的人，豈不是遠不如古時候那些天竺人？那釋印順及釋證嚴還自稱成佛呢！

所以學佛時慢心不要太強，不懂的就承認不懂，不要去推翻它。因為他們所不懂的，不代表沒有道理。那他們以前就是太大膽，太過於自信，出而推翻大乘經典，沒想到正覺出來弘法，讓他們各個只能閉嘴，全都不敢回應正覺。實證的菩薩，如來不會讓他們閒著沒事兒幹；當人間需要有菩薩來利樂有情時，如來不會視而不見，總會交代菩薩來示現的；那一些特別大膽的人，這時候就倒楣了。除非永遠處於戰亂的年代，菩薩無法出世弘法，那就另當別論，他們儘管虛妄說法；可是一旦遇到了承平之世，菩薩可以弘法時，那就是他們妄說者的末日。如來這樣開示完了，接著又怎麼開示呢？

經文：【「復次，迦葉！汝所問我為阿難說：『有有有苦樂，無有無苦

樂。』汝今諦聽。迦葉！如來者，非有、非眾生，亦不壞。」迦葉白佛言：「云何？世尊！」佛告迦葉：「如雪山下有出淨光摩尼寶性，有人善知摩尼寶相，見相則知，即取持去；如鍊金法消除滓穢，離垢清淨，隨所著處，本垢不污。所以者何？譬如士夫持燈而行，隨所至處闇冥悉除，燈光特明。彼摩尼寶亦復如是，如鍊眞金塵垢不污，星月光照則雨淨水，日光所照尋即出火。如是，迦葉！如來、應供、等正覺出興於世，永離一切生老病死，煩惱習垢一切悉滅，常大照明，如彼明珠，一切不污；如淨蓮華，塵水不著。」

語譯：【世尊又說了：「除此以外，迦葉！你所問我爲阿難說的：『有〔有〕就會有苦樂，沒有〔有〕就沒有苦樂。』你如今詳細地聽清楚。迦葉！所謂的如來，不是三界有、不是眾生，也不毀壞。」迦葉稟白佛陀說：「這是什麼道理呢？世尊！」佛陀告訴摩訶迦葉：「猶如雪山之下，有能夠發出淨光的摩尼寶的自性，有的人善於了知摩尼寶的法相，看見那個法相就知道，就來取了把它帶走；然後猶如鍊金法消除了滓穢，使得摩尼寶離垢而得清淨，隨著所放置的處所，它本來所有的污垢永遠不會再來玷污它。爲什麼是這樣呢？譬如世間人執持著燈具而行走時，隨著他所到達的地方，闇冥全部都除去了，燈光照耀得特別光明。那個摩尼寶也就像是這樣，猶如鍛鍊眞金而去除了塵垢，不能夠再汙染它；猶如星和月的光明所照，接著就會在這個摩尼寶上面，顯現出清淨的水；亦如日光一旦照耀著，那摩尼寶馬上就可以出現火來。就像是這個道理，迦葉！如來、應供、正等正覺出興於世間，永遠離開一切的生、老、病、死，煩惱、習氣、污垢一切全部滅除，永遠大照明，就像是那一顆摩尼明珠一樣，一切都不能再染污它；猶如清淨的蓮花，灰塵與水都不會附著。」】

講義：如來不問自說了，就像是摩訶迦葉以前曾經提起的、如來爲阿難所說的：「有『有』就會有苦樂，沒有『有』就沒有苦樂。」這個道理，最究竟的解釋就是說，如果有了三界有，就一定會有苦樂；若是沒有三界有，就沒有苦樂。可是如來不落在「有有」以及「無有」裡面，不落在這兩邊。那麼一般人都不懂「有『有』就有苦樂」的道理，更不懂「沒有『有』就沒有苦樂」的道理，所以臺灣佛教界如是，大陸佛教界亦如是，南洋佛教界更是如是。至於密宗從來都不是佛教，他們是外道，咱們就不必談它。

以往大家修行時都是說，每天要打坐，坐到離開了妄想雜念，那就是證得涅槃，就是開悟了。都希望死後就保持這樣一念不生，讓這個覺知心永遠一念不生而且永遠存在，說那就是無餘涅槃的境界。如果你們逛道場逛多了，來到正覺時都會承認有聽過這樣的開示，或讀過這樣的開示，因為我自己也親自聽過。但是那叫作欲界有，再強調一下，那叫作欲界中的「人間有」；只要這個「有」存在，就會有苦樂；沒有這些「有」的存在，就沒有人間的苦樂。

那麼再往上提升，就是**欲界天的有**，那如果是欲界天的有，有那個「有」就會有苦，也會有樂。譬如民間故事中的董永跟七仙女在人間不是很樂嗎？後來七仙女必須回到天界，那兩人就有苦了，心有所求不得如願，當然要受苦！所以欲界天也是有苦有樂。那麼色界天有沒有苦樂呢？有！下回分解。

《大法鼓經》上週講到三十四頁第二段第一行：「**有有有苦樂**。」我們上週最後說到凡是有了欲界有就會有苦有樂，但是色界有究竟有沒有苦樂呢？也有啊！有樂，這想得通；有苦，好像想不通吧？色界天人會有苦嗎？他們不餓、不痛又不癢，連「累」都沒感覺，根本不會累！有欲界這個肉體就會累，所以人間的常法就是要睡覺；不睡覺，恢復不了。那欲界天也得睡覺，他們雖然比人間微細多了，但仍然是那個肉體，仍然有飲食，所以他們也會累的，也得睡覺。但色界天人不會累，他就不必睡覺，怎麼會有苦呢？這一來，到底是有苦、還是沒有？（眾答：有。）還是有喔？這要去外面問所謂的學佛人，一定說：「沒有！他們禪悅為食，是快樂的。」這意味著諸位的知見水平很高了。

色界天人當然有樂啊，譬如說初禪天人，他在等持位不入定的時候有身樂可以自娛；如果入了等至位，身樂消失了，那是住在定中。入定，其實就是他的飲食，就等於人間有飲食一樣；因為他們的生命是依靠定力而維繫的，所以禪悅為食。二禪天人也有喜樂，是因定而產生的喜樂，作為他的色身生存的條件，所以他們固定時間得要入定；三禪、四禪天莫不如是。就好像人間，該吃飯的時候，肚子餓了就得吃；他們覺得色身有點兒衰弱了，就去入定，入定出來又是精神飽滿，所以他們以禪悅為食。

四禪天雖然無苦無樂，不像三禪結合了初禪、二禪之樂與喜，但四禪天以無苦無樂為樂；他們是把所有的淨念也捨了，把所有諸法、諸境界的貪愛也捨了，念心所都清淨了，所以是「捨清淨、念清淨」，合名「捨念清淨定」，但一樣得入定；沒有定時入定的話，色身就不好用；永遠不入定，久了就會死掉，這也是苦，叫作生滅。定是有生的法，沒有修行禪定之前就不會有定力；他們依靠定力而生存，定既是修行而有的，既是有生之法則必有滅，這就是他們的苦，所以他們仍然有生苦與死苦。出生爲什麼叫作苦呢？因爲一出生就註定未來有苦，所以生就是未來的死的苦因了，這也是苦。那如果在天上，每天一定時間入定，精神飽滿，還是有苦；因爲都在意識的「行」的過程裡面，諸行無常，無常故苦，所以色界天人一樣有苦。

那麼色界天固然是「有」，無色界難道不是「有」嗎？他們一樣是「有」，叫作「無色有」。「無色有」是三界中最高的層次，過了無色有就是涅槃，出三界了。那這樣看來，好像無色有勝過色界有吧？是不是這樣？好像是喔？好像是，意思是說好像，但並非眞的是；因爲「無色界」有一個最大的苦，從學佛人來講，愚癡最苦。可是從世俗人來講，「無色界有」好，因爲超過色界了！但是眞正的學佛人都不愛無色界，想想看，無色界有四個天，他們生上無色天以後，空無邊處壽命最短，一萬大劫；識無邊處加倍，二萬大劫；無所有處再加倍，四萬大劫；非想非非想處再加倍，八萬大劫。可是不管一萬大劫或者八萬大劫，最長壽的整整八萬大劫，一生都住在一念不生之中。無色界天的有情，在一念不生之中度過八萬大劫，下至一萬大劫，沒有什麼長進，他的生命就這樣浪費過去了；所以菩薩視無色界猶如怨家，是把無色天的境界當作怨家，一想到無色界就趕快遠離！因爲一萬大劫一念不生，一事無成，就別說非想非非想處的八萬大劫了！所以菩薩視無色天猶如怨家，以此爲苦。

菩薩行道最重要的事情就是增長智慧，結果在那邊一念不生過完八萬大劫，那是具足愚癡的人所喜愛的，然而愚癡是苦！話說回來，那八萬大劫一念不生，看來是無苦無樂，看來是寂靜的，但那個不苦不樂而寂靜的境界，也是非常。無常則是苦，下墮之後通常不如人類；所以那個境界，從菩薩來看，是不可愛的境界。生到那裡去，壽命最長八萬大劫，終歸得死，所以也有苦。還沒死之前呢？只是一念不生的存在，不離行苦，還是有苦。這一念不生的境界結束了，又下墮人間或三惡道，下墮於色界的是少數；這代表無色界仍然有苦，因爲一旦下墮，要領受什麼樣的苦，都不容易把握。這意思告訴我們，凡是落在「三界有」之中就不離苦，所以 如來說：「有有有苦樂。」

反過來說，如果沒有三界有就沒有苦樂可說了，那現在一定有人想：「如果有『有』有苦樂，無『有』無苦樂，那什麼地方是『無有』呢？」以前佛教界都想，三界外一定有一個地方，叫作「三界外」，只要受生到那裡去就是住在三界外，就出離生死。以前很多人這樣想，不單學人如此，大法師們一樣如此，認爲三界外還有一個地方，那個天是在三界外而沒有苦樂的。問題是那個天也叫作「天」，既然叫作天，能超越欲界天、色界天、無色界天以外嗎？不能啊！也有的人說那叫作「涅槃天」，叫作涅槃的境界，因爲佛經中也有說「涅槃天」哪！可是佛經裡說的「涅槃天」指的是已經證得有餘、無餘涅槃的解脫者，那樣二乘聖者的有情叫作涅槃天，不是涅槃是屬於天界的某一天。譬如二乘聖者叫作「解脫天」，所以他們也是「涅槃天」；那大乘法中的證悟者，叫作「第一義天」；國王叫作「世間天」；如果生到欲界天、色界天、無色界天叫作「生天」，是因爲他們出生以後成爲天。如果說「涅槃天將曉」，說涅槃天快要亮了，表示他快要成佛了，而不是說還有一個天叫作涅槃天。但是以前的大師、學人全都認爲三界外還有一個境界，我們這個離念靈知可受生到那裡去，就住在那裡解脫了。

其實三界外無法，界外任何一法都不可得，哪來的界外境界可以讓意識心去安住呢？意識心永遠是三界有，既是三界有，就不能去到界外。所以如來說：「**沒有『有』就不會有苦樂，有苦樂就一定有生死；沒有『有』就沒有苦樂，就沒有生死。**」所以對於「有」——三界有——的定義要先弄清楚，不能夠學了佛以後，號稱是了義法，號稱第一義諦，結果所學的都是囫圇吞棗。成語說「囫圇吞棗」，說整顆棗子就硬吞下去，明天一樣完整的一顆排出去，對他沒有成就食的功德——飲食的功德絲毫都沒有，所以不能囫圇吞棗，得要消化。譬如說，證得欲界定的人，他是不是人？是！叫作什麼人？既然是人，要給他個名字啊，要有名分的，叫作什麼人？那這一定要弄清楚，不能含糊，他叫作欲界天人。他如果死了以後，繼續留在人間，那是他的願如此，但他可以不必當人。

那麼證得色界定的人，是不是人？當然是人哪！否則怎麼叫作「證得色界定的『人』」？一定是人，但是他的本質是什麼？色界天人！因爲他死了可以生到色界天去，不必來人間跟眾生鬼混。人間的眾生大多是鬼混，一天到晚幹的都是鬼家活計，幹的活兒都是鬼家的活兒，死後要去當鬼的。你們看社會上不就是這樣嗎？勾心鬥角，無所不用其極，死後就去當餓鬼，所以他在人間幹的事情就是鬼家活計，幹的都是鬼活兒，本質不是人。如果一個人胡作非爲，世間人背後會罵他什麼？畜牲！有沒有？對啊！譬如父母把他將養長大，他長大賺錢就該供養父母；但他反過來，自己賺的薪水花光了不夠用，遠超過月光族，都只能過個十天就用完了，然後就跟父母要錢，父母不給就打；人家背後都罵他：「**畜牲！**」那他死後又要去當畜牲了，所以他的本質不是人。

如果有的人他證得非想非非想定，或者四空定的任何一種，這樣的人本質叫作無色界的有情。他的本質不是人類，也不是天人，因爲死後沒有天人之身；他如果願意繼續留在人間，那是依於他的願而留下來，並不是不能脫離人類的身分。假使有的人證得阿羅漢果，他可以出離三界，所以佛法說這叫作「聖人」。聖人是不是人？也是人，但他的本質不是人，因爲他可以出三界。他如果死了以後乘願繼續留在人間，不是像人類被業力或者無明所拘束而留在人間，他的本質不是人，但他卻是有情，不是無情。所以六道之外就施設了聲聞、緣覺，六道就增加了兩道，加上菩薩與佛就成爲十法界。

如果是菩薩，入地以後每一世都可以離開三界，卻依受生願而留下來，他的本質也不是人，所以說他是菩薩。雖然他跟大家一樣，有這個人類的色身，吃、喝、拉、撒都一樣，冷了穿衣，熱了吹電風扇，搖搖紙扇，都不一定，但他的本質不必繼續當人，所以把他立名爲菩薩。那如果是佛呢？佛是超越菩薩的境界，不但二乘的涅槃早就具足了，也有大乘的本來自性清淨涅槃；並且最後證得無住處涅槃，是諸菩薩之所不能。那麼佛示現在人間，是不是人？是個人哪！所以餓了就去托鉢，冷了也要添衣，但本質是超越一切有情的，所以佛不是人。既不是人該怎麼寫？寫作「弗人」！舍利弗那個弗，「弗」就告訴你「不是」，「不是」再加個「人」字旁，就是佛，意思是說「不是人」。

所以愚癡的人把前來示現的佛當作人，那很愚昧。他想：「嘿！佛陀餓了也要托鉢，到了傍晚也跟我們一樣，要到恆河、尼連禪河沐浴，不一樣是人嗎？」其實不是人，因爲祂超越一切有情，連諸天、應供、菩薩都不能想像，怎麼會是人呢？所以另外再建立一道，叫作佛，這樣有情的十個法界就具足了。所以六道之外還有聲聞、緣覺、菩薩、佛，總共十個法界，所以佛的本質也不是人。中國人特別聰明，發明了這個「佛」字——非人，不是人。

那麼這樣諸位來看看，如來是不是「有」？如來屬不屬於三界有？不是三界有！所以世尊說：「汝今諦聽。迦葉！如來者，非有。」不能夠說諸佛如來是三界有之一，所以如來非有。如來示現於人間，或示現於淨土中，看來是有三界有，其實如來不必繼續出現在三界中，因爲如來早超過聲聞、緣覺、菩薩的境界了；聲聞都可以超越三界有，何況如來！所以如來「非有」。「非有」的意思是說「非眾生」，不能把諸佛如來當作眾生。愚癡人會想：「我是個人，如來也是個人；我有兩個眼睛，如來也有兩個眼睛，所以如來跟我沒什麼不同，只是比較莊嚴而已。」可是他不知道，如來於三乘菩提的證量是究竟的，如來可以不是人，只因爲大慈大悲才來人間示現成佛，因此如來不是人。

但是這個事實，末法時代的學佛人都不太懂，特別是密宗的學人，包括密宗的四大法王在內，他們根本不懂。他們一生的所學、所知、所修、所證都是三界有，特別是欲界有；可是他們都不知道，全無自知之明，這樣的人最悲哀了。聰明人都有自知之明，譬如叫你出來選總統，你選不選？一定不選！因爲你知道：「**咱家不適合。**」又譬如說，現在請你上座來講經，你幹不幹？（眾答：不幹。）不幹！因爲呢，現在還不適合，特別是蕭平實坐在這裡講經時。對啊！這表示有自知之明。如果現在突然有一個全球最大的國家，叫我去當國王，問我幹不幹？（大眾答：不幹。）你們先代我答了！（大眾笑⋯⋯）這叫作自知之明。因爲那不是人幹的，那是國王幹的，累死人呢！而且不符合菩薩的要求。菩薩要的是今世利、後世利、自利、他利，要這四者都具足，菩薩才幹。

那麼愚癡的人不懂這一些，對「十法界」的內涵或者定義不清楚，他就亂罵一通。譬如以前李洪志書上寫：「**諸佛如來有三個等級，釋迦牟尼佛是第三級，我是第一級。**」這種人就地獄有分！譬如我們這幾天登了報，那密宗看見我們登的內容，我們依照法院判決登了，但我們補充了一些說明。他們的感覺一定是：「**早知會有這個結果，乾脆不要正覺登報了。**」然後就有個達賴的信徒，又寫了篇文章罵我們，對吧？對！但我們不理會。這表示什麼？表示他完全不懂。懂佛法的人不敢這樣罵，他說：「**蕭平實才是外道。**」問題是蕭平實證什麼？證如來藏啊！諸菩薩也都證如來藏，諸佛也是證如來藏成佛的啊！那他罵了誰？（眾答：佛。）你看要命不要命？眞的要命！可是他不知道自己的這一條人命已經消失了，本質已經不是人類，來世不在人間了。我這麼說是很嚴重的指控，我希望這話可以傳出去，也許他聽見了，好好探究；有一天懂了，趕快懺悔，就回復爲「人」的本質，那就不是三惡道的本質。

所以，什麼叫作三界有？什麼不是三界有？這個定義一定要弄清楚，不可含糊，否則誤了自己，罪業還小；如果寫了文章公開了，耽誤了更多人，那個罪業可就大了！可是密宗的信徒有幾人知道呢？他們號稱學佛，其實都在外道法裡面鬼混，因爲他們對「三界有」完全不瞭解，而密宗裡面的活佛喇嘛們也從來不談三界有。換句話說，他們的教授師或者上師們，完全不懂世界悉檀。爲眾生的法身慧命或者生死解脫，必須要施設什麼叫作世界？也就是要讓大家瞭解欲界、色界、無色界的境界。當人家證得初禪，就不必再生於人間，跟人間的五濁眾生鬼混了；可以不必再來人間的，他爲什麼還來？是因爲願力的關係。但是聲聞、緣覺如果走的是通教的路，捨壽時就不會入無餘涅槃，來世生在人間時依舊會是阿羅漢或者辟支佛；但永遠不入涅槃，屬於「一闡提種姓」，就是「不般涅槃種姓」，但他們的本質不是五濁眾生。

這個道理一定要懂，如果不懂得這個道理，只因爲達賴喇嘛被正覺評論了，他坐不住，憤起而辱罵正覺，這個業造下了，捨壽之前沒有懺悔，這個業難了啊！縱使捨壽之前懺悔了，可是被他誤導的人呢？那些業他也得承擔。那麼問題來了，爲什麼他會造下這個業？那達賴喇嘛又不是他爸爸，他幹嘛這麼在意正覺對達賴的評論？就因爲他對法不懂，對世界悉檀也完全不懂，所以無明所籠罩，作出這種愚癡的行爲。這表示他對什麼叫作「有」、什麼叫作「非有」是不懂的。

所以他們認爲自己密宗證的是報身佛的境界，超過 釋迦如來。他們認爲 釋迦如來只是化身佛，那他們不懂 釋迦如來其實是「應身佛」。只有應身佛才具足三身：有化身佛、有報身佛、也有法身佛。密宗所謂的報身佛連一佛都無，別說三佛！可是他們不懂，因爲他們是附佛外道。咱們說他們外道，他們氣得不得了，很生氣！硬要說自己不是外道；那他們得要證明自己不是外道，應該提出證據來證明自己不是外道，這才是正辦。不是在那邊爭辯：「我不是外道，你蕭平實才是外道！」那樣爭辯沒有用，人家要看證據啊。

所以對三界有的內涵必須如實了知，如果不知三界有的內涵，輕則犯大妄語業，重則誣謗賢聖諸佛如來。輕則犯大妄語業，是指什麼？譬如我們正覺弘法之前，很多大法師、小法師、居士們都認爲自己已經是阿羅漢，結果呢，都還是人間的意識心境界。他們的境界都不過是六塵具足的定境，那是欲界定中的離念靈知，還是欲界有，結果自稱是阿羅漢！人家外道證得二禪、四禪，證得「非想非非想定」，如來都說那還是三界有，不是證阿羅漢；佛世那麼多阿羅漢就是這樣被 如來破斥之後才被度的。可是那些凡夫大師們這樣的大妄語，爲何我說他所犯是輕？因爲那畢竟是一己之欲，不牽涉到廣大眾生。可是密宗那些人一天到晚搞「樂空雙運、無上瑜伽」，認爲他們證得報身佛的境界；其實那都不是莊嚴果報的境界，那境界只是「畜牲」的境界！欸！你別說我罵人，我講的是事實！不是罵人。在他們的密法裡面，不論女兒、母親、舅媽都可以找來修雙身法，「人」的格何在？沒有了人的格，那就是畜牲。

當他們這樣修了，那就是畜牲的格，已經不是人的本質了，所以來世報在三惡道中。而且再加上大妄語，說這樣叫作報身佛；又誤導了很多的眾生，然後又說：「顯教的佛層次太低了！」這又加上謗佛、謗法、謗僧，所犯眞的太嚴重了。當善知識出來弘法，揭櫫正義說：「開悟之標的就是證第八識如來藏。」他們又罵：「如來藏是外道神我。」這又加上謗法重罪了，像這樣子，連畜牲的格都失去了，那麼他們的本質是什麼呢？是地獄！所以我剛剛說：「犯大妄語業還算是輕的，誤導了眾生跟著大妄語，又謗法、謗佛、謗僧，結果是所有的這些業，他一個人要承擔。被誤導的人呢？也同樣要各自承擔自己的業果。」

可是有的人敢這樣毀謗，推究其原因，就是因爲對三界有不瞭解。假使密宗的喇嘛們對三界有瞭解了，他們會去檢查：「我們依照宗喀巴的規定，每天修雙身法證第四喜保持佛地境界，這個境界是什麼『有』？」他馬上會明白：這是欲界有。知道自己的境界是欲界有，馬上就會知道：自己宣稱成就報身佛果，這是大妄語、是誤導眾生、是謗佛、謗法。眞的知道了，一定會嚇得屁滾尿流。可是你有看到哪個喇嘛、哪個法王屁滾尿流嗎？沒有啦！這表示什麼？表示他們完全不懂！

落在欲界有之中，苦樂最多了；想要得解脫的人，是以寂滅為樂；然而寂滅之中並沒有苦樂，連寂滅都不存在，才是眞寂滅。結果他們一天到晚在追求苦樂，每天勤修雙身法，覺得快樂無比；可是修完了呢，累得像狗，一覺到天亮。天亮了又想：「我今天有沒有明妃可以修？」又是苦！萬一找不到明妃怎麼辦？又成為求不得苦。有人說，簡單啊！花錢到華西街就解決了！那個耐邁仁波切不就是這樣嗎？那就是苦。他們一天到晚追求苦樂，表示他們都住在「有」之中。什麼有？欲界有！「有『有』則有苦樂，無『有』則無苦樂。」如來說的是至教量，一點都不差，可是他們密宗完全不懂。他們都落在欲界有裡面，一天到晚不離苦樂，不離苦樂就是生死輪迴。如果想要脫離生死輪迴，一定要遠離苦樂；遠離苦樂唯一的辦法就是離開「有」，不落在三界有之中，就不會有苦樂，就沒有生死。

可是通教的聲聞、緣覺，別教的菩薩們以及諸佛如來，都可以不必來三界，卻特地乘願而來，目的是為了眾生。所以諸佛如來「非有、非眾生」，不能把諸佛如來、不能把諸菩薩、諸聲聞緣覺當作是「欲界有、色界有」或「無色界有」。談到這裡，也許有人想：那既然不是三界有，也不是眾生，那是不是一切都滅壞，變成斷滅空了？初學佛的人如果聽到我今晚講的，他一定會想：那就是斷滅空了。其實不然，因爲有這個第八識「無名相法」如來藏繼續存在，有這個《大法鼓經》所講的「大法」永存不滅，所以 如來說：「亦不壞。」

並不是把一切法壞滅了，叫作如來；不是把一切法壞滅了，叫作阿羅漢、辟支佛、菩薩。回到《央掘魔羅經》的那個譬喻來講：村莊空，是因爲人都走光了，叫作村莊空，不是村莊不存在了；河空，是因爲水流乾了，叫作河空，不是河不存在了。同樣的道理，成爲阿羅漢、辟支佛、菩薩、諸佛，是因爲流轉生死的煩惱空了，所以叫作聲聞、緣覺、菩薩、諸佛；不是因爲斷滅空而叫作聲聞、緣覺、菩薩、如來，這個道理要懂。

所以不是把所有的諸法滅盡，而是把「三界愛的諸煩惱」滅盡；既然要當菩薩與諸佛，就要進而把無始無明滅盡，這樣叫作菩薩或者諸佛。並不是這個有情滅掉了，而是因爲那些煩惱滅掉了，所以叫作「證得空」，不是把有情自己滅掉。這個道理在阿含部的經典裡面已經講過了，到了末法時代，那些佛門中的大法師們依舊弄不明白，附佛外道們更是不懂；因爲他們從來不讀大乘經典，更不讀阿含部諸經，因爲上師不讓他們讀。那些喇嘛們、法王們都不讓信眾讀，信眾如果讀了《阿含經》，讀懂了，馬上就會離開密宗了；所以導致他們所有的信眾也都不懂什麼叫作「三界有」。落在「有」之中，特別是落在「欲界有」裡面，從來不自知，因此永遠在外道法裡面轉。如果繼續這樣，再轉上三大阿僧祇劫以後，依舊落在欲界有之中，轉不出來。

現在一定有人覺得奇怪：他們爲什麼生生世世都在這種附佛外道法裡面轉呢？因爲過去無量劫前，曾經謗佛、謗法、謗賢聖，歷經三惡道回來人間之後，「餘殃未盡」，所以遇到正法時聞所未聞，心生恐懼；對於外道法，聞則喜樂，立刻投入。所以就像《佛藏經》講的，有的人歷侍九十九億佛以後，遇到釋迦牟尼佛爲他說法時，依舊連個順忍都不可得，連「初果向」都證不得，只能繼續當個凡夫。所以這三界有的境界、三界有的內涵的了知，是多麼的重要。可是當你告訴他：這是欲界有，他不信。既然不信，縱使你爲他演說了五蘊十八界的諸法，如何是生滅不住，他依舊不信；所以才會有宗喀巴在《廣論》中說：「色、受、想、行、識都是眞實的。斷我見則是把我見的內容滅除了，就是斷我見，不可以否定五陰的眞實有。」《廣論》就這樣寫的啊。

所以你看　如來的聖教：「有『有』有苦樂，無『有』無苦樂。」這是三世不易的聖教，這正理永遠都不可能改變的。那我們學到今天，知道：「如來者，非有、非衆生，亦不壞。」可是在我們弘法之前，釋印順他們認爲：「釋迦如來入無餘涅槃就灰飛煙滅了，永遠不存在了；後代的佛弟子爲了對釋迦如來的永恆懷念，不得不創造大乘經典出來。」這就是他講的，明文寫在《妙雲集》裡面，自己落在「有」中，還謗經，說不是　如來講的；又謗賢聖，說古來的諸大菩薩們傳的如來藏是外道法。你看他這樣子謗佛、謗法、謗賢聖，結局會是怎麼樣？不用告訴我！

所以末法時代的學佛人眞的很悲哀，因爲《楞嚴經》授記的狀況已經出現了，叫作群魔亂舞。眞的是如此，不是在佛教之外才有群魔亂舞，而是佛教內就已經群魔亂舞了，所以諸位肩上的重擔可想而知。諸位要來幫我一起挑起這個如來家業，不然我度你們幹嘛？度了你們，就是要你們來幫我一起挑。「如來家業」這個擔子很重，但是大家可以隨分來挑，依自己的能力能挑多少就挑多少。這樣子，咱們把「如來正法」看能不能再續一萬年，超過剩下的九千年！如果能這樣，表示可以度得更多人。可是我想還是不樂觀的，因爲 如來已經授記在那裡，但我們要把它當作目標，繼續努力。

如來開示完了，摩訶迦葉就稟白 佛陀說：「這到底是什麼道理？世尊！」他眞的聽不懂嗎？早聽懂了！因爲他是個俱解脫的聖者，然後又證悟般若，還是被公開授記爲 佛的大兒子，怎麼會不懂？他是爲眾生而問。佛陀就講了一個譬喻：「猶如雪山下，有出產淨光摩尼寶的法性，如果有的人善於了知摩尼寶的外相，他看見那石頭的外相就知道了，就把它挖取帶回家去；猶如鍊金的方法一樣，把渣滓污垢消除，那個摩尼寶離開了污垢而得清淨了，隨著所放置的地方，就保持著那個清淨的本質，不再有污垢。」

就好像內行人，去河川到處走一走；在河床沒有水的地方，就一步一步去看，當他看見某些石頭就帶回家。我們看了不懂，認爲那就是石頭，他卻費了好大力氣，裝好了、揹回去。然後他一切開，裡面有寶貝。他從外相就看出來了，但我們看來看去，它就是石頭，看不懂！也許一個不小心，踢著了某顆石頭，腳痛死了，狠狠地再拿另外一顆石頭，把它一砸，發洩了怨氣再走。沒想到他這麼一砸，旁邊有個人聽到聲音，轉過頭來一看：「欸！這個是寶貝。」他就帶回家了，而這某甲踢了腳痛，白痛一場！正是這樣。所以內行人一看就懂，那他知道這裡面有什麼，拿回去好好整治一番，就成為一顆摩尼寶珠。

「這個摩尼寶珠放在有光線的地方，晶瑩剔透，人見人愛；而這個摩尼寶就譬如有一個人拿著燈具放光去到什麼地方，那裡的闇冥就除去了。」這個燈如果夠亮，持到任何地方，一切的闇冥全部消除；不管闇了多久，闇了一千年、兩千年都一樣，只要這燈光一到，闇冥全部消除，所以有一句話講：「一燈能破千年暗室。」不管黑暗了多少年，黑暗了一萬年也一樣，我這燈一點起來，千年暗室全部都亮了。摩尼寶也是一樣，就好像眞金提煉過以後，塵垢再也沾不上啊。

這個摩尼寶珠「星月光照則雨淨水，日光所照尋即出火」，古人為什麼要帶摩尼寶珠？有太陽的時候，取火不費吹灰之力。古人不像現在有打火機，他們在野外取火時，要先做鑽子等物品，然後要不斷地、很費力才能夠產生火花，才能夠引火。古人要吃一頓飯，有的人光生個火就要花了四、五十分鐘。可是如果有一顆比如水晶球，放在太陽下，弄些細草，照十分鐘就夠了，火就生出來了，不費力氣，所以那叫作寶珠。如果夠大顆，晚上放在野外，下面放個盤子，把那顆水晶球或什麼寶珠，放在盤子上面，一夜下來累積的水，就可以喝上一、兩口了。因爲它會不斷地凝結空氣中的水分，流在盤子裡面。從寶珠的表面看，就是一滴一滴的水不斷地流，流到天亮，喝上幾口都沒問題；連草都會有露珠，寶珠性寒，當然凝結的水更多了，所以就叫作寶珠。

古人對寶珠很重視，所以如果生個女娃，就把她叫作寶珠。對吧？所以寶珠這個名字很多人取，因爲古人很重視寶珠，那是生活上很重要的東西，那是個寶。現在的人說：「叫作寶珠喔，太俗氣了吧！」但古人不覺得俗氣，古人覺得很重要，所以女孩子如果命名作寶珠，表示什麼？父母很疼愛她，心裡面想著：「不可以沒有她，這個女兒對我很重要。」所以命名作寶珠。

這意思是說：其實在石頭裡面有寶珠，聰明的人一看就知道。同樣的，在有情的五蘊山裡面就有摩尼寶，有智慧的人一看就知道，這個有智慧的人叫作如來。於是如來降生在人間，就傳給菩薩們：「**你們應該要怎麼看，有情每一座五蘊山中都有一顆摩尼寶。**」如來就教給菩薩們，所以菩薩們才能成其爲菩薩。那麼這樣就稍微懂得什麼叫作佛。如來就作了個結論：「如是，迦葉！如來、應供、等正覺出興於世，永離一切生老病死，煩惱習垢一切悉滅，常大照明，如彼明珠，一切不污；如淨蓮華，塵水不著。」這就是說，如來不是眾生，千萬別把如來當作眾生。密宗就是不懂「如來」這兩個字，「如來」的意思叫作「好像有來」，那麼究竟有沒有來？嗄？沒有來？沒有來，但明明來人間示現過了，爲什麼說沒有來？是有來示現，可是其實並沒有來。因爲如來住在祂的境界裡面，如法而住，無來也無去，怎麼能夠說如來來到人間呢？

從八相成道來看，那是「好像有來」，但不是眞的來。如來依舊住於如來地的境界中。因爲如來的所證不來不去，怎麼會有來？如來，另有一說：「如法而來。」如什麼「法」而來？猶如如來藏，是依第八識如來藏而來，可是如來藏從來無來，無來則無去，所以如來「如法而來」。這個最簡單的道理，到五濁惡世已經沒有人知道，特別是末法時代。如來既是如此，而且如來是一切有情之師、一切菩薩之師，也是聲聞、緣覺之師。而聲聞、緣覺不知菩薩的境界，可是聲聞、緣覺已經是世間應供，諸天尚且應該供養他們，那如來是菩薩之師，當然更是應供了。

並且如來之覺悟是永遠正眞，不可改易，並且永劫不變；而如來這個覺悟的內涵，放諸十方三世一切法界而皆相等；十方三世一切諸佛之所悟莫不如是，同樣都不可改易，所以叫作「正等正覺」。這樣的如來出興於世，怎麼可能還有生、老、病、死？所以如來沒有生、老、病、死。但是八相成道明明有示現入涅槃，示現了入涅槃看來好像是有死，然而其實無死！

就像剛才我們已經講過了，聲聞、緣覺就可以出生死了，然而聲聞、緣覺不知菩薩境界，菩薩又不知如來的境界；那麼如來怎麼可能還有生老病死呢？若要推究如來爲何沒有生老病死？就得先瞭解：阿羅漢已經沒有生老病死了，他們在人間是最後有，此世過後再也沒有生老病死了。那麼阿羅漢作得到，辟支佛更作得到；但是菩薩之所證，非二乘聖者所知，那麼菩薩當然也可以作得到。但菩薩卻是依於如來修學方能如此，那麼菩薩作得到，諸佛如來當然更辦得到。而諸佛如來之所以能辦到，全都因爲「煩惱障的現行」已經斷盡，進而把煩惱障的「習氣種子隨眠」也斷盡，並且打破無始無明之後，再把「所知障」相應的一切「上煩惱」也斷盡，這叫作「**煩惱習垢一切**

悉滅」。所以諸佛如來照明一切諸法，沒有一法不在如來的照明之中；就好像那顆摩尼寶珠一樣，「如彼明珠，一切不污」；又好比清淨的蓮花一樣，灰塵以及一切污水都不能沾著於它，所以如來當然沒有生老病死，因爲早就超越分段生死及變易生死了。

這就是告訴大家如來的本質是什麼，所以咱們學佛要建立正知見，就是一定要先了知三界有的內涵。當人家還沒有進入佛門之前，證得禪定時，你聽完他的敘述，確定他證得禪定了，就知道他不是人；因爲他是色界天的有情，不是人間的人類。如果來了一個熟人，十年不見，現在出語不俗，一聽他說起般若來，頭頭是道，沒有缺點讓你找得到；而且他顯然有解脫的功德，那你當然知道：「這個人不是人，他叫作菩薩。」要有這樣的慧眼來分辨。有了這樣的慧眼，遇到其他的有情，都可以一一揀擇；有幸遇見了，趕快合掌：「原來你不是人。」他聽了不會以爲你罵他，他知道自己不是人，因爲他的本質可以不必再來當人。

乃至外道證得禪定，你也高高興興地隨喜，就合掌說：「原來你不是人。」他如果一時沒聽清楚，你就趕快解釋：「因爲你是天人。」欸！皆大歡喜！

無妨結爲好友。也許晚個十年，你便度了他；也許到未來世，你能度了他。所以一定要先瞭解：如來示現在人間，表相上有苦有樂，實際理地無苦無樂，那是爲眾生而來人間受苦樂；祂本身是離苦樂的，無苦無樂才是寂滅安樂。追求人間的苦樂，那就不離生死。這一段經文告訴我們的就是這個道理。接著 如來又開示說：

經文：【「復次，迦葉！如來如是如是時、如是如是像類出於世間，隨其所應示現凡身，不爲彼彼凡品生處垢穢所染，亦復不受世間苦樂。樂者人天五欲功德，彼即是苦；唯有解脫，究竟常樂。」迦葉白佛言：「善哉！善哉！世尊！我自惟省，今始出家受具足戒，得比丘分成阿羅漢。當於如來知恩、報恩，以如來昔日分我半坐；今日復於四大眾中，以大乘法水而灌我頂。」爾時，眾中有持比丘色像儀式者，或持優婆塞色像儀式者，或持非優婆塞色像儀式者，傾側低昂，一切皆是魔之所爲。】

語譯：【世尊又開示說：「除此以外，迦葉！如來像這樣、像這樣的時候，像這樣、像這樣的形相出現於世間，是隨著那一些眾生之所應該看見的來示現凡人之身，卻不會被那一些各種凡夫品類出生之處所應該有的污垢、穢雜之物所染污，而且也永遠不會再領受世間的苦與樂。快樂的事情是人天五欲的功德，但那個人天五欲其實就是苦；只有證得解脫，是究竟的常、究竟的快樂。」迦葉稟白佛陀說：「非常好，非常好啊！世尊！我自己思惟檢討，如今才是眞正的出家領受了具足戒，才是眞正得到了比丘的身分成爲阿羅漢。我應當對如來知恩和報恩，因爲如來以前某一天曾經分給我半坐；如今又在四種大眾中，用大乘法的法水來灌我的頭頂。」這時候，大眾之中有一些受持比丘色像儀式的人，或者受持優婆塞色像儀式的人，或者受持非優婆塞色像儀式的人，身體或傾、或側、或高、或低，這一切都是天魔之所作爲。】

講義：「如來如是如是時、如是如是像類出於世間」，這到底在講什麼？嗨！別笑！這有意涵的。「如來如是如是時」是說，如來有時正在走路的時候，如來有時靜坐的時候，如來有時飲食的時候，如來有時說話，如來有時休息，看來都跟人類一樣，這就是「如來如是如是時」。也就是現在俗話講的，有時作這個、有時作那個，有時說這個、有時說那個，看來跟人類一模一樣。「如是如是像類出於世間」，就是同樣一個頭、兩個眼睛、一個鼻子，鼻子朝下，不是朝上；同樣一個嘴巴，嘴巴都是橫的；同樣兩個眼睛，眼睛也同樣是橫的，所以叫作「眼橫鼻豎」，跟人類都一樣。而且跟人類幾乎都一樣，因爲冷了穿衣服，熱了搖搖扇子，餓了得托鉢吃飯，渴了得喝水。就像人類的模樣一樣地出現在世間。

這是隨著人類之所感應，所以 佛陀示現凡人一樣的色身。假使 如來感應到某一些天界的有情，而要示現在那個天界中，那麼 如來就去那一邊，取得諸天一樣的色身。如來不會在人間示現爲七多羅樹那麼高的身量，那要嚇死人的，誰敢來親近？假使我今天是丈六之身，大家看了說：「你不是人！」誰來親近我？假使我出生的時候跟人類不一樣，當年我父母早把我丟了，還會養大嗎？不可能的！所以要跟眾生同事時，得有同樣的身分才能共事。如果 如來示現在人間是欲界天身，那眾生會想：「祂是天，所以祂能成佛；我們是人，修行怎麼可能成佛？」一定不信的，所以必須「隨其所應示現凡身」，這是諸佛示現的通則。

與天界的有情感應時，需要在天界示現一個如來淨土，那麼如來來到這裡示現的時候，就是取得天身，住在天界，跟諸天一樣，只是比較莊嚴而已。

雖然是這樣示現，但是不會像那些有情一樣，有垢有染。因爲本來就是解脫的證量，那一些煩惱都斷除淨盡了，當然不再有垢染了；可是眾生不懂，於是毀謗 釋迦如來是來跟他們爭名聞利養的。

同樣的道理，我們正覺弘法早期，那些外道也罵我們，說我們是爲了名聞利養，所以評論天下一切大師；可是那種說法不久就被推翻了，因爲這蕭平實到底何許人？不知道！長什麼模樣，也沒瞧過；讀了他好幾本書，老看不見照片；聽說他也不受什麼錢財等等供養，顯然不是求什麼名聞利養。然後有的人聰明，因爲這個緣故，開始好好去閱讀，他們想：「**這人不求名聞，不求利養，幹嘛要得罪天下大師們？一定有來由！**」所以開始去讀。讀了才知道：「**喔，原來如此！都是爲了要救我們回歸正道。**」那他們就用另一個名詞來說：「**蕭平實不是人！是菩薩。**」所以信受了。

但是不懂的人，就說：「**這蕭平實把佛教界搞得烏煙瘴氣。**」問題是：你如果本來沒有煙，我把蓋子掀開，也不會有煙啊！如果佛教界沒有瘴氣，我把蓋子掀開了，還是沒有瘴氣呀！爲什麼我把蓋子打開了，就會烏煙瘴氣？嗄？對呀！本來就是烏煙瘴氣了！我只是掀開蓋子而已。就因爲不想眾生被蒙蔽，所以我們把那個蓋子掀開，讓大家來看佛教界到底內情如何？有智慧的人自己判斷吧。所以我們有的同修很聰明，十幾年前、將近二十年了，有幾個同修前前後後跟我講了：「老師！您本來就不必來人間的，特地辛苦來人間，都是為我們。」我說：「你知道就好，算你知恩。」眞是如此。

那麼諸佛如來當然更是如此！從表面上看來，釋迦如來是領受了世間的苦樂。譬如金槍刺足，眞的很痛！為了避痛就入無想定去，暫時離開了痛苦；等到有藥物來了，擦一擦，又入無想定去。避開痛最好的方法就是入無想定，如果你沒有辦法證得這個無想定，避痛的最好方法就是把它悶絕過去，給醫生去處理就好了，對這色身不必罣礙。等醫生幫你處理好了，你再醒過來就行了。在醫院不都是這樣作的嗎？需要手術時就幫你麻醉了，悶絕過去就不痛了，睡著了什麼都不知道。等到醒過來的時候，手術作好了，道理是一樣的。可是對色身很執著的人，他是會硬撐、硬忍，一直忍到整個痛都結束，那種人最笨。

但是 如來為了感應那些人而來人間受生，才需要領受那個苦樂，否則根本不必來人間的。所以 如來其實不受世間的苦樂，是因為慈愍眾生，所以來人間示現爲人，就會有生、老、病、死等苦樂，這是爲眾生而示現、而領受，所以眾生應當知恩，特別是已經親證三乘菩提的有情都必須知恩。如果實證了三乘菩提，對他的老師忘恩負義，那到底要說他是什麼人？中國古話講得好，羊有什麼恩？有跪乳之恩，烏有反哺之義，對吧？連畜牲都懂這一點呢。生而爲人，而且師父幫忙證得這個不共二乘的法界實相，又沒收他的供養，所以應當知恩。如果不知恩，沒資格當菩薩！因爲連人的格都失去了。摩訶迦葉就是懂這個道理，所以他是知恩者。

但是回到 世尊的開示來：「**樂者人天五欲功德。**」凡是有樂，這都是人天的五欲，五欲就是有這樣的功德，讓人覺得快樂。但是這個五欲快樂的追求，本身就是苦；爲了得這五欲，說得比較普通一點，叫作朝九晚五。九點以前要到達公司，傍晚五點才能下班，所以中午趕快吃個盒餐，或者叫個甚麼午餐來，吃完了立刻繼續工作幹活兒，不能偷懶。這麼辛苦目的爲了什麼？爲了人間的五欲——財、色、名、食、睡，希望有財，希望吃得好，希望自己的名分不會被剝奪，還希望晚上睡得安生，然後還希望擁有好的眷屬，希望眷屬永遠不會失去。當這些五欲具足的時候，心中好歡喜！可是當愛別離來的時候，又是好痛苦！五欲的取得就得付出代價，付出代價時也是苦；取得之後，愛別離也是苦。所以 如來說：「彼即是苦，只有解脫是究竟常樂。」

可是解脫的境界中，無苦亦無樂。我們弘法之前，佛教界很多大法師、小法師都說：「解脫是最快樂的，所以你看我每天都好快樂！我已經解脫了。」殊不知住於六塵境界中有樂即有苦，所以他們每天打坐，如果坐了一支好香，下座時就覺得好舒暢，舒暢就是快樂；可是舒暢維持不了多久，因爲坐中得來的功夫，一下座了很快就散掉，那就是苦；而且遇到違心之境，苦受立刻生起，因爲沒有智慧可以解脫煩惱。所以眞解脫是沒有苦樂的；如果解脫的境界中有苦、有樂，那就是誤會一場，不是證得「眞解脫」。

眞正的解脫不在五蘊、十八界的境界中，是超脫於蘊處界入等境界，所以無苦也無樂；只有這樣的解脫才是眞解脫，眞解脫才是究竟的常樂，所以才說：「生滅滅已，寂滅爲樂。」一切有生滅的法全部滅掉了，都無一法可得，六根、六塵、六識全都不在了，這才是眞正的寂滅，才是證涅槃。六塵之中，只要有一塵存在，就不叫寂滅；這樣十八界俱滅才是究竟的寂滅，這樣的寂滅才是眞正的樂，不受三界苦與樂的影響。

但是這個道理說穿了，其實就是前面講的：「無『有』無苦樂。」因爲十八界都滅了，六根、六塵、六識全都滅了，就沒有三界有；無三界有就是「無有」，這樣「沒有三界有」的境界中，就不會有苦樂，不會有苦樂時就是究竟的寂滅；如是「生滅滅已，寂滅爲樂」，這才是究竟常樂，才是「眞解脫」。今天講到這裡。

《大法鼓經》上週講到三十四頁第三段第三行「究竟常樂」。怎樣才是究竟的常、究竟的樂？這事情眞的要探究。一般而言，修學佛法都說要離苦得樂，這本來都不會產生誤會的聖教，到了末法時代卻被普遍誤會了。在正法時期、像法時期，都還不會有嚴重誤會的事，頂多就是無法實證，但是末法時期一開始就誤會了。在佛法中，解脫道中有一個中心主旨：「生滅滅已，寂滅爲樂。」這生滅法已經滅了，而使生滅法不再出生，這時沒有蘊處界入，一切法滅盡，不再有生；這種「無生」的境界，是在全然「寂滅」的解脫道中，要以這樣的寂滅作爲「眞實的快樂」，這就是二乘法中說的無生。

但是無生難證，實證的人始終是少數；不但難證，而且難解、難信，能夠理解的人也始終是少數，因爲一般人聽了「寂滅爲樂」那個寂滅境界時，他心中不愛樂，心中不歡喜。就好比正覺弘法以來，已經講了很多年了：「無餘涅槃的實證是滅盡一切有，不受後有。」兩岸佛教界到現在沒有誰是接受、是歡喜的，所以他們不愛樂。

可是咱們正覺印行的書籍有這麼多了，他們讀也讀夠了，去比對聖教也比對過了，但他們就是不愛樂。所以這個二乘菩提中，將滅止生而達到的無生境界，他們心中不能安忍。對這個滅盡三界有的無生不能安忍，就是沒有無生忍，所以這樣「寂滅爲樂」的境界，顯然佛教界並不喜愛。那麼這樣看來，究竟的樂，他們應該也不會喜愛的；因爲還要再進一步把三界愛的習氣種子—也就是煩惱障所攝的習氣種子隨眠—也全部滅盡；不但如此，還要進而滅除無始無明，也就是所知障所含攝的過恆河沙數一切「上煩惱」，又名塵沙惑，那時才是究竟的樂，才是究竟的常。

但是二乘菩提出三界生死的「寂滅爲樂」的樂，他們都覺得是苦；因爲他們想要的是：「這覺知心住在寂滅的境界而有快樂可以領受。」殊不知那是外道法，也是生滅性的不究竟法。所以這種究竟的樂，其實是以離開三界有的生、老、病、死等八苦或者三苦的「無苦無樂」境界作爲樂，但他們卻不喜愛。可是話說回來，證阿羅漢果而得出三界，這個境界還不是眞正的樂，因爲並沒有究竟離開生死，還有變易死尚未斷除。得要把分段死、變易死這兩種死都斷除了，第八識心體和含藏的一切種子的變易全部都斷盡了，這才是究竟的樂。到這個時節是成佛了，一樣還是沒有樂。這樣究竟的無苦樂的樂，那些末法時代的佛弟子們就不喜歡，他們要的就是這個覺知心可以領受六塵中的快樂，所以「究竟常樂」不是一般人之所知。

既然他們不想要「寂滅爲樂」，如來就說：「把煩惱障和所知障全部斷盡，這時候第八識心體常而不變，所含藏的一切種子也是常而不變，因爲『上煩惱』塵沙惑斷盡了，習氣種子隨眠也斷盡了，這時是究竟的常。」這個究竟的常，是因爲如來藏常、種子也常，一切變易法（也就是一切可變易的非善淨法種子）全部都斷除，轉成究竟善淨之法，再也不會變易了，這樣就說第八識心體常，所含藏的一切種子也是善常而不變異，第八識內外俱常，所以是究竟的常。究竟常才可能是眞實的我，會生滅的、有變異的，絕對不是眞實的我，所以要叫作「無我」。那麼究竟常之後，不生滅、不變易，這就是眞正的「我」。以這個眞實的我住於十大願中，繼續利樂有情，永無窮盡；而且第八識也可以和五別境、善十一等心所法相應；一一心所法都可以各自運作，八識心王也能各自運作，這才是眞正的「我」。到這個境界時，就是眞正的快樂。這就是佛地的境界。

講到這裡，喇嘛教聽了很有興趣說：「啊！原來又回到五陰中的我了。」他們以爲這個究竟常樂的眞我境界，和凡夫地的意識心一樣，結果是完全不一樣。但這個說來話長，只能留在增上班，將來《成唯識論》的課程中再來說明。若是在這個時候簡單說完了，將來整理成書、流通出去，大家讀了會說：「你這是天方夜譚。」

所以說，如來的境界叫作「常、樂、我、淨」，只有心體及所含藏的種子都永不變易的才是「眞常」，那才是「眞我」；因爲包括八識心王都可以獨立運作，而且如來藏還可以跟五別境、善十一相應，這才是眞我。但是這個境界咱們無法想像，不說咱們，連妙覺菩薩都想像不來，那是只有諸佛乃知的事。所以說個究竟常樂，內涵非常廣大難知，連諸地菩薩都無法了知。

那一些密宗的法王、喇嘛們，在佛法中，咱們說句難聽的，他們其實只是三腳貓。如果普天下都是三腳貓，大家都一樣，就不覺得怪了；然而有一天突然出現了一隻四腳貓，使他們的敗闕全部顯露出來，現在的局面就是這樣。所以他們講什麼「輪涅不二」，說輪迴與涅槃不二，其實他們根本不懂！因為「輪涅不二」是證得般若的菩薩們之所證，只有親證「無名相法」如來藏的菩薩們才能現觀，才可以說得上輪迴與涅槃不二。但他們密宗把第八識如來藏否定了，輪迴的本體已經不在了，涅槃的本體也不在了，還能談什麼輪涅不二呢？所以他們只能落到識陰的境界，在識陰中打轉，然後自稱那是佛法。其實，那跟佛法都扯不上關係，連二乘菩提都扯不上！

現在眞相大白了，所以他們要大力抵制正覺。他們密宗的勢力很大，大陸大約有八、九成的寺院都被他們滲透了，連中佛協的會長都在搞雙身法，可以想見他們勢力有多大，正覺在大陸當然就被他們影響宗教局、公安局來全面打壓了！所以他們誤會了「常樂我淨」，把這個生滅不住的識陰六個識，加上每一世有生有滅的色陰當作是「常」；然後修習大樂光明雙身法，妄稱那就是「報（抱）身佛」的常樂境界。宗喀巴還大言不慚說：「這個叫作俱生樂，是無始本有。」說它永不生滅。但我要問他一句話：「你都不睡覺嗎？當你睡著了，你的淫樂哪裡去了？」所以我得要罵密宗一句話：「把下流當風流！」

他們根本沒資格談佛法，連次法都談不上！比如次法中講世界悉檀，他們密宗懂欲界、色界、無色界嗎？完全不懂！連次法都不懂了，更扯什麼最高無上的佛法？說他們的佛法比 釋迦牟尼佛的更高，就好像一個乞丐，曠野地裡撿了一件棕簑（棕簑知道嗎？就是用棕櫚絲做的雨衣，古人就那樣穿），他們穿著那件棕簑，然後看見地上有個破碎了、勉強可以戴到頭上的一塊麻布，就說那叫作皇冠，又說身上披著那件棕簑叫作龍袍，自稱比北京的皇帝還要高，就類似這樣。北京城裡的皇帝聽到這個傳聞，一笑了之，因為知道他精神有問題，不會跟他計較；然後他就一天到晚去騙人家，說他就是皇帝，叫大家要信他。這就是末法時代的怪象。

所以「究竟常樂」這個內涵，說起來不是三言兩語能講完的。因此什麼是究竟的？這要探究，從不同的層次來說，阿羅漢出三界的境界，相對於凡夫來講，就是究竟常樂，因爲他出了三界，不受後有，再也沒有生滅等法，永離輪迴生死的痛苦了；對他而言、對凡夫眾生而言，這就是常與樂。但是從實義菩薩來看、從諸佛來看，這一種解脫就像三歲娃兒辦家家酒，當作是眞的，然而那不是究竟的常，也不是究竟的樂。如果從另一個層面來講，斷三縛結、證初果，對凡夫與外道來講，已經是究竟常樂了；因爲一個初果人，我生已盡，極盡七有人天往返，得出三界，可以永離生死，眞想出離生死的人是很渴求這種解脫的。

如果談到密宗，那根本就是外道，不入流！所以究竟常樂的境界，其實應該說有不同的層次差別，因此說最究竟的層次，那是諸佛如來的境界。但是 如來在這裡說，如來這樣示現的時候，如果示現在天界，就是以天身示現；如果示現在人間，就是以人身示現。但是，雖然示現在人間的五濁惡世，也不會被凡夫境界一切垢穢所染污，也不領受人間的一切苦樂。如來在人間爲什麼會領受人間的苦樂？目的是爲了攝受眾生，來跟人類共事，所以 如來其實不受五欲的功德。如來唯有解脫，而 如來的解脫是究竟的常、究竟的樂；究竟的樂是無苦無樂、無有生滅，連一切種子都是常，這時候才能說是 如來的境界。

然後摩訶迦葉就稟白 佛陀說：「善哉！善哉！世尊！我自惟省，今始出家受具足戒，得比丘分成阿羅漢。」換句話說，聽到 如來這樣的開示了，

知道 如來的境界是什麼。反躬自省，依道共戒為戒，這時候不再取相為戒了，所以，以阿羅漢出三界的境界，再加上證悟般若的境界來說：「今始出家受具足戒，得比丘分成阿羅漢。」換句話說，他認為以前先修成阿羅漢，還不算眞正的阿羅漢，到現在 如來這樣開示，得親領受實相境界了，這時才是眞阿羅漢。也許有人對此有所懷疑，其實大可不必！我們下一部要講《不退轉法輪經》，就會講到這個部分，這裡就不先談。

這時表示他具足一切戒法而不毀犯，因為這時在事上依於阿羅漢的證境，有道共戒為戒，不取相為戒了；再從另一個層面說，以般若智慧通達位之後的道種智境界，也就是無生法忍的境界來安住其心，這時於一切法得「無所住」，如是安住其心，名為「受具足戒」。所以這時才認定自己是眞阿羅漢，表示他的阿羅漢位既是聲聞教，也是通教的阿羅漢，同時他也有別教般若的實證，有無生法忍作所依，所以是眞正能「出三界」的聖者，才是眞阿羅漢。

於是他接著說：「當於如來知恩、報恩，以如來昔日分我半坐；今日復於四大眾中，以大乘法水而灌我頂。」這才是眞正的灌頂。我想起以前達賴喇嘛在桃園的體育場，就是在林口體育場為大眾灌頂時，用什麼灌頂？是一個人發一小瓶礦泉水，蒙起眼睛來，嘰哩呱啦唸上一堆咒，然後自己打開瓶蓋往頭上灑一灑。那是什麼水？你們都講不清楚；那是髒水！因爲他在那邊唸咒，搖起鈴來，一手拿著杵，一手拿著鈴，在那邊搖、搖、搖，唸著那些咒，都是雙身法的密咒；但他同時觀想著：「頭頂上佛父、佛母交合，灌頂下來經過中脈，流注下來到我的下處，然後再流出去跟大家灌頂。」那水還清淨嗎？那是髒水！可是學密人士大家灌得不亦樂乎（大眾笑…），所以那一群愚癡人，被一個大愚癡者灌了頂，都用髒水灌了！

眞正的法水無形無色，你們每週二來聽經，我幫你們灌法水，這才是眞灌頂。所以 如來的灌頂就是這樣：「以大乘法水而灌我頂。」這才是眞正的灌頂。那他們密宗呢？反正佛法中有說灌頂，他們就也來個灌頂；我們佛教是用佛法灌頂，他們密宗就用世間水加上雙身法的觀想來幫你灌頂。我們佛教有什麼，他密宗就有什麼，但是他的東西都是另一套，全然不是佛法。所以有智慧的人最後會發覺，密宗所有的法，跟佛教的法完全不同。那他們後來被質疑了，只好說：「這不是釋迦牟尼佛傳的，這是金剛持佛傳的，是大日如來傳的。」他們就自己再去編造。但那些僞經中說的金剛持佛或大日如來都沒斷身見，也沒證悟「無名相法」如來藏，更沒有眼見佛性，也沒有道種智，其他十力等法就不用提了！

所以有智慧的人最後可以分辨清楚，密宗根本不是佛教。他們這幾年一直在強調他們眞的是佛教，因爲我推翻了他們的根本法及各種法，說他們傳的都是世間法，不是佛法，所以他們不斷辯解，想要澄清他們密宗眞是佛教。那就讓他們繼續強調，我們繼續說明他們並非佛教。也就是說，如來以法水灌頂，不以世間水灌頂。「法水」指的是二乘菩提，或者大乘菩提；如來說佛法中只有這兩個甘露門，沒有第三、第四種，所以密宗那些法都是外道法，與菩提無關。

但密宗聽到佛法中有甘露門，他們也來弄個甘露，所以上師的大小便，加上女人的月經，加上象肉以及什麼肉，就製成甘露丸來吃。有沒有？還有加入死人的腦髓喔！你們要是知道那個東西怎麼製成的，還吃得下去？所以一九八九年我去天竺朝禮聖地，遇到個喇嘛，因爲有人託我帶了錢供養他，在四眼佛塔天神廟那邊。因爲我把錢和供養的東西都帶到了，他就給我一包甘露，說是達賴喇嘛煉的。我心存疑惑，把它藏著，沒敢吃它。

他還很神祕交代我說：「你要吃的時候不可以對天，要在屋裡面，不可以讓光線照到，也不可以給別人看見。」挺神祕的呢！但我始終沒吃。後來我把它拍攝了以後，就放在《甘露法雨》那本書的封面上，那些所謂的甘露就是那時拿回來的。不知道的人呢，在那個林口體育場，很多人拿了甘露當場就吃，假使有人告訴他們：「這裡面是上師的糞便做的。」他會不會嘔？不會！因爲他不相信是這樣製成的，根本不信！等到你過個半年、兩年，找到資料，把證據拿給他們看，那時他們想要乾嘔也嘔不起來了，因爲事過境遷，太多年了！

因此說，所謂的灌頂，只有佛法中有。如果要講具體的灌頂，那就是十地菩薩修到某一刻，已經完成了十地的功德時，這時他從頂上放光，去到諸佛如來處，從諸佛如來足下灌入；這時感應到諸佛如來，於是諸佛如來各放寶光，從十方界來到這位十地滿心菩薩頭頂而灌，於是他成爲「受職菩薩」，這才是佛法中的灌頂。那他們密宗就自己發明，每天打坐，觀想上師；女眾要觀想自己跟上師在頭上和合，然後生起俱生大樂而流出淫液，從自己頭頂灌下來，由中脈一直流到海底輪。噁不噁心啊？但是他們喇嘛必須要這樣教，爲什麼？因爲這叫作潛移默化，要讓女弟子對他生起欲心。

特別是他看中了哪個女眾漂亮年輕，最好又有錢。如果女眾是年紀大了，得要非常有錢才行，否則他可不教；因爲他教妳這個觀想，目的是幹什麼？就是讓妳每天說服自己，要跟這個上師上床；所以時間因緣到了，上師一召喚就來，就上床雙修。可是如果這女性長得不美，年紀又大了，他可不要；宗喀巴的《廣論》不是講嗎？要十二歲到十九歲，最多二十歲，超過了就不要。那如果五十、六十歲了，妳得要口袋多金，跟他上一次床，供養看是要五百萬元，或是兩千萬、三千萬臺幣或者人民幣，他就願意跟妳上床。所以那個觀想叫作潛移默化。如果他還沒有準備要跟妳上床，就教妳說：「妳觀想佛父、佛母在妳頭頂上交合，生起俱生大樂流出淫液，然後灌注下來進入妳的中脈，下到妳的海底輪。」就這樣。

所以密宗看見佛法中有講灌頂，他們也來發起世間水的灌頂；佛法中有十地菩薩灌頂，他們就有這種觀想的灌頂。但是佛法中，上師對弟子的灌頂，一定是三乘菩提的「法水灌頂」才算數；如果法是錯誤的，也不是灌頂，叫作誤導眾生。如果被眞正的上師灌頂了，終於實證三乘菩提，不是只有二乘菩提；因爲「法水灌頂」得是三乘菩提具足，都有實證才行；這時候再不知恩，再不懂得報恩，那就是三界中最愚癡的人了。

但是話說回來，要諸位知恩、報恩，是不是你們下回來聽經時，每個人包個十萬塊臺幣給我？這不是我要的！因爲這是損福的事，而且兼又損德；福德都失了，得了那些世間錢財，失了道業上的廣大資糧，那是世間最笨的人！不能稱爲菩薩！如來當然也知道摩訶迦葉講的「當於如來知恩、報恩」，不是講世間法上的財物，因爲 如來看重的是「法供養」，從來不看中世間法的供養。那麼話說回來，要怎麼才是知恩？以末法時代的今天來講，有兩個層面：就是解脫道上的知恩，以及佛菩提道上的知恩。解脫道上，如果你沒有斷三縛結，根本談不上知恩；在佛菩提道中亦復如是，如果沒有證得第八識如來藏，無能現觀眞如，無能轉依眞如成功，對中道也無能生起現觀，就談不上知恩。這兩種都知恩了，才會懂得報恩。

懂得報恩的人，不會去弄一堆世間財物來供養，而是作「法供養」。因爲世間財物的供養，你供了以後，上師究竟得了或沒得？嗄？究竟得了、還是沒得？沒得喔！可是你明明把那一千萬人民幣送出去了，爲什麼沒得？因爲那是生滅的，暫時而有，帶不到來世去。所以表相上有得，其實無得。正當這一些錢財供養上去的時候，上師接過去了，他的實際理地有得沒得呢？也沒有得啊！因爲如來藏不受供養。這時倒想到一個問題：無盡意菩薩供養了 觀世音菩薩一串寶珠瓔珞，價值百千兩金。觀世音菩薩依照 佛的吩咐受供了，隨即又分成兩分，一分供養 多寶如來，另一分供養 釋迦牟尼佛。那到底 世尊跟 多寶如來受供了沒有？我不問理，這太深了，我講事。這一串寶珠瓔珞，它是一串；分成了兩半，有分嗎？講解那段經文當時我掛著那一串念珠，我說一半供養 釋迦牟尼佛，一半供養 多寶如來，可是我兩隻手都抓著那一串念珠，沒有一隻手離開念珠，最後念珠是掛到誰身上了？你們明明看見我掛到了自己的項上，然而事實最後是掛在 釋迦牟尼佛身上，不是掛在 多寶如來身上。爲什麼如此呢，現在就不談了，你們證悟的人現觀一下就懂了。

同樣的道理，你要對佛報恩。報恩的時候，不是要你那些財物，而是要用來利益眾生，用來延續正法，讓正法得以昌隆綿延，永利人天！要作這個供養。因爲財物供養的受者只是今世利，沒有後世利。而今世利仍然是世間利，只顧到世間利而不顧及出世間利，那就不是眞利；所以報恩之前先要知恩，但是報恩的時候應當作「法供養」。摩訶迦葉說知恩、報恩，還有另一個層面：「以如來昔日分我半坐；今日復於四大眾中，以大乘法水而灌我頂。」因爲這些法，如來用這種模式爲他演述，而他吸收了，得到「法水」灌頂；並且 如來也崇隆他，讓眾生對他起信，以後他可以承繼 如來的宗門大法。所以摩訶迦葉應當知恩、報恩，他如實知了。

這時大眾之中有些執持比丘色像儀式的人，也有些執持優婆塞色像儀式的人，或執持非優婆塞色像儀式的人，有這三類人。意思是說：有些人示現爲比丘相，有些人示現爲優婆塞相，有些人示現爲優婆夷相，聽到摩訶迦葉這麼說時就「傾側低昂」，因爲他們坐得不自在，所以也許裝著搔癢或者作出什麼樣的動作，當作沒聽見，他們不想聽迦葉所說道理，因爲摩訶迦葉說：「我今天這樣才算受具足戒。」又說：「我應該知恩、報恩。因爲如來用大乘法水而灌我頂。」那有些人或許證悟了，可是轉依沒有成功，心中不得決定，所以不算開悟，只是知道密意；這時候聽到要知恩、要報恩，眞的坐不住了，所以身體就「傾側低昂」；有的人就低下頭來，有的人頭抬高高的，當作沒聽見。其實這些人都是著魔，因爲這一切皆是魔之所爲——天魔來擾亂其心，讓他們不得安住，就是要讓他們無法信受奉行。所以你們看哪，天魔時時刻刻都很在意正法的弘揚，無時無刻不在下手來阻擋。

可是我講到這裡，沒有看見你們誰「傾側低昂」，因爲 韋陀菩薩護持著，咱們講堂不是鬼神想進來就能進來的；而你們大多數人也不是新學菩薩，就沒有這問題存在。所以有的同修家裡，進入正覺之前，堂上祖先留傳下來就已供奉著道教的神（這類事情已經歷兩、三次了），他們家中供奉的神託夢，說要跟他一起來正覺聽法。其中一位同修，是他請問家裡的神要不要來聽法，以及要不要來歸依，結果說要來聽經；然後他上了香，呼請家中供奉的神一起來聽經。可是聽完經回家，那個晚上，他們家神明跟他託夢說：「我進不去，你得要幫我求求韋陀菩薩。」所以這裡不會有「傾側低昂」的事。除非這個來聽經的人，他自己信受密宗信得不得了，才會「傾側低昂」。

那麼從這裡也知道聞法者的善根是否足夠，否則聽起來一定是面容嚴肅，然後頭微揚，閉起眼睛來。言外之意就是：「我聽聽看你在講什麼？」換句話說，了義正法不易得聞；凡是了義正法的弘揚，不但護法菩薩們關注著，諸天也都關注著；特別是四王天、忉利天的天王和天主、天神們，因爲這關係到他們的眷屬將來能否擴張、能否興盛。如果邪教流傳，將來修羅眾大增、天眾日減；如果正法大興，就是天眾日增、修羅日減，所以天眾都關心著正法的推廣。如果信根不具，聽到摩訶迦葉講到這裡，他眞的坐不住時，心中很難受，於是「傾側低昂」，他想要抑制動作時也抑制不了，自然而然就顯示出來了。那麼這時換阿難尊者上來講話了：

經文：【爾時，阿難白佛言：「世尊！今此大眾離諸糟糠，堅固貞實，如栴檀林。如是眾中，彼云何住？」佛告阿難：「問大迦葉。」阿難言：「唯！善哉！當問。」即問迦葉：「於此眾中，彼云何住？」迦葉答言：「彼愚癡人是魔眷屬，與魔俱來。是故阿難！我先說言：『不能堪任於如來滅後善巧方便護持正法，如善守田。』是故先言：『寧負大地』，廣說如上。爾時世尊即告我言：『於我滅後，汝當堪忍護持正法，至于法盡。』我時白佛：『我當堪能四十年中護持正法。』時佛責言：『何以懈怠，不能護法至于法盡耶？』」】

語譯：【這時候阿難上來稟白佛陀說：「世尊！如今這裡的大眾都已經遠

離了糟糠，是很堅固而且貞實飽滿的，猶如栴檀林一般。在像是這樣的大眾之中，他們那些不信的人是如何安住的？」佛陀告訴阿難：「你可以詢問大迦葉。」阿難說：「好的！很好！我立刻就問。」隨即請問摩訶迦葉：「在這一些四眾之中，他們是如何安住的？」摩訶迦葉答覆說：「他們那些人是愚癡的人，是魔的眷屬，他們和魔同時來到這裡。由於這個緣故，阿難！我先前才這麼說：『不能堪任於如來示現滅度以後，用善巧方便護持正法，猶如善守田地的人。』由於這個緣故，我先前說：『我寧可擔負大地』，就像前面廣說的那樣。那時世尊就告訴我說：『在我示現入滅以後，你應當堪忍於護持正法，一直到法滅盡。』我那時稟白佛陀說：『我將只堪能夠在佛陀示現滅後四十年中來護持正法。』當時佛陀責備我說：『你爲何這麼懈怠，不能護持正法到正法滅盡呢？』』】

講義：前一段說那些人聽到摩訶迦葉的說法時「傾側低昂」，阿難看見了，向佛陀稟白說：「世尊！如今這一些大眾都不是糟糠，」那稻穀收割下來碾過，外層去掉的粗殼就是糟糠。如果粗殼裡面是飽滿的，那叫作「堅固貞實」。「貞」就是沒有虛假，有的稻子都不垂頭，直挺挺的，農夫一看就說：

「啊！這是空的，騙人的。」如果它是眞實飽滿的，重量夠，就會垂下來。所以農夫會看它垂得如何，如果都不垂下來，農夫就哭了說：「啊！今年沒收成了！」因爲那些稻子都是騙人的，只有空殼。所以阿難因爲心地善良，對於那些人「傾側低昂」的事，也沒有惡言，只是奇怪於他們還能坐在位子上；就跟世尊先讚說：「今此大眾離諸糟糠，」而且還讚歎說：「堅固貞實，如栴檀林。」然後就問說：「像這樣的四眾之中，他們那些不信受的人，是怎麼樣可能安住而沒有離去呢？」佛陀就告訴阿難，因爲不便當面斥責那些人，畢竟那些人也是應該要攝受的人，所以就婉轉地告訴他：「你問大迦葉吧。」阿難就說：「好的！很好！馬上就問。」他都遵從佛旨，然後他問了迦葉：「在這四大眾之中，他們不信受的人是如何安住下來的？」摩訶迦葉對阿難和所有人，一向都沒有好臉色，當下就說了：「那些愚癡人是魔的眷屬！」當下把他們戳破了，說他們「與魔俱來」。然後就解釋爲什麼前頭如來付囑給摩訶迦葉來護持正法、住持正法，但摩訶迦葉說只能四十年中來護持正法的原因。

這時眞的難啦！因爲五濁惡世護持正法本來就不容易。在五濁惡世，特別是末法時代，你弘揚了義正法，想要和那一些表相正法的大法師們「共樂樂」根本不可能；你只能獨樂樂，自己一個人享受法樂，跟那一些大法師們都無關哪！所以只能自己一個人享受法樂，那叫作獨樂樂。然而獨樂樂眞的會樂起來嗎？一定樂不起來，因爲他變成孤家或者寡人，孤家或者寡人是不會快樂的。

你們有空看電視上的連續劇，凡是自稱哀家的女人，她隨時都要注意身邊的某一個貴妃，或是什麼人要把她打倒。聽說「甄嬛傳」講的就是這個故事（大眾笑…），我沒看！我不知道，因爲我沒時間。這就是哀家的下場！那如果當寡人呢？隨時要預防臣下有哪個大臣可能會叛變，所以他們日子每天過得心驚膽戰，不是完全無憂。

那麼既然末法時代住持正法這麼困難，總是在孤家或寡人的狀態下來弘傳，當然非常辛苦。摩訶迦葉早知道會有這個狀況，所以他不敢答應，因此他說：「我不能堪任於如來示現入滅之後，用善巧方便來護持正法，我無法像善守田的人那樣。」因此他先前就說了：「我寧可盡形壽或寧可幾劫，荷擔大地那麼辛苦，也不要住持正法到最後五十二年。」或者說是最後八十年。

世尊的要求，他自認爲作不到，所以當時向 佛陀稟白說：「**我將來只堪能四十年中護持世尊的正法。**」所以 世尊示現入滅後，他接了禪宗的棒子，然後再傳給阿難尊者，就入滅盡定去了。

那麼這樣看來，咱們今天住持正法，護持這個正法繼續興盛；雖然目前偏安在臺灣，無法去利益很多的大陸同修們，但是這個功德非常之大，因爲連摩訶迦葉都說：「**我當堪能四十年中護持正法。**」他在正法時期超過四十年就辦不到；而諸位今天跟我一起在護持正法，想想看，這個功德有多大？所以諸位將來五億七千六百萬年後，在 彌勒佛座下，龍華三會的初會先取阿羅漢果，或是更早之前的末法最後八十年時就得證阿羅漢果。在隨後般若期中，諸位就得入地，這樣才能襄助 彌勒佛攝受大眾！而我們現在作的，就是幫助諸位達到那個目標。所以不只講經、不只禪淨班，還有禪三助你證悟現觀眞如，還有增上班教你道種智，都是爲那一天作準備。這個機會未來世還能不能有？目前不知道！我們希望一直延續下去，繼續努力，但局勢隨時在變，誰也說不定，所以能努力就要趕快。那麼迦葉因爲不敢答應，因此當時 佛陀責備他：「**爲什麼懈怠，不能夠護法到法滅盡的時候？**」看來這末法時代，咱們要等候摩訶迦葉來，還眞的沒辦法，他已經入雞足山入定去了。那就是我們大家一起來努力。接著，佛陀怎麼開示呢？

經文：【佛告迦葉：「汝且求魔。若能得者，堪任護法。」迦葉即以天眼觀察而不能見。如舍衛國有一野人亡失其子，於大衆中求子不得，疲乏而歸；迦葉天眼於大衆中求魔不得，亦復如是。即白佛言：「我不堪任求覓惡魔。」如是八十諸大聲聞皆曰：「不堪。」復令賢護等五百菩薩，除一菩薩名一切世間樂見，推覓惡魔，亦復不得。】

語譯：【佛陀告訴摩訶迦葉：「你就暫且試著尋求魔的所在。如果你能夠求得魔的所在，就有能力堪任護法的工作了。」摩訶迦葉就以他的天眼觀察魔的所在而不能見。猶如舍衛國有一個野人亡失了他的兒子，於大眾之中尋求他的兒子而不可得，直到疲乏才回家；迦葉運用他的天眼，於大眾之中尋求魔的所在而不可得，也像是這個樣子。隨即稟白佛陀說：「我不堪任尋求找尋惡魔的所在。」就像是這樣，其餘的八十位大聲聞也都同樣這樣說：「我們的能力也不夠。」佛又飭令賢護等五百菩薩，除了其中的一位菩薩，名字

叫作一切世間樂見，那四百九十九位菩薩推尋、尋找惡魔的所在，一樣也是不可得。】

講義：現在又有一位重要的主角快要出現了。因爲天魔很會隱藏，佛陀既然聽到摩訶迦葉說：「那些人是與魔俱來的。」爲了要證實這一點，當然應該要讓摩訶迦葉把魔找尋出來，不然摩訶迦葉的誠信就不足了，所以就讓他尋找魔的所在。如果他能夠把魔找出來，就能夠對治；如果找不到魔，如何對治他呢？如果沒看見對象，就無法處置，所以處置的前提是一定要能看見。就好像說，有些人讀了我們的書，然後就說他悟了，可是問他：「那如來藏在哪裡？」「在啊！遍全身啊！」遍全身還要你講？我書上早寫了！遍十二處、遍十八界，不就遍全身了嗎？這可以公開講的。那你說，你這樣叫悟了，那我們六間講堂，如果一間坐三百個人，現場就一千八百個人證悟了！同樣的道理，一定是要能夠找到對方，你才有辦法對治天魔。

就像你說證悟如來藏了，當然你是要找到如來藏，而且可以看見祂的所在，那才算數。同理，如果沒有辦法找到天魔的所在，你要驅趕他也好、繫縛他也好，該怎麼辦？所以讓摩訶迦葉尋找魔的所在。但是他用天眼觀察，結果不可得，找不到。找不到了，總不能騙 佛吧？只好乖乖承認：「**我不堪任求覓惡魔。**」當然 佛陀就會點名其餘諸大聲聞，一個一個點名了之後，大家都說：「**不堪。**」就算其中有誰堪任，也要說不堪的。

八十大聲聞裡面，就沒有摩訶目連嗎？大目犍連是神通第一，怎麼可能看不見？但他偏說看不見，因爲知道自己不是這時候可以說話的人。這時要知道 如來想要作什麼，因爲 如來要推出另一個主角；這裡面有一位很重要的菩薩，卻是最低調的，他跟其他的四百九十九位菩薩同在一起，所以 如來又點名這五百菩薩，唯一沒有點名的就是「**一切世間樂見童子**」；有的經典裡面譯作「**一切世間樂見離車童子**」，那其他四百九十九位菩薩「**推覓惡魔，亦復不得**」。這時候 如來又說話了：

經文：【爾時世尊復告迦葉：「汝不堪任法欲滅時餘八十年護持正法。南方菩薩當能護持，汝當於賢護菩薩五百眾中最後求之。」迦葉答言：「善哉！當求。」求得一切世間樂見離車童子，「世尊！一切世間樂見離車童子，則是

其人。」佛告迦葉：「汝往勸請，令覓惡魔。」】

語譯：【這時世尊又告訴摩訶迦葉：「你不堪任於正法即將壞滅時，剩下八十年的時候來護持正法。但是南方的菩薩他將可以護持，你應當在賢護菩薩等五百位大眾之中的最後一位去尋求出來。」摩訶迦葉答覆說：「好的！我應當去尋找。」於是在五百賢護菩薩裡面，找到了最後一位，叫作一切世間樂見離車童子，就稟白如來說：「世尊！一切世間樂見離車童子，就是這一個最後末法八十年中還能護持正法的人。」佛陀告訴摩訶迦葉：「那你前往勸請他，請他來尋覓惡魔。」】

講義：這表示什麼？表示五百賢護菩薩眾之中，「一切世間樂見離車童子」是最小的一位，五百菩薩中他最小；也可能他年紀最小，也可能是他最低調，所以沒有人認爲他的證量最高，因爲他深藏不露，所以他是最小或是最後的一位。佛陀指定摩訶迦葉要去請他出來尋覓惡魔的所在，那麼摩訶迦葉有沒有奉行呢？

經文：【爾時，迦葉即與八十諸大聲聞及賢護等五百菩薩，俱共勸請一

切世間樂見離車童子：「汝童子！世尊所舉，堪覓惡魔。」爾時童子於大衆中白迦葉言：「我今堪任推覓惡魔，然有八十諸大聲聞、賢護等五百菩薩摩訶薩，及文殊師利、觀世音、得大勢、滅諸惡趣、彌勒菩薩等，何故不覓，令我覓耶？宜令彼先，然後及我。」迦葉謂言：「降伏惡魔爲無福耶？」答言：「迦葉！汝知有福，宜自爲之；我今不能。」

語譯：【這時候，摩訶迦葉就和八十位諸大聲聞、以及賢護等五百菩薩，共同一起勸請一切世間樂見離車童子，大家都說：「你這位童子啊！是世尊所舉薦的人，你堪任尋覓惡魔的所在。」這時童子在大眾中稟白摩訶迦葉說：「我如今是堪任推覓惡魔的所在，但是還有八十位諸大聲聞，也還有賢護等五百位菩薩摩訶薩，而且還有文殊師利、觀世音、得大勢、滅諸惡趣、彌勒菩薩等人；是什麼緣故，他們不來尋覓而叫我來尋覓呢？從理上來說，應該叫他們先尋覓，最後才輪得到我吧？」摩訶迦葉就說了：「降伏惡魔，難道沒有福德嗎？」離車童子就說：「迦葉！你知道有福德，那你自己作吧！我如今眞的辦不到。」】

講義：你看，他就是這麼客氣，從來不自高，這就是他的作爲。就像世尊出家前跟耶輸陀羅生了個兒子，後來不也出家嗎？他是密行第一，他有很多的善淨之行，但大眾都不知道他專行密行。看來這「一切世間樂見離車童子」也是這樣，很多人都不知道，所以五百菩薩之中，他居最後；他也甘願作最後，都沒想要當第一。老實說，當第一的人也是最笨，因爲最辛苦；當老么最好，什麼都不用煩，好好自修。這離車童子正好如此，所以大眾告訴他說：「你這位童子，是世尊所舉薦的人，你有能力尋覓惡魔的所在。」沒想到他出來講：「我是有能力尋覓惡魔，」因爲這個能力不能否定，世尊都講了；即使他要否定，也否定不了，所以只好承認了；但他提出來：「可是前面有八十位諸大聲聞，摩訶迦葉你也是其中的一人！不但如此，還有賢護等五百菩薩摩訶薩，他們修行也都很好；更何況還有妙覺菩薩文殊師利、觀世音、大勢至、滅諸惡趣菩薩，還有彌勒菩薩等人。照道理講，應該是他們先來尋覓惡魔，他們都比我更有能力，所以應該先讓你們大家先尋覓惡魔，最後才輪得到我。」他這個說法也有道理，我們要學，不要老想強出頭。

有的人愛出頭，很奇怪！可是出頭要出在恰當的地方，不恰當的地方出頭了就會壞事。就比如搞園藝的人，他設定一棵樹什麼地方應該茂盛、什麼地方應該疏落，都設定好了；那麼這棵樹它就要在適當的地方生長，不適當的地方就別長；結果它強行冒出頭，人家一剪就沒了！所以臺灣有句俗話說「看風使船」，有沒有？就是「將風使舵」，道理是一樣的。有時候自認爲這時候提出來是好的，結果提出來時卻是不好的，因爲那個時節因緣不恰當，講話時也是一樣。那麼「**一切世間樂見離車童子**」他深深懂得這個道理，就算 世尊指定了，還有諸大菩薩、諸大聲聞在，所以要先禮讓。諸大聲聞是一天到晚跟在 佛陀身邊，是 佛陀很親近的弟子；那麼 文殊師利等大菩薩都是妙覺菩薩，也不能不尊重；而自己所屬的賢護等五百大菩薩，自己只是老么，也得尊重；所以先得要禮讓，這叫作佛教倫理。

不是只有世間法中才有倫理，佛法修行過程中一樣有倫理。文殊菩薩、觀世音菩薩祂們都是成佛後再來；是已經成佛，然後再來 釋迦如來座下示現爲妙覺菩薩，雖然是示現，但祂們也得遵守這個倫理。所以祂們只是來配合演戲，往昔多劫以前追隨 釋迦如來，得其教化可以成佛，現在有機會來這裡示現，那就遵守規矩。可不能說：「**您以前幫助我成佛，那我現在成佛就跟您一樣了，所以您講一半，換我來講。**」不可以這樣，這叫作佛教倫理，而通於世出世間法。

那「一切世間樂見離車童子」有這個見解，所以他就先禮讓。摩訶迦葉一時沒想到這個，就請問說：「降伏惡魔是沒有福德的嗎？」意思是說：是不是因爲降伏惡魔沒有福德而不想作？其實迦葉問這一句話失言了！他能降伏惡魔，而你摩訶迦葉作不到，顯然他的證量超過你。你知道有福德，他難道不知道？所以我說他失言了。但是「一切世間樂見離車童子」答得很乾脆：「迦葉！你既然知道有福德，那最好你自己作了吧！我現在眞的不行。」那摩訶迦葉能怎麼辦呢？

經文：【爾時迦葉以此白佛，佛告迦葉：「此童子語，爲何所說？」迦葉白佛：「童子說言：『先諸大德，然後及我。我是俗人，性復下劣。是諸大德、八十聲聞、及賢護等五百上首，彼悉在先，然後次我。』」時諸聲聞及賢護等一切推覓，悉不能得，如彼野人求子不獲，皆曰不堪，於一面立。】

語譯：【這時候摩訶迦葉就以這一些對話的內容，稟白於佛陀，佛陀告訴摩訶迦葉：「這位童子的話到底是怎麼說的？」摩訶迦葉稟白佛陀：「這離車童子說：『應該先由諸大德來尋覓魔的所在，最後才是由我來尋找。我是一個俗人，心性又下劣。那一些大德們和八十位大聲聞，以及賢護等五百位上首菩薩，應當他們全部都在前面先來尋求惡魔所在，最後才輪得到我啊。』」當時這一些聲聞以及賢護等一切菩薩們，大家都在推覓魔的所在，全部都找不到，猶如那個野人室外求子而不能獲得；大家都說：「我不堪任。」說完了就站在一邊。】

講義：看來這個魔還眞厲害喔！竟然八十大聲聞找不到他，賢護等五百上首竟然還找不到。而這個離車童子竟然說：「**我只是一個俗人，而且我的心性是下劣的，比不上他們。**」你看他多客氣！這就像一句俗話講的：「眞人不露相。」讓人家看不清楚他的修爲。因爲當時他只是一個在家人，而且是五百菩薩之中最小的一位；沒想到 佛陀會指定他。但是他一貫的作風就是謙虛，先推讓再講；那他這麼推讓了，世尊又怎麼吩咐呢？

經文：【爾時，世尊復告迦葉：「汝今聞此《大法鼓經》，於我滅後四十年中，當善護持如今正法，當擊大法鼓，吹大法螺，設大法會，建大法幢。然

後一切世間樂見離車童子於正法欲滅餘八十年，當以五繫縛彼惡魔及其眷屬，如縛小兔，當廣宣唱《大法鼓經》，當擊大法鼓，吹大法螺，設大法會，建大法幢。」

語譯：【這時候，世尊又告訴摩訶迦葉：「你如今聽聞這一部《大法鼓經》，在我示現入滅之後四十年之中，應當要善於護持，如同今天的正法一樣，你應當要敲擊大法鼓，吹起大法螺，建設大法會，矗立大法幢。然後一切世間樂見離車童子，他會在正法即將壞滅、剩下八十年時，他將用五欲之繩繫縛那個惡魔以及他的眷屬們，猶如繫縛小小的兔子一般，到那時他將會廣爲宣揚，高聲唱出《大法鼓經》，將會敲擊大法鼓，吹起大法螺，設立大法會，矗立大法幢。」】

講義：所以「一切世間樂見離車童子」是世尊的伏筆，要放在末法最後八十年時來對付天魔。換句話說，諸位如果想要看他擊大法鼓，要再等將近九千年。《大法鼓經》的意涵確實不好說，因爲這個法不是像二乘菩提所觀行的都是現象界的法。而且演說這部經，也得看時節因緣；如果咱們在十年前講這一部經就太早，現在就剛剛好。

世尊說：「你如今聽聞這一部《大法鼓經》，既然你只堪任在我示現入滅之後四十年中護持正法，那我就託付給你：在我示現入滅後四十年中，你要善於護持像現在我所說的正法。在那四十年裡面，你要敲擊大法鼓，讓大眾都能聽聞；你要吹起大法螺，讓遠處的人都能聽見；你要設立大法會，讓很多的人可以同時來聽聞；你要高高地建立起大法幢，讓大家都可以看見正法仍然住世。這就是你應該要作的。」

然後又點出來說：「一切世間樂見離車童子，他還是會依照自己的願：『先諸大聲聞，後及諸大菩薩，然後及我。』還是會堅持他自己的想法，他不想先出頭。然後到那個時候，把惡魔和他的徒眾用五欲之繩繫縛起來，很輕鬆就把他們綁住；用五欲把他們綁起來就像綁小兔子一樣，讓惡魔及他的徒眾都淪墜在五欲之中，不可自拔。」這一招最厲害了！讓他們每天耽著五欲，都忘了抵制正法（大眾笑…），然後他來廣宣唱《大法鼓經》，擊大法鼓，吹大法螺，設大法會，建大法幢，這就是「一切世間樂見離車童子」所要作的事。今天講到這裡。

《大法鼓經》上週講到三十七頁第一段講完了，今天要從第二段開始。

經文：【迦葉白佛言：「當於何時？」佛告迦葉：「正法欲滅餘八十年。」迦葉白佛言：「世尊！欲見惡魔。」佛告童子：「速以惡魔示諸大眾。」爾時，童子瞻仰世尊，即指示言：「觀此惡魔，從異方來，如諸菩薩作比丘像，於眾中坐。」大眾悉見，見被五繫。魔言：「童子！我於此經不復作礙。」如是三說。】

語譯：【摩訶迦葉稟白佛陀說：「這惡魔將會在什麼時候出現？」佛陀告訴摩訶迦葉：「正法即將壞滅剩下八十年的時候。」迦葉又稟白佛陀說：「世尊！我想看見這個惡魔。」佛陀告訴一切世間樂見離車童子：「你趕快把這個惡魔示現出來給大眾看見。」這時候，童子瞻仰世尊一會兒，然後就指示給大眾說：「你們大家觀察這個惡魔，他從別的世界來，就像諸菩薩一樣作比丘的法相，就在你們大眾之中坐著。」於是大眾全部都看見了這個惡魔所投生過來的比丘，看見他被五欲所繫縛。惡魔就回答說：「童子！我對於此經不再作各種障礙的事。」就像是這樣子說了三遍。】

講義：什麼時候惡魔會出現？什麼時候「一切世間樂見」這位「離車童

子」會出來護持正法？答案就是：正法即將滅沒的最後八十年。諸位別以爲只有大乘經這麼講，其實在阿含部《央掘魔羅經》中也是這麼講的。並且，《央掘魔羅經》中還講了好幾個譬喻，說正法最後八十年，要弘揚如來藏正法，護持如來正法非常困難；就好像《佛藏經》說的，有人挑著一擔很細的乾草，或者綿紡成的細紗，挑著要經過一座大城；而那座大城滿中火起，裡面全部都是火；從東門進去，要從西門出來，這是多麼稀有艱難的事！到正法最後八十年，弘揚正法、護持正法比這個還難。在《央掘魔羅經》裡面講了好幾個像這麼難的譬喻，那麼諸位想想看，現在有沒有到那個時節？顯然還沒有！所以我們現在挑著如來家業還算輕易（編案：二〇二〇年時已經出現無理取鬧、顛倒事理、推翻正法的琅琊閣、張志成等人的事了，最後八十年時可想而知）。最後八十年，可不是像現在這個模樣，所以「**一切世間樂見**」這位「**離車童子**」，不會在這個時候示現或在人間出頭；就是要等到那個時候他才會出現，因爲到那時也非得要他不行，其餘眾人大都沒辦法的。

那這個惡魔呢？不一定是在這裡的，有可能是他方世界來的，他看見這裡有機可乘，於是投生到這裡來擾亂。所以大家就不用抱怨，爲何現在正法弘揚這麼困難？現在都還沒有到末法最後八十年，不論怎麼難，也都還算好。其實現在偏安於臺灣，也已經夠好了！讓諸位可以每週二來到正覺講堂聽聞正法，這是何等的福報！那我們能夠作的就盡量去作，作到哪裡算哪裡，千萬別放棄。有一句話說「盡其在我，成事在天」，那我們已經努力過了，不遺餘力，這就夠了；能不能眞的成功呢？那還得看眾生的業力。有時候業不可轉，眞的無可奈何；但如果那業就差那麼一點點，咱們努力以後就可以轉了，這個希望總是要放在心中，所以咱們繼續努力。

那麼一切世間樂見離車童子，什麼時候會出現在咱們這個世界的人間呢？如來也說：「正法欲滅餘八十年。」所以他本人不輕易出現的，因爲天魔這時只會派魔子魔孫出來搗蛋。當然他也有他的想法：「因爲在這五百大菩薩中，咱是老么，不應該僭越。所以大家可以作到，就讓這些兄長們去作；我是老么，等到大家都作不了時，我再來。」這也有好處，不要把福德都一把搶過來，讓人家也有機會修集護持正法的福德。所以他的看法透徹，這也是身爲菩薩的我們應該要學習的，這個叫作佛教倫理，別老是搶著出頭當老大。

那些法師、居士們寫什麼《佛教倫理學》，他們哪懂？都只看事相上的表相。他們如果眞懂佛教倫理，就不敢否定大乘菩薩了！他們一向的說法是：文殊菩薩在佛教史上是不曾存在過的，觀世音菩薩、大勢至菩薩也是不曾存在過的；但他們不知道這些大菩薩們都是歷史上存在過的人物；不但存在過，觀世音菩薩還有一顆血舍利來到咱們這裡，現在供著呢！所以他們不懂，還寫什麼《佛教倫理學》，還在教什麼佛教倫理學？但佛教倫理不是學問，而是實際上存在的事。

那我們講經的時候，凡是牽涉到這個部分就提示一下，大家長時間慢慢熏習，將來見 佛，或者將來到 彌勒佛弘法的時候就不會亂出頭。因為佛菩薩說哪一部經、講哪一些法，都有一定的因緣，也都有因緣主。除非 如來不問自說，否則每一部經都有個因緣主，就像這一部經是摩訶迦葉一樣。如果不懂這個佛教倫理，摩訶迦葉與 佛一問一答之間，哪個冒失鬼突然冒出來說：「**世尊！如何如何。**」講了一堆，那就犯了忌諱；因為這時候不該他問，也不該他說，這就是佛教倫理。那「**一切世間樂見離車童子**」不管別人怎麼說，他就是堅持這個倫理，所以「**先諸妙覺菩薩、諸大菩薩，先諸大弟子，先諸五百位菩薩中的四百九十九位，然後及我，我在最後。」

不曉得你們年輕人（所謂的年輕人是四十歲、五十歲都叫年輕人），有沒有看過臺灣早期我們臺語叫作布袋戲，大陸叫作傀儡戲還是掌中戲；你們看那個戲中，有一個角色是從頭到尾都存在，他的功夫不好，但永遠不會被打死（大眾笑⋯⋯）；但是另有一個功夫最棒的，他是最後才出現，然後就把事情解決了。有沒有？大部分是這樣。什麼「雲州大儒俠」等，那些戲大概都是這樣，都有一個主軸：有個人就像甘草人物，從頭到尾一直都在，他終究不會死，雖然他功夫不是最好的；但是還有一個非常厲害的人，一出現，事情全部解決，但他總是最後才會出現。那咱們就來扮演那個甘草人物，罵也好、笑也好，笑罵自由之；咱們就一直把它作到末法最後五十二年或是八十年，等待那位功夫最高的菩薩出現。

所以這位「一切世間樂見離車童子」，是否就是月光菩薩？咱們期待看看。這個答案到那時候再揭曉，到那時候咱們再來問他。意思就是說，他是這麼一個人物：沒事時，他不會出現，不會一天到晚在眼前晃，表現出來；真需要他出現時，再出來解決問題；解決了以後，人又不見了。他就這樣沉潛著，沒有人會發現到他，這表示他的轉依無比成功；這是我們要學的，學會這一點，有這個見地，或者說有這個作意存在你腦海裡，這個種子存在你如來藏中，菩薩道的修行才會快速。

那麼惡魔其實你們也可以抓，非必「一切世間樂見」這位「離車童子」。「離車」我有沒有解釋過？「離車」是某一種種族的名稱。這位童子屬於「離車」的種族，所以離車童子在這個種族之中，就是修童子行的人，沒有結婚；而他的名字叫作「一切世間樂見」，所以他的名字不包括「離車」兩個字。

那麼回到剛剛的話題來，你到任何道場去，大部分的道場幾乎都一樣，咱們正覺很少；因爲有這現象的人，待不了很久就得離開正覺，與正覺的門風不能相容故。他們有什麼現象呢？就是被「五繫」——被五種法繫縛，五種法就是財、色、名、食、睡。那諸位有沒有想到什麼？說：「糟了！這不到處都是嗎？」原來到處都有惡魔，那就是被你抓到了。抓歸抓，不要盡往外抓，有時也往自己五陰裡面抓一抓；抓到了，就把他砍了，甭客氣！一定要砍，早砍早好；砍得慢，道業成就得慢，這是成正比的。所以惡魔的特性就是被五欲所繫，因此外面的惡魔這麼抓，自己心內的惡魔也得這麼抓。這位離車童子要抓五欲所繫的惡魔之前，他先瞻仰 世尊；你們每一座五蘊山中不都有這麼一尊世尊嗎？先瞻仰、瞻仰，然後回頭就把惡魔抓了，菩薩修行本來就該如此。

那麼「一切世間樂見離車童子」示現出來也是這樣，所以 世尊指示完了，他就瞻仰 世尊，隨即指示出來，在座之中哪一個比丘就是惡魔，現前看見那位比丘被五欲所繫縛。可是當時 世尊住世，是正法時期，就這麼一個惡魔被抓出來；到末法時期呢，到處都是五欲所繫的惡魔啊！所以你們進得正覺同修會來，就是每天忙著抓自己五蘊山中的惡魔，不斷地抓，一個又一個把他抓了，當場把他砍了；這樣養成習慣了，到了末法最後八十年，看見「一切世間樂見離車童子」處理那惡魔的時候，就不會心軟而當濫好人了。

因爲這個惡魔害人害己呀！只要他去到哪裡，就是一堆人跟著他被五欲所繫縛。因爲他會這樣勸人，也用這個方式去影響別人同樣投入五欲中，所以叫作惡魔。那麼在正法時代 世尊住世時，被「一切世間樂見離車童子」抓到了，當然他就知道無所能爲了。如果沒有當場把他抓出來，他還會繼續作亂。可是已經被當眾指出來了，從此以後他說了什麼話，都不會有人信，自然就無所能為。看見這個局面了，他只好對「一切世間樂見離車童子」說：「童子！我對於『此經』第八識不會再作任何障礙的事了。」還怕這位離車童子繼續把他綁住，乾脆連著講三遍。

這個五欲之繩很厲害，就譬如道教的神仙小說，都說有一條捆仙繩，不管什麼神仙，這捆仙繩一祭出去，就把對方綁了。但是佛法中，忉利天主釋提桓因遇到阿修羅王率兵來打仗時，忉利天王通常都打贏；贏了以後用什麼綁對方？對了！就是五欲之繩。被綁住了就脫不了身，那他就得向釋提桓因求情；釋提桓因就會為他說一些法，然後放了他。可是這個五欲之繩不是外來的，是從他身上拿了五欲之繩就綁了他。人們也都是這樣，這叫作欲界有情。所以聰明人修梵行，遠離欲界這五欲，就沒有人能綁他了。

所以我說出世弘法很危險，因為到處都有五欲之繩，只要一不小心碰到了、摸到了，它就像蛇一樣繞過來把你給綁了。這是真的啊！我的經驗談就是這樣。所以摸都不能摸，碰都不能碰，只要看見五欲之繩就繞道而行；它不肯離開，你繞道而行就好了。如果大喝一聲，它走了，那你就直直走；它不走，你就繞道，千萬不要去碰觸到它，因為一碰就沾上了，所以五欲之繩很厲害。那「一切世間樂見離車童子」懂這個道理，所以他一看，哪個比丘被五欲之繩綁住了，這就是惡魔。但這位童子爲什麼是「一切世間樂見」？因爲他平常不會老是指責別人落入五欲之中，他總是和光同塵，不招惹別人厭惡，也因爲上有兄長與前輩，不該是由自己出頭來糾正別人，所以大家都不厭惡他。

如今這個要領諸位學會了，以後就效法「一切世間樂見離車童子」，不要去指責別人，只要用來指責自己，看自己心中什麼時候惡魔出現了；這個惡比丘出現了，你就把他抓了，用五欲之繩綁住；綁住之後立刻處決，不要等到秋天過後，因爲對惡魔不能心軟，秋決太久了；搞不好，他突然脫繩而去，然後又再來跟你搗蛋，那就麻煩了！所以叫作「斬立決」。

那麼這個惡魔算是聰明，如是三說：「我不再對『此經』第八識妙法留難。」大家便不會再爲難他了。假使證得「此經」第八識之後，哪一天發覺自己心中惡魔出現了，一定要看這個惡魔有沒有「如是三說」？如果這個惡魔「如是三說」，那就恭喜你，你心中這個惡魔已經自裁了；如果他不自裁，你當場就把他砍了！因爲他如果不是「三說」，表示他不會悔改；既然不悔改，你就馬上判下去：斬立決！一刻都不留他。這樣，這個惡魔一個一個或者砍了、或者降伏了，天下太平！修道之路從此以後一路坦途；否則一定是坑坑坎坎、崎嶇不平，菩薩道可就難行了。接下來又怎麼發展呢？

經文：【爾時，世尊告一切世間樂見離車童子等菩薩眾言：「摩訶迦葉已能於我滅度之後四十年中護持正法，汝等誰能於我滅後最後護法？」如是三說，無能堪者。佛告大眾：「汝等勿得起輕劣想，我此眾中多有弟子，於我滅後能護正法、說此經者。賢護等五百菩薩最後一人——一切世間樂見離車童子，於我滅後，當擊大法鼓，吹大法螺，設大法會，建大法幢。」爾時童子即放弊魔。時諸大眾語童子言：「汝已受記。」】

語譯：【這時，世尊告訴一切世間樂見離車童子等菩薩眾說：「摩訶迦葉已經能在我示現滅度之後的四十年中護持正法，而你們大眾誰能在我示現滅度的最後時間護持正法呢？」就像這樣子宣說了三遍，沒有人能出來應諾，所以沒有誰是堪能最後護持正法。佛陀就告訴大眾：「你們大眾千萬不要生起輕劣之想，我這一些大眾之中有許多的弟子，是在我示現入滅之後能護持正法、演說這一部經的人。而賢護等五百菩薩之中的最後一個人，是這位一切世間樂見離車童子，在我入滅之後，將會敲擊大法鼓，吹起大法螺，設立大法會，建立及矗立起大法幢。」這時候一切世間樂見離車童子隨即放了那個弊魔。這時候，諸大眾告訴一切世間樂見離車童子說：「你已經被世尊授記了。」】

講義：摩訶迦葉果然在 世尊滅後護持正法四十年，然後法傳阿難，就這樣代代相傳而傳了二十八代，第二十八代達摩大師再傳到中國來。那麼 世尊不是只看那四十年，所以接著問大眾說：「你們什麼人能夠在我入滅以後的最後八十年中護法？」世尊雖然是問最後的那個八十年，但在前四十年跟後八十年的中間，都不需要有人來護法嗎？雖然最後那八十年確實最困難，因為當時人心陋劣、人心險惡，而且信根普遍不足，就別提信力了！並且般若密意都已經四處流通成為人盡皆知了，所以這個難信之法，到那時都不需修學次法及法，只要一上網查詢般若密意就知道了，這樣知道的密意沒有其他的次法及法的支持，也沒先修定而沒有降伏其心的定力支持，都不會有解脫受用與智慧的受用，所以沒有人信受了，要繼續住持正法就非常困難。

那麼世尊三問之後，沒有人敢出來應諾。其實大眾之中也有很多人知道：「這本該一切世間樂見離車童子來作。」莫說自己能力不夠，就算能力夠的，也不能去搶，因為本該他所作。假使你當時在，沒有十地、九地、八地的證量，你能去搶嗎？不可以啊！而且你也知道這不該去搶，所以有些福德該誰去成就，雖然自己有能力作，也不該去搶，就是要留給他。譬如說，要打造一支夜壺，不需要用黃金吧？用木材也行，錫也行，銅、鋁也行啊！老實說，用銅就有一些非分了，如果用黃金去打造呢？人家會說：「這個人窮奢極侈！」說他太奢侈，凡是用物應當恰如其分。同樣的道理，誰該去作什麼，也應該恰如其分。

所以該弟子們修的，還得留給他們修；否則他們的福德如何成就？不必親教師們一切都搶來作。親教師們要作的，就是教你們該怎麼修，然後由你們自己去修。同樣的道理，該給親教師們去作的，我就不去干預，放手給他們去作。並不是我作不到，而是我不應該作；而我應該去作另外一些事情，這樣叫作「恰如其分」。所以一切事情都應當看因緣，沒有人的時候，我自然就來作；所以以前我們租在中山北路六段那個地下室，那地毯我都自己親自去鋪。沒有辦法解決的問題，我去設法解決，跟大家一起把它完成，很克難。包括馬桶水箱漏水，我親自修；他們弄不清楚爲什麼漏水，我清楚，我把它修一修就好了。

當年搬來這裡，買這九樓講堂，我也是幾乎天天到場的，包括房子漏水進入室內不能解決，那窗戶還會漏，我用大禹的方法，把它排除掉了；因爲我們那時候沒錢，請不起抓漏的師傅，我就土法煉鋼，把它解決；所以這個地板下面還有文章的，就這樣土法煉鋼解決。但是後來人才越來越多了，我開始把各項事務交出去，到現在就大部分交出去了。

這就是說，什麼樣的能力、智慧、身分，該作什麼樣的事情，要看時機來判斷，不可能一成不變。有的人適合當幹部而不適合當親教師，有的人反過來只能當親教師而不適合當行政幹部或理事長，這也要判斷清楚之後再來用人。那我們學菩薩法也是這樣，目前自己能夠作到哪裡，就作到哪裡；超過自己本分的就不要勉強。

如果自己有能力作到，而沒有人作，我們就要攬過來作，菩薩道就是這樣，心裡不要想：「我幹嘛作那麼多？」不管作多少都是爲自己作的，因爲那些福德不會跑到別的地方去。你作的時候，你這覺知心七轉識都在如來藏中；當你作好了，這福德就在如來藏裡面收存，不會旁落。所以千萬不要作完了以後，去到佛前說：「世尊！我爲您作了什麼事情。」（大眾笑…）對啊！以前有人就這樣：「我爲如來作了這麼多事情，如來都沒有保佑我！」欸！他何曾爲 如來作？如來的福德廣大圓滿了，還要他爲 如來作啊？那都是爲自己作，所以一切功不唐捐。但重要的是衡量是不是自己該作的？是不是自己有能力？是不是那件功德沒有人在作？而這件功德很必要，要多方衡量，然後來確定自己該幹什麼、不該幹什麼。所以「一切世間樂見離車童子」的作法我們要學，這也是佛教倫理。

那麼正當該自己出手的時候，就得出手；所以當 世尊說了，他就出來把惡魔用五欲之繩綁了，讓大家看見他。被五欲之繩所繫縛，只要大家小心去觀察，一定都會看得見。那麼進得正覺同修會來，爲什麼要修那麼多的次法與法？不是無因。其實都是希望諸位經由這一些次法的修學，盡快把五欲之繩解除，之後學法而證悟後，自由自在地轉依了如來藏，就不會退轉了。否則證悟了其實是壞事，不是善事，因爲會藉著證悟這個法作許多的壞事，反而自己的道業被遮障。而且這一遮障，不是十百千生，而是墮落三惡道；次第流轉再回到人間，前五百世盲聾瘖啞：若不是眼睛盲了，不然就是耳根不具、且是個啞巴；就算過了五百世，身根具足完好，卻還是有業障；在《佛藏經》的開始，我們也講過了。所以「**一切世間樂見離車童子**」的作法，我們要懂得學：那不是自己該出頭的時候，就作我們的本分事；該我們出頭的時候，就要勇於承擔；特別是 如來已經說：「**這是你應該作的。**」那你就去作，不必有二話。

那麼說到這裡，如來滅後四十年，摩訶迦葉護持正法；最後八十年是「**一切世間樂見離車童子**」護持正法；可是這中間呢？這中間就是咱們的事了！可別忘了，你們之中有很多人，正是賢護等五百菩薩之一。不要老是想：「**我算哪根蔥？**」千萬別這麼想！如果你們都這麼想，那我也就別幹了。所以 世尊就怕大家這麼想，吩咐說：「**汝等勿得起輕劣想。**」以前大部分人起輕劣想，說到開悟時就說：「**那是聖位菩薩的事，跟我何干？**」二十幾年前，我在杭州南路拜訪淨空法師的時候，他也是這麼想；所以他說……（大眾笑……）果然是大菩薩們的事，跟他無關！所以你們笑對了。但是如果大家都這樣想，那眾生的法身慧命就完了！所以大家要勇於承擔。怕大家不敢承擔，也怕大家憂心，這最初四十年跟最後八十年中間那麼長的時間，眾生怎麼辦？所以 如來說：「**我此眾中多有弟子，於我滅後能護正法、說此經者。**」

所以 如來的弟子之中，其實有許多人在 如來滅後可以護持正法、可以演說「**此經**」的；也才會有馬鳴、龍樹、提婆、無著、世親……等人一直延續下來到今天。那麼今天我還是可以這麼講：「**我此眾中多有弟子，於我滅後能護正法。**」不是嗎？（大眾鼓掌……）對不對？對啊！所以那一篇大陸學者寫的文章，我刻意加上標題：「**假使正覺同修會繼續存在，同時來了十個商羯羅，也無可奈何。**」因為我們確實有這個實質。商羯羅到底有沒有悟？噯？有沒有悟啊？沒有！他如果悟了，還會來破壞佛法嗎？歸依都來不及了！還來破壞？如果是十個沒有悟的商羯羅來了，雖然讀了很多經論，我們隨便一位親教師就把他們打發走了。十個都離開，一個也不留！所以 如來在世度了好多聖弟子，大部分人都是能護持正法的，不是只有「**一切世間樂見離車童子**」作得到。

那麼 如來說的「**能夠演說此經**」，「**此經**」是哪一部經？（眾答：如來藏。）

欸！就是如來藏！這個法勝妙、厲害到無與倫比，不是等閒人可以破壞的；除非是實證的菩薩都不在人間了，只要有一位還在，商羯羅就無可奈何了！可是當時那爛陀大學等佛教寺院不是還在嗎？爲什麼會被商羯羅給滅了？因爲悟的人都走了！哪裡去了？去中國了。因爲天竺那個地方的業力要現前了，菩薩們知道那裡不能久留。既然震旦神州有大乘氣象，幹嘛不往生那裡去？所以玄奘依著 文殊菩薩的指示而離開天竺時，其他的菩薩們也往生到中國去，天竺沒人了，留下來的都是凡夫的比丘們。那商羯羅讀了佛經，見解跟他們一樣，不輸給他們，他又懂很多的外道法；而這些比丘根本不懂外道法，佛經也讀不夠多，所以遇到商羯羅時，一家一家都辯輸了；依照印度的規矩，辯輸了就是得關門。所以如果有實證的弟子們住世，來十個商羯羅也沒用！這也證明商羯羅不會是證悟的人，證悟的人趕忙歸依三寶了，他還來否定正法嗎？天下沒這回事的，這樣講，諸位就懂了。

世尊接著講：「**賢護等五百菩薩最後一人——一切世間樂見離車童子，於我滅後，當擊大法鼓。**」也就是說，賢護等五百菩薩在這中間會繼續護持正法，弘揚此法。最後那八十年，就是**一切世間樂見離車童子**的事；在 世尊滅後，餘八十年時，會起來擊大法鼓，一定是降伏一切外道。擊大法鼓的時候，當然也是「吹大法螺」啊；法螺的聲音可以傳很遠，甚至於逆風而傳。接著就是「設大法會，建大法幢」。因爲最後八十年，密意廣爲洩漏了，一定有很多外道前來加以質難；他們沒有次法的修行，也沒有經由參究的過程，所以智慧不通達。智慧如果通達了，就不會藉那個密意來質難；但因爲他們都懂密意了，卻不會有解脫及智慧上的功德，所以就來質難。

可是遇到質難的時候，你不可以默不作聲，明知道越發辯解，密意就越發洩漏，也得講！因爲反正最後剩下八十年了。剩八十年的時候，密意盡洩，也得把那些外道降伏，爲他們種下於未來佛中，修學正法的種子。所以這時候要設大法會，就是很大的佛法論辯大會；這大法會一定得設立，與外道窮諸玄辯，一一降伏。

這時候既然設了大法會，一定要矗立一個大法幢在那裡。就像當年玄奘一樣，建立「眞唯識量」降伏一切外道；回國以後，同樣也以「眞唯識量」的主旨，等候誰來挑戰。雖然，窮其一生無人挑戰，但正法八識論也正因此而建立了。否則的話，六祖惠能能在南方弘揚嗎？因爲如果有人悟了，對六祖惠能提起質難，他如何回應？六祖也算聰明，悟後隱居了十五年，等待因緣成熟。這十五年之中，難道他都不聽經聞法嗎？他都躲在山裡面嗎？這十五年要幹嘛？只要有講座，不論誰講經說法就去聽。聽哪個部分？聽講經的人唸出「經文」的那個部分，他們的解釋就不用聽；就坐在那裡，裝著聽的模樣就好，專聽經文；這就是他十五年中所作的事。如果當年五祖告訴他說：「**你回到南方就可以立刻弘法了。**」我告訴你：就沒有後來的惠能大師了。但是即使這樣子，十五年後出來弘法，還得要有北方的玄奘譯出了那麼多的經典，來印證南方禪宗所悟的到底對不對，讓大眾無可質疑，這才是佛教的根本。

試想：今天如果沒有《大藏經》存在人間，正覺同修會能站在這裡繼續講經嗎？根本不可能啊！幸好《大藏經》猶存，所以我們不但可以說自己所證的現量，也可以講比量，還可以有「聖教量」依據提出來證明，今天正覺同修會才能屹立不搖；否則，面對全球那些凡夫大法師們，他們只要一人吐一口水，就把我們淹死了。但我們依舊屹立不搖，正因為有《大藏經》存世；只要《大藏經》存在世間，我們有聖教量支持，加上我們所證的現量和用各種比量的演說，顯示出我們有現量、也有比量，來顯示出我們完全符合「聖教量」，這樣就可以屹立不搖，所以一定要建立「大法幢」。我們的「大法幢」就是：「**三乘菩提俱以如來藏爲歸。**」這就是我們的大法幢。我們提出這個宗旨以後，現在經過將近三十年，沒有人來挑戰。

以前曾經有個密宗叫熱○的仁波切，打電話來說要來論法。我派了個親教師等他，結果他爽約了！連個通知解約的電話也沒來。表示什麼？表示他打那個電話說要來論法，是表演給他的信眾們看的。這種招數只能欺騙愚癡的弟子眾，有智慧的人一定不受矇的。所以大法幢的建立是必要的，我們二十幾年來不斷地說：「**如來藏第八識，祂是三乘菩提的根本。**」我們也公開在書中指控：「**釋印順把三乘菩提的根本——如來藏妙義否定了，三乘菩提就變成斷滅空。**」很多地方都顯示，我們的大法幢就是：「**三乘菩提俱以如來藏爲歸。**」到如今二十幾年，沒有誰可以推翻，因爲祂是法界的實相。我們對法界的實相親證而有現量，依於現量而說的，一定不會出問題。爲教化眾生，不得不再宣說比量，而這個比量是依現量的觀察、現量的親證而演述出來的，所以這個比量絕對不會成爲非量，那就會符合「聖教量」。

所以「建大法幢」是你設大法會時必須要的，否則大家上臺來挑戰要談什麼？難道上得臺來跟你挑戰說：「物理學你懂不懂？」「病毒學你懂不懂？」你當然要建立一個「大法幢」。他要來挑戰物理學，你就跟他說：「我的大法幢建在這裡，你看看！如果你挑戰得了，就談這個部分。物理學你是專家，你作你的專家去，這個大法會的目的是辯論實相的宗旨，你可以來挑戰。」把道理講清楚。「妳如果要來挑戰說：『我能生孩子，你生不了！』那我沒辦法！因爲妳是個女人，妳作得到，但這不是我大法幢所寫的內容。」所以你設大法會時，一定要有個大法幢，就是你面對一切人舉辦「無遮大會」的時候，要討論的是什麼宗旨，這一定要先建立。建立宗旨之後，再來接受一切人的上臺論議。

但是，如果哪天眞有物理學家來找我，我說：「你們物理學最終極的目標，是要尋找生命的起源，對吧？」他會說「對啊」，我就說：「你們找到了沒有？」當然問他，細節就不用談了，只問：「你們找到了沒有？」他們也只能搖頭，因爲他們所尋找的方向跟方法，全部都是比量上的非量；因爲他們的主要道理就是物能生心。那我們可以當場就把他否定：「物不可能生心。」

也可以把他否定說：「不論你再經歷多少千萬億阿僧祇劫之後，若不改變方向的話，物理學依舊找不到生命的根源；而我們已經找到生命的根源：物從心而生。你無法證實這一點，那你的物理學還太差，請你回家再研究。」所以你設立大法會的時候，一定要建立一個「大法幢」免得節外生枝。因此我們那個「法義辨正無遮大會的聲明」，要作一些限制；要不然達賴喇嘛今天派一個來，明天又派另一個來，叫那些小嘍囉來跟你死纏爛打，我們的法務全部要放下了；所以這些規矩大家也得學一學。

後末世如果你當法主了，由於眾生只看表相，那麼你弘法時又沒有人來當面與你論議，總是私下裡誣衊毀謗，你就提出來：「無遮辯論大會，隨時接受邀請。」把宗旨立在那裡，等他們來辯論。那眾生會看：一年過去，兩年過去，都沒有人來挑戰，啊！那表示正覺這個法是正確的。以前有位香港的法師特地來找我，那是很早的事了，我們剛搬來九樓不久。因爲我們《楞伽經詳解》評論了釋印順，他就特地從香港搭機來臺灣問我：「經過三年了，現在他們有沒有人來挑戰或是回應？」我說：「沒有啊！」他馬上說：「喔！那我懂了，他們就是學錯了！」就這麼簡單，他就認定正覺是正法。

所以那個辯論法義的無遮大會，也還眞的有用，那個聲明是有用的。所以你「**擊大法鼓，吹大法螺**」，把「此經」第八識的法義不斷宣演出去；耳語流傳也好，書籍流傳也好，一定會產生一個現象：流風所及，所向披靡。因爲大家說的都是在識陰的境界裡面，而你把他們爲何是「識陰」的道理也講了，然後你又把「**此經**」第八識的妙義說了。這一些被你說到的大法師們心中忖量著，一定這麼想：「**我所知的，他們正覺都知道；他們正覺所知的，我都不知道。**」時間漸漸地過去，日積月累，乃至變成經年累月之後，時局就底定了。所以那些大法師們，當你看清楚他們被「五欲之繩」所繫縛時，你可以再提出來：「**你們都說開悟證阿羅漢了，然而證阿羅漢的人，親證的那些條件裡面有一個條件叫作『梵行已立』，請問你們立了沒有？**」這一問呢，管保各個所謂的阿羅漢全部「入涅槃」去，人間再也找不到一個阿羅漢了！

所以，以前到處都有阿羅漢，現在臺灣沒了，大陸也沒了；因爲他們多多少少也讀了正覺的書，知道自己落在識陰裡面。所以「**擊大法鼓，吹大法螺**」，一定會有敵對的勢力不斷地質疑，這都是正常的。所以必要的時候「設大法會」，在現場矗立起「大法幢」，把宗旨提出來；誰有能力挑戰，誰上來！那些落在識陰裡面的人，看見你建立了宗旨以後，最多只能摸摸鼻子、默不吭聲，還能幹嘛？

那麼 世尊就說明：「到了最後那末法餘八十年，一切世間樂見離車童子擊大法鼓，吹大法螺，設大法會，建大法幢。」爲他將來所要作的事情授記完了。那惡魔當場聽見了，表示到時候他也不敢來了，這也是 世尊對大眾的方便攝受。這離車童子聽到 世尊這麼授記了，就把弊魔給放了。大眾看見了，不能再默然了，所以就說：「汝已受記。」眞的授記了！接著 世尊怎麼開示呢？

經文：【爾時，世尊復告大迦葉言：「今汝迦葉！如守田夫無善方便，不能堪任護持是經。今此童子聞斯經已，能善讀誦，現前護持，爲人演說，常能示現爲凡夫身，住於七地；正法欲滅餘八十年，在於南方文荼羅國大波利村善方便河邊迦耶梨姓中生，當作比丘持我名號，如善方便守護田苗，於我慢緩懈怠眾中離俗出家，以四攝法而攝彼眾。得此深經，讀誦通利，令僧清

淨，捨先所受本不淨物，爲說《大法鼓經》；第二爲說大乘空經，第三爲說眾生界如來常住《大法鼓經》，擊大法鼓，吹大法螺，設大法會，建大法幢。當於我前被弘誓鎧，盡百年壽常雨法雨，演說此經。滿百年已，現大神力示般涅槃，說如是記：『釋迦牟尼佛今來至此，悉當瞻仰，恭敬禮拜。如是，如來常住安樂，諸仁者當觀眞實常樂，如我所說。』爾時，空中十方諸佛皆悉現身說如是言：『如是！如是！如汝所說，一切皆當信其善說。』」】

語譯：【這時候，世尊又告訴大迦葉說：「如今你摩訶迦葉猶如守田的農夫沒有善方便，不能堪任護持這一部第八識如來藏經。而現在這位童子聽聞這部經以後，能善於閱讀和誦持，現前就可以護持，能爲人演說，永遠都能夠示現爲凡夫之身，而他其實住於第七地；將來正法即將滅壞，剩下八十年時，在於南方文荼羅國大波利村的善方便河邊，有一個迦耶梨姓的家族中出生，那時他將會出家作比丘，執持我釋迦牟尼的名號，猶如善於方便守護田苗的人，在我法中那些慢緩懈怠的大眾之中，出離世俗法而出家，以四攝之法而攝受那些大眾。當他得到這一部深妙經典以後，閱讀誦持而通達並且很猛利，得以使令眾僧逐漸地清淨，讓眾僧都能捨離以前所受用的、本有的不清淨物品，又爲眾僧演說《大法鼓經》；接著再爲大眾演說大乘空的經典，最後再爲大眾演說「眾生界有如來常住」的《大法鼓經》，這時候敲擊大法鼓，吹起大法螺，設立大法會，建立大法幢。那個時節，他將在我面前，披著四宏誓願的鎧甲，極盡百年之壽命當中，永遠不間斷地下起法雨來，都是在演說此經如來藏。滿足百年之後，他示現大神力，然後示現進入般涅槃，在入涅槃前宣說了這樣的記別：『釋迦牟尼佛如今來到這裡，大眾全部都應當好好瞻仰並且恭敬地禮拜。就像是這樣子，如來是常住而安樂的，諸位仁者應當觀察如來的眞實以及常樂，猶如我所宣說的一樣。』這時候，空中有十方諸佛，全部都現身而共同說出這樣的話：『就像是這樣！就像是這樣！猶如你（一切世間樂見離車童子）的所說，一切的人全部都應當信受這樣的所說。』」】

講義：「守田夫」要有善方便，沒有善方便就無法守住他田裡的產物。諸位也許想：「田裡的物品都是農產品，農產品還需要守護嗎？」眞的需要守護啦！諸位有福報，日子過得好，根本不會想到有人會去偷田裡的農產品，但實際上眞的會。我們小時候鄉下很窮，臺灣當時經濟很差，一窮二白。

以前鄉村街道上，後院都還養豬呢。我們還算好，住在街道；那鄉鎮的最大一條街道上，這一落房子從前面的店面到最後面的巷子，整整一落大約一百公尺長；前面店面買賣，店的後面是廳堂，然後有很多的房間，房間的最後是廚房，廚房的後邊是浴室，再後邊是養豬；豬圈的最後邊才是廁所，就這樣一大落。養到豬長大了，差不多可賣了，家裡就準備石灰、木棍，幹嘛呢？防賊！因爲那時有賊要來偷豬，說白一點，就是搶豬。所以豬長大了，門後都得有人守著，身旁就是一桶石灰。賊一進來時，抓了石灰往他臉上一丟，叫他張不開眼，然後打出去，你們都想像不到。

偷農產品的事現在都還有，有時候某一項水果價貴，就有人開著卡車半夜裡去偷，整個一大畝田全部偷走。那守田的人就是要有善方便，才守得住。有時候窮到連稻苗都要偷，才剛剛插秧插下去，那個苗都要偷，窮到那個地步！所以善守田的人不僱人，因爲僱了人沒用；趕走了，他們又來偷。那善守田的人就說：「你需要幾棵？我就親自拿給你；不用偷，送給你！」來一趟也給他、來兩趟也給他，總共十五棵，一百棵，三趟拿回去了，不敢再來了，因爲被抓到三次就沒臉了！這才叫作「善守田」。如果你僱了人在那邊守，你越守，他越氣，越要偷，始終防不了。這善守田的人有各種方便善巧，不善守田的人沒有善方便。

所以咱們護持正法、弘揚正法，也得要像那個善守田的田夫，這樣才堪任守護此經第八識妙法。對於十惡不赦的首腦要直接把他摧破，擒賊先擒王；下面的信徒們不要去動他們，反而要溫言軟語，詳細地把法說給他們聽，再詳細地把他們的堂頭和尚的落處點出來。千萬不要說：「你們這些信徒眞笨！那樣的法你們也信？」那你就全部得罪了。所以要有善方便，什麼時節該怎麼作，要有不同時期的不同策略，這樣才能夠善任「守護此經」。那麼如來授記說：「這位一切世間樂見離車童子在現場聽聞此經之後，就『能善讀誦』。」

諸位聽過《法華經》，知道什麼叫讀、什麼叫誦了；既然「能善讀誦」，現前就能夠護持，也能夠爲人演說。可是他不想出頭，隨緣而作；他不急著出頭，他總是能夠示現爲凡夫身，而其實他住在第七地。諸位不要懷疑！證量越高就越平凡，讓你看不出來。假使是個四地菩薩，你很快就會發覺：他是四地菩薩。到了五地，等他修到五地的時候，比較不容易發覺他了。若是到了七地，你根本發覺不了他是大菩薩。現在一定有人想：「爲什麼這樣？這道理不太通嘛！」但其實這道理非常通，一點都不矛盾。

我跟諸位提示一下，一句就好：「七地滿心菩薩，三界愛的習氣種子隨眠全部滅盡了。」這樣懂了吧？嘿！你們都點頭了。這表示什麼？表示他根本不愛現。他根本不會想要示現，總是隱藏著，那你怎麼能發覺他是七地菩薩？如果剛進入第四地呢？他總是要試驗看看：「我這個功德、那個功德，是否眞的實用。」不斷地去試驗，就會有很多人都知道了。

然而剛進入四地的菩薩會幹什麼？哪個弟子最不聽話的，他每天夜裡就入弟子的夢裡去，然後第二天早上打電話過去：「我昨天晚上跟你講的，你記得了沒有？」這個弟子想：「碰巧吧？」不信邪！第二天晚上又入夢去跟他訓了一頓，天亮了，再打電話過去問，每天這麼幹。這弟子最後只好乖了，因爲這個「邪」不信不行啊！最後這個弟子一定會私下裡告訴某甲：「欸！我跟你講，師父這麼厲害，每晚入夢來開示。你不要告訴別人，因爲師父說我不許講。」然後某甲又跟某乙講了這件事，又吩咐說：「這件事你不許講喔！」到最後，路人皆知。

可是七地菩薩你要猜測出他來，很難！因爲他什麼習氣都沒有了。所以如來說：「這位童子常能示現爲凡夫身，住於七地。」這是事實。沒有那個證量，還不懂這經文的道理，於是無知的緣故就敢毀謗：「啊！這經文亂講啦！七地菩薩怎麼還會住於凡夫身？」其實正好暴露了他的無知。

如來接著說：「正法即將滅壞，剩下八十年的時候，他會在南方的文荼羅國大波利村善方便河邊的迦耶梨姓中出生，然後他會出家。他出家了以後，在釋迦牟尼佛的法中，當然要執持釋迦牟尼佛的名號。猶如一個善於方便善巧來守護田苗的人，他故意在那些有我慢、修道很遲緩、很懈怠的比丘眾裡面離俗出家，專門用四攝法攝受他們。」「四攝法」：布施、愛語、利行、同事，相信諸位耳熟能詳，因爲我們一再強調「四攝法」。我最不認同的就是互相鬥爭，我們正覺同修會裡面不要分派別；誰要分派別，讓我抓到了，我就把他冷凍了；外面的道場怎麼樣咱們不管，我們同修會不可以這樣。

這時候，這位離車童子常常送點甚麼給那些末法剩下八十年時的比丘們；不一定什麼貴重的東西，就是常常送些平常用得著的物品給那些比丘們，先結下善緣；大家心裡面對他舒舒服服，反正看了他不會討厭。這童子跟他們在一起說話時，也是和顏悅色，絕不會惡口，更不會怒目而視。大家作什麼，他也跟著大家作；他們作不來時，就去幫他們，讓他們生歡喜心。如果有什麼事情是可以培集福德的，就邀請他們一起來作；有什麼事情對他們有利的，不用自己一個人完成，就邀請他們一起來作，這就是「四攝法」。

當他用「四攝法」來攝受那些大眾的時候，大眾不會覺得自己被攝受了，反而可能有的人覺得他是在攝受這位童子，這樣「四攝法」才是成功的。所以不是高高在上來攝受大家，而是低低在下攝受上面的人，這個叫作攝受；攝受的道理要這樣才會成功，否則通常是失敗的。一心想要攝受誰，結果大家表面上被他攝受，而實際上根本不想看見他，他的攝受就是失敗的。所以這個「四攝法」不能只看表相，要看實質，這個道理就教給諸位了。今天講到這裡。

《大法鼓經》漸漸地快要圓滿了。上週講到三十八頁第二段第五行「以四攝法而攝彼眾」。接著說：

「得此深經，讀誦通利，令僧清淨，捨先所受本不淨物，為說《大法鼓經》；第二為說大乘空經，第三為說眾生界如來常住《大法鼓經》，擊大法鼓，吹大法螺，設大法會，建大法幢。」延續上週所說，講的是這位離車童子「一切世間樂見」菩薩，後末世中剩下八十年時在正法中出家；他以四攝法來攝受大眾，後來得到這一部「大法鼓深經」；得到以後，並不是立刻就出世弘法，而是先要自己「讀誦通利」。「讀」當然是自己針對此經第八識要一一細加觀察，這叫作「讀」，就像我們在《法華經》講的「讀誦受持」。「讀」之後還得要「誦」，就是各個層面都很深細觀察，一遍又一遍不斷深入觀察，而且已經非常熟悉了。「通利」就是最後每一個部分都通達了，因此可以隨意爲人宣說，一點都沒有障礙。

這意思就是說，並不是一悟了，就可以出世弘法了。有些人心裡抱著理想來到正覺學法，他的理想是：這一悟了，我就可以出世當大師。因爲他想：「古來禪宗也有這種人啊！」但問題是：像這一種人，講一句不客氣的話，說他品質不好。我就列舉禪宗裡的兩個人吧！第一個就是周金剛，他就是後來的德山宣鑑，窮其一生都在破初參的總相智慧階段中弘法。不曉得龍潭崇信有沒有去罵他不長進，想來是沒有，不然哪能容得他一生都訶佛罵祖而停留在破初參的階段弘法。直到捨壽前三年，才被徒弟巖頭全豁指點了末後句，才有那麼一點兒進步。但他爲何如此？因爲他才剛證悟，第二天就離開了，所以差別智也沒學到，其他的深妙佛法也沒學到，這是第一個例子。

第二個例子臨濟義玄，他也是一樣，才悟了不久，急著要出世弘法。黃檗希運也有點老糊塗，沒有仔細勘驗，就給了他禪板。他就去到臨濟院，找上了人家開院的禪師，一個普化、一個克符，兩個師兄弟住持的臨濟院；他就憑著師父黃檗禪師的大名，就去跟人家要了臨濟院；人家兩位禪師也不計較，就給他了。從這裡來看，到底普化跟克符兩個禪師的證量高，或是臨濟義玄？諸位判一判。他們倆師兄弟二話不說，當下就給他了。臨濟義玄才剛悟了不久，就敢跟人家要寺院，怪不得當代禪師們大家都拈提臨濟義玄。因此他後來不得不回去再找黃檗希運禪師，重新勘驗過一遍，再作指導，才有後來的臨濟義玄。但他剛悟的那段糗事，已經世諦流布了，天下禪門皆知，來到一千多年後我還拈提他呢。

所以，「**得此深經**」意思是說，證得「**此經**」第八識了；但證得「**此經**」不代表立刻可以出世弘法，先要不斷讀、誦，一直到「**通利**」爲止。一定要有這個過程，這過程不能省略的。當然也可能有人會說：「**那您蕭老師也沒**

有師父，然後悟了就出來弘法，不也一樣？」但我不一樣。以前我都說：「我跟大家一樣。」現在我說：「我跟大家不一樣！」因爲我弘法二十幾年，看到就是不一樣，現在只得承認了；因爲我不是此世才悟的，而我此世的所悟，其實也不是參禪悟得的，是整理往世的證量而回憶起來的，所以不一樣。

所以「得此深經」就是實證「此經」第八識了，然而證了以後要讀、要誦，而且要到通利時，然後可以用這樣的證量「令僧清淨」。爲什麼他有證量就可以「令僧清淨」？有一句成語說「如錐處囊」，錐子在布囊中晃來晃去，總有一天它會不經意地穿破布囊，讓人家瞧見；大家都會小心，只要它一穿透出來，大家都會留意它，免得被刺傷，所以他成爲眾目所矚；大家都會瞧他，於是修行上有什麼疑難，就來請問他；請問之後，當然他就會一一加以解說，解除大家心中的疑惑，那最後大家跟著修學，漸漸就清淨了。

這就像我當年破參（找回往世的證量）時，我也沒有跟人家說：「欸！我破參了，開悟了！」都沒有欸！可是互相之間談到佛法，他們遇到疑惑不解之處，我會當場說明，這應該是如何、如何，他們聽了覺得有道理！於是漸漸傳開了，叫作耳聞。耳聞之後，凡是大家有疑惑就會來找我，這應該是好事吧？你們點頭點太快了（大眾笑…），不好！因爲我就被當家師提溜了去，幫我「洗臉」洗了一番，從此不敢再開口回答問題。不管誰來問，我都說：「是、不是，好、不好，對、不對。」結果風聲又傳開了，說我這個人很苛，來問法時都問不到。其實是沒辦法開口！後來索性就離開了，走自己的路。

這意思是說，你只要有所實證，漸漸地風聲會傳開，因爲你不可能惜字如金，人家同修之間有疑惑來請問了，你當然要爲他解惑釋疑。但是有第一個人來問，後面就會有第二個人來問；於是大家耳聞而來，這就是理所當然的事。那麼大家對你漸漸的有信心，就會聽你的。

假使我出來弘法時，結果是一問三不知，那誰還跟我學法？我從來沒說：「你們趕快來跟我修學，快來跟我。」可是人就越來越多。本來是想：「這法傳了，有人接了，我就歸隱田園。」結果歸隱不得，被絆住了，就這樣一直延續到今天。那麼因爲他有讀、有誦、有通利，所以隨所言說，眾生信受，自然漸漸地最後就是「令僧清淨」。

僧眾清淨以後，一定會導致一個現象：「捨先所受本不淨物。」在僧團中持有某些東西時都叫作「不淨物」，比如說，在一個僧團當中，而不是自己一個人住精舍，那他如果個人持有金銀錢財，就叫不淨物了，至於其他的不淨物先就別提。那眾僧既然接受他的訓示，心地漸漸清淨了，自己會發覺：「我持有這一些物品、持有這些錢財，這是不清淨的。」於是他們開始棄捨。今天覺得這個不淨，把它捨了；後天又覺得另一個東西似乎也不淨，也把它捨了，這樣次第捨棄了以前曾經領受的不清淨物品；到這個階段時，表示僧眾的心地清淨了，可以受法，所以這位「一切世間樂見離車童子」就「為說《大法鼓經》」。

《大法鼓經》是指什麼經？欸！三句不離本行，《大法鼓經》就叫作如來藏，又名「此經」。那麼開始為他們說：「有第八識，第八識名為眞如，又名如來藏、阿賴耶識、異熟識等。」開始為他們說明。這時眾僧覺得有興趣了，因為終於知道自己身中也有眞如；僧眾既然有興趣，接著為他們演說般若系列的經典。般若系列的經典另一個名稱叫作「大乘空經」，因為般若告訴你的，五根是空，五力是空，七覺支、八聖道等三十七道品、十二因緣全部都是「空」；為什麼是空？因為是眞如所生，一切法皆以眞如為定量故，所以一切法就是眞如；而眞如的境界中，無一切法可說，所以一切空。

這不是二乘法講的空，二乘法說的「空」，是說這一些法都是藉緣生起，有生則必滅，無常故空；但「大乘空」是依於空性心如來藏，依這個眞如心的境界，來說一切法於此空性之中都不存在。也就是在這個空性心如來藏的境界中，無一法可得，所以乃至「無智亦無得」，這叫作「大乘空經」。

「**第三爲說眾生界如來常住《大法鼓經》**」，換句話說，般若教過了，再爲僧眾教導第三轉法輪的諸經，譬如說《楞伽經》、《解深密經》、《楞嚴經》，全都可以名之爲《大法鼓經》。以第三轉法輪的經典，來爲眾僧詳細解說八識心王各自的自性、八識心王各自的功德，這就是第三轉法輪的唯識系列增上慧學的經典；這合起來叫作《大法鼓經》。

因爲這第三轉法輪的經典只要拿出來宣說了，世出世間一切法都函蓋在裡面，無有一個外道可以挑戰。諸位不要懷疑這一點，確實沒有任何一個外道可以挑戰。舉例來說，例如咱們正覺弘法：我們二十幾年前開始弘法，只因爲我們說的法和諸大山頭都不一樣，我們弘揚的是第八識如來藏的勝妙法，他們弘揚的就是意識的境界，就說我們正覺是異類，所以是邪魔外道。因此我們初期覺得必須維護正法，所以不指名道姓辨正法義，結果無效，必須改絃易轍。

接著就是從《楞伽經詳解》第三輯開始，指名道姓來辨正，而且挑的是臺灣佛教最高的領導人物釋印順來辨正。當時有些親教師反對我，照他們的想法說：「**你一個籍籍無名的小子，敢挑戰人家『佛學泰斗』？**」可我就得拿他開刀，因爲大家都會看啊：一年過去了、兩年過去了、三年過去了，嘿！一向很強勢的釋印順都沒反應，表示他不敢反應。因爲我們年年出書講他，也都有寄給他。但不管我們用什麼來辨正他的法義錯誤，正是用第三轉法輪諸經裡面所說的「**眾生界如來常住《大法鼓經》**」；我們大部分是用第三轉法輪諸經的那一些法義來講，雖然當時我並沒有讀過幾部第三轉法輪的經典，就是從所回復的往世那些證量拿出來講。所以我出來弘法時，很多法不是讀了經典以後才講出來，而是我講出來以後，後來發覺經典裡面有講，那我就再把它引述出來。於是佛教界此後不敢毀謗了，因爲毀謗這個法就是毀謗三寶之一的法寶，也是同時毀謗賢聖，就是謗佛。

所以「**眾生界如來常住**」，指的就是第三轉法輪的經典。然而第三轉法輪所有的經典都把祂容納在《大法鼓經》（**此經**）的義理之中，這樣來含攝一切佛法。這時候就是這四句：「**擊大法鼓，吹大法螺，設大法會，建大法幢。**」所以十多年來，臺灣佛教界有些人在說正覺是第五大山頭。我說，我們有那麼衰嗎？我們是第一大山頭！其實說第一之時並沒有第一可言，這才叫作第一。還記得《金剛經》的公式嗎？記得了喔！「**所謂第一，即非第一，是名第一。**」我們法大呀！所以我告訴他說：「**我們是第一大山頭。**」他轉念過來說：「**對！對！對！是第一！**」爲何榮膺第一？因爲我們會得《大法鼓經》。所以有時我會跟法輪功開個玩笑，他們信徒家裡陽臺都掛著「法輪大法好」，我就問：好在哪裡？可惜同學會沒有機會跟我那位會長同學談話，不然，我要求他說：「**你們把那個招牌拿下來。**」因爲臺灣的法輪功學會會長是我的同班同學，哪天有機會我問他：「**你們都掛『法輪大法好』，好在哪裡？**」所以大法就只有一個，就是如來常住。而如來常住是常住於哪裡？常住於「**眾生界**」，永遠沒有離開過眾生界。這個如來叫作什麼名字？叫作如來藏！諸位都知道。

在《心經密意》我也講過：這如來藏妙眞如心有四種遍：遍一切時、遍一切處、遍一切界、遍一切識。八識心王之中就有，祂就在八識心王中和合在一起，所以遍一切「識」。遍一切「時」是說，無始以來乃至盡未來際，無時無刻不能沒有祂；不管眾生在眠熟位、悶絕位、正死位、滅盡定、無想定、無想天、無餘涅槃中，這個自心如來始終存在。這個自心如來遍十二處、遍十八界，而且不管你去到哪裡，都會看到祂眞的存在，所以我加上一句：遍十方界。假使你有大神通，心裡想：「您蕭老師這樣講，我不信邪，我就飛到太空無人處去看，看有沒有祂？」我保證你：「去到太空無眾生之處，也一定看得到祂。」欸！現在諸位笑，有兩種笑了，一種是會心而笑，一種叫作傻笑（大眾笑…）。我跟諸位點明了吧！太虛空是沒有如來藏的，但你到了，不就有了嗎？你到達時，一看果然有！那不是太虛空也有如來藏嗎？卻不是虛空外道講的那樣。如果不點破，好些人擠破了腦袋，也想不通這一點。因爲只要有情在就有如來藏，但太虛空沒有有情啊！哪來的如來藏？可是你到了，不就是有了嗎？

所以說，「如來常住」，住於眾生界中。因此經中才會說：「如來藏就是法界，法界就是眾生界。」而這個如來又名法身，法身就是眾生。如果沒有一點兒知見，聽到這裡又迷糊了。那你如果證悟了這第八識心，聽了之後說：

「本來就這樣，不需要解釋。」所以佛法厲害呀！能把自心如來「讀、誦、通利」，就能夠爲大眾演說「大乘空經」，講《般若經》就沒有問題。「讀、誦、通利」也就能爲人家講第三轉法輪一切唯識增上慧學的經典，這時候就是「擊大法鼓」。

所以，咱們這大法鼓敲擊了二十幾年，也容許諸方大師來挑戰。他們不都是大師嗎？而我不是大師，勉強算個小師，行吧？但他們就不敢回嘴，就甭提挑戰了！云何如此？因爲我們敲擊了「大法鼓」。「大法鼓」敲了不算數，再吹起「大法螺」，讓它風聞久遠；這法螺之聲傳出去很遠，他們聽見了依舊沒有反應，只能默然而聞。不但如此，咱們每週二晚上「設大法會」。現在這樣講經就是「大法會」啊！法會不是在那邊拿著梵唄用的法器敲敲打打、唱唱唸唸，那個叫作梵唄，不叫作法會。咱們每週二「設大法會」，假使誰要來跟我辯論法義，臨時堵著來了，也行啊！

週二來這裡堵我，一定堵得到，但就是沒有人來堵！因爲我們正覺講堂「建大法幢」，這個「大法幢」寫著四個字:「眞唯識量」，因爲我們弘揚的就是「萬法唯識」。萬法悉依八識心王而有，所以「一切法、一切有情都以阿賴耶識（眞如）爲定量故」。這個「大法幢」矗立在這裡很久了！正因爲這麼作，所以正法鞏固流傳下來。弘法者最怕的是挑戰吧？就好像開武館的人隨時要應戰，心裡有點兒擔心。弘法也是一樣，外道隨時要來挑戰的，更何況咱們把「法義辨正無遮大會」的聲明印在書中，貼了出去，一直都沒撤下來，隨時都可能有人前來挑戰啊！然而直到今天，沒看見有哪個法師、居士來讚歎或者來挑戰的。

倒是有一次，有位密宗喇嘛領著三個徒弟來拜訪，他們是來讚歎的；只有過這麼一次，眞是絕無僅有。所以如何把這個大法宣揚出去，這是很重要的。那我們正覺講堂會永遠屹立於臺灣，因爲這個「大法幢」建立在這裡，永不撤下。而我們每週二這個「大法會」會繼續辦下去，歡迎一切善信前來結緣，也歡迎上來挑戰。願意上來挑戰的人，越有智慧越好，特別是一方之師，我最歡迎。因爲這是送上門的肥肉，我就有機會收了個有名的徒弟，只可惜，大概我是沒那個福報，其實是那些大師們沒有得法的福報。

這就是說，世尊授記「一切世間樂見」這位離車童子，將來在末法最後八十年時要幹大事業；那時沒有人幹得了，就由他來作了。雖然他很低調，都不顯露出來；可是人家說「如錐處囊」！他在布囊中刻意表現得根本不像錐，讓你發覺不到他的存在，這是何等的證量才作得到？完全沒有稜稜角角，非常渾圓的一個菩薩，讓人不覺得他是個大菩薩。但他卻在最後、最艱難的那八十年出現在世間，來領導一切僧眾。那時他眞的「擊大法鼓，吹大法螺，設大法會，建大法幢」，那是天下最難之事，而他能作到；可是卻示現得比任何平凡的人還要平凡，你根本感覺不到他是那麼一個大菩薩。

世尊又授記他：「當於我前被弘誓鎧，盡百年壽常雨法雨，演說『此經』。」所以，如果當時人壽百歲，他是二十歲就出家得法，開始弘法了。盡百年壽，以他這百年的壽命，不斷地降下法雨，滋潤一切有緣的學佛人。「降下法雨」就是演說「此經」如來藏妙義。「滿百年已，現大神力示般涅槃，說如是記：『釋迦牟尼佛今來至此，悉當瞻仰，恭敬禮拜。』」他先說了這幾句，這是在他弘法滿百年的時候，那應當是一百歲或一百二十歲了，示現大神力，同時就示現般涅槃。

就如同我們常常講的：「菩薩們入涅槃，其實不入涅槃，那是一種示現，因爲菩薩常住人間，不離有情。」諸佛如來亦復如是，入涅槃只是一種示現，因爲永遠不離有情。他示現涅槃時這麼說：「釋迦牟尼佛如今來到這裡，大家應當瞻仰，恭敬禮拜。」這是讓大家瞻仰 如來、恭敬 如來、禮拜 如來，這也是讓大家培植福德。有的人抱怨：「我這一世窮，沒什麼錢財培植福德。」但是培植福德不一定要錢的。瞻仰 如來也是培植福德，恭敬 如來、禮拜 如來乃至讚頌 如來，全都是福德。甚至於輾轉聽聞到有善知識在講《法華經》，勸讚一個人去聽也是大福德，所以修福德的機會很多。但是恭敬禮拜 如來之前，我希望大家先瞻仰一下，瞻仰也是福德。所以燃了香，擎了上來，不急著供；先瞻仰一下，然後再上供，這多一樣福德不好嗎？好！「好」答那麼小聲？（大眾大聲應答：好。）福德有很多種，每一種都別放過。我的習慣是上香前瞻仰，瞻仰時起一個作意：「歸命釋迦如來！」我總是有這個作意在（以前沒告訴諸位），我是行之多年，一直都這樣的，這也是個福德。有人也許想：「這個福德也要修啊？」我說：「福德不嫌多啊！越多越好。」

「一切世間樂見離車童子」爲大眾這樣開示之後，接著又說：「如是，如來常住安樂，諸仁者當觀眞實常樂，如我所說。」他的目的是讓大家看見釋迦牟尼佛來了，這也是他的福德所感，釋迦如來自然就會感應而來示現。

他感應　如來前來示現是有目的的，因爲正法流傳到末法時代，好多人都說：「釋迦如來已經入涅槃了，灰飛煙滅了。」但「一切世間樂見離車童子」就是要讓大家眼見爲憑，看見　釋迦如來常住。不是只有自心如來常住，其實諸佛如來都是常住的；如果不是這樣，如果諸佛如來入涅槃以後，永遠不再示現於三界中，那麼諸佛就是食言；因爲諸佛如來在入地前都發了十大願，那十大願每一願發了都說：「虛空有盡，我願無窮。」既然發了這樣十個盡未來際的大願，怎麼可以入無餘涅槃，不再來三界中利樂有情，那不就是跟眾生失約了？但　如來是不誑語者，不可能失約的，所以一定常住。

「一切世間樂見離車童子」刻意感應　釋迦牟尼佛現前，就是爲了證明這一點。所以讓大家瞻仰、恭敬禮拜之後，吩咐大家：「就像是諸位現在看到的這個樣子，如來是常住的，永遠都是安樂的。諸位仁者：你們應當觀察諸佛如來是眞實而常樂的，這就如同我一切世間樂見離車童子這百年來爲大家所開示的。」所以　釋迦老爸慈悲啊！特地在那個時刻現前來印證他的所說。

他這麼開示完了，這時「空中十方諸佛皆悉現身說如是言」，你看，這離車童子之福德大到如此，竟然感應到十方諸佛現身，那就是滿虛空都是諸佛如來，大家異口同聲說：「**就像是這樣！就像是這樣！就像你這位離車童子所說的一樣，一切僧眾都應當相信他的善說。**」所以從我弘法到今天，跟隨我最久的親教師們、同修們，今天可以比對我弘法早期所說，來到現在二十幾年後，有沒有前後矛盾？有沒有前後牴觸？因為我們是依於「**如來常住**」這個法來為大家宣說的，而如來之所以常住，正因為「**此經**」第八識，「**此經**」常住則如來常住。

所以不論哪一尊如來示現八相成道，最後示現入無餘涅槃，永遠都叫作示現，不是眞的入了無餘涅槃。如果要入無餘涅槃，在入地之前，那是在很早的二大阿僧祇劫以前就可以入了，何必要等到成佛後再入無餘涅槃？就好比說，你從臺中來到臺北可以走直線距離，那你就不必說我要先繞道美國、繞道歐洲、繞道印度再繞回來臺北。這樣來到臺北，有必要嗎？根本沒有必要。因為入無餘涅槃之後，結果都一樣，都是第八識的獨住究竟寂滅境界，所以如來常住才是究竟法。

諸佛如來，包括諸位將來成佛時，同樣都是常、樂、我、淨；既然是究竟的常，既然都是究竟寂滅的，這就是眞實我；既然是究竟解脫、離二種死，那是究竟的快樂；而一切習氣種子隨眠、一切上煩惱的隨眠全部斷盡無餘，這就是究竟的清淨；諸佛如來莫不如是，三世諸佛莫不如是。既然是這樣，爲什麼可以說 釋迦如來灰飛煙滅了？所以那一些大法師們眞的是腦袋燒壞了！大概他們出家後，有一天都發高燒，燒到四十來度，把腦袋燒壞了才會講出那樣的渾話。

因此諸佛「**常、樂、我、淨**」的境界，咱們今天辦不到，可以懸之爲鵠的，我們將來要達到那個境界。而諸位學法，跟著我走到今天，所學、所修、所證、所得，都是如實的，我沒有一法欺瞞諸位。既然前面教導大家實證的部分都是如實的，那後面剩下尚未實證的部分，當然也可以信以爲實，不必懷疑！因爲前面這些所證都是眞的，可見後面也是眞的。而且由前面這一些眞實所證的狀況來比量思惟，也可以推斷後面所說爲眞。所以諸佛如來常住、「**此經**」常住，這是眞實法，名爲實相，不名虛相。所以釋印順講的緣起性空，以及他所講的滅相眞如，全都是虛相法，不是實相。要學虛相的人才去跟他，學實相的人要來正覺。接著，迦葉菩薩又爲我們請示：

經文：【迦葉白佛言：「世尊！菩薩成就幾功德，能見如來常住不壞法身，臨命終時現大神力？」佛告迦葉：「菩薩摩訶薩成就八功德者，能現前見如來常住不壞法身。何等爲八？一者、說此深經心不懈怠。二者、說彼三乘三種之說亦不懈倦。三者、所應化者終不棄捨。四者、若僧壞者，和合一味。五者、終不親近比丘尼、女人、黃門。六者、遠離親近國王及大力者。七者、常樂禪定。八者、思惟觀察不淨無我。是爲成就八種功德。」】

語譯：【摩訶迦葉稟白佛陀說：「世尊！菩薩成就了多少功德，能看見如來常住不壞的法身，臨命終時可以示現大神力？」佛陀告訴摩訶迦葉：「菩薩摩訶薩成就八種功德的人，可以現前看見如來常住的不壞法身。哪八種功德呢？第一種、演說這個深妙的經典第八識而心中永遠不懈怠。第二種、演說那三乘菩提的三種佛法，爲大眾演說而永遠不懈怠、不疲倦。第三種、凡是應該化度的人，永遠都不棄捨。第四種、如果僧眾被破壞的話，就想方設法使僧眾可以和合一味。第五種、終究不親近比丘尼、女人，以及沒有男根的人。第六種、遠離所有親近國王和大勢力的人。第七種、始終愛樂禪定。

第八種、思惟觀察色身不淨、諸法無我。這就是我所說的成就了八種的功德。」〕

講義：摩訶迦葉顯然沒有很深入領會到 世尊在前一段開示的意旨，但也許他有體會到，只是爲了後人，所以刻意提出這一問。爲什麼說他可能沒有領會到前面 如來所說的那一段經文意旨呢？因爲 如來前面說過：「這位**一切世間樂見離車童子，他常能示現爲凡夫身，實際上則是住於第七地的境界中。**」他永遠都能夠示現爲凡夫之身，可是他的心境是住在第七地菩薩的境界。七地菩薩是何等人哪！竟然示現作凡夫身，而沒有人認得他，他都無所謂。

但我們在末法時代看到的狀況是怎麼樣呢？大陸有不少人讀了正覺兩、三本書以後就說：「**我是四地菩薩、五地菩薩。**」實際上都還沒有斷我見呢！身見具在，自稱四地、五地菩薩，開口要人家護持；有時候還抽菸，有時翹起二郎腿來還會抖，有這樣的四地、五地菩薩嗎？可是人家七地菩薩，一點兒蛛絲馬跡都沒有，讓你弄不清楚他是個大菩薩；他就這樣隱藏著，這表示他的習氣種子隨眠已經不存在了。

你們跟隨我二十幾年的人，偶爾會看到我有某一部分的習氣種子隨眠，不經意地會流露出來。我就沒辦法像他這樣，我只能瞞會外的人；所以我去外面買東西，人家都不知道我是什麼人，我也從來都不說佛法。我總是很客氣跟他們買了東西，還謝謝他們，離開了再跟他們說再見，因爲我要學著啊！學著怎麼樣像這位離車童子的風範，讓人家感覺不到。所以，我曾經在藥房買藥，那因爲是固定客戶，他們會打折，就會有電腦資料，輸入電話號碼就顯示出來，然後打折。有一天我好奇看著顯示器，她叫出資料來時，我看到我的名字叫作「廟祝先生」（大眾笑…），因爲我穿著唐裝，又剃著光頭。我心裡想一想，也眞像廟祝。可是我跟她說：「我不是廟祝，我每兩個月要出一本書。」呃！她就改了：「寫書先生。」（大眾笑…）從這件事表示，我根本比不上「一切世間樂見離車童子」，我會請她改呀！如果是這位離車童子呢？看都不看！所以這證境是不同的，表示我沒有學到家，還要再學。

所以菩薩摩訶薩證量越高時就越像個凡夫。這讓我想起武俠小說，以前我們小時候有齣港劇「楚留香」，有沒有？楚留香並沒有一臉橫肉、八塊肌、幾塊肌的。他溫文儒雅，遇到看不過去的事情，打抱不平，這彈指神功這麼一彈，就解決了，但並沒有誰看見他有多麼強壯的外表，所以武林裡面說「眞人不露相」。如果有人內功很好，這太陽穴都是鼓鼓的；如果他外功練得很好，這渾身肌肉非常雄壯，讓人家一看就知道了。可是不認識的人看見楚留香時都說：「**這個人哪有武功？**」欸！七地菩薩正好是這樣，因爲他的「習氣種子隨眠」全部滅盡了，所以沒有世俗人的任何一點兒習氣，常能示現爲凡夫身，卻是一個七地滿心的菩薩！那麼我就想：「**佛記末法最後五十二年時，月光菩薩率領僧眾弘法。**」那月光菩薩很可能就是這位「**一切世間樂見離車童子**」吧！或許是那個時候會有兩位七地滿心的菩薩來率領大眾，也許就是一位出家、一位在家吧？總之不會是我，不要打妄想！因爲到那時候沒辦法再住持正法，而必須率領僧眾入山。那樣的月光菩薩所率領的那一群僧眾全都是阿羅漢，那得要有七地滿心的證量才行。

而 如來在這裡說：「**這位離車童子常能示現爲凡夫身，住於七地。**」而他那個時候又是出家，所以也有可能他正好就是月光菩薩。但是聖意難知，我們就放在心中；只是有一句話別忘了：「**總有一天等到你。**」咱們就等他吧。這意思是說：摩訶迦葉可能沒有留意到 如來開示這一句話，說這位離車童子常能示現爲凡夫身，因此他問：「**菩薩成就了幾多功德，可以看見如來常住不壞的法身，在臨命終的時候示現出大神力？**」

在臨命終時，爲什麼要示現大神力？諸位有沒有想過這一點？假使在場大眾所有人全都信心具足，就不需要示現大神力了，因爲示現了，只是白忙一場。那如果在場有人信不具足，爲了攝受他們就得示現；所以在場的大眾全部信心具足時，示現大神力就沒有必要了。可是往往菩薩摩訶薩示現入涅槃時，有某一些人因爲風聲提早傳出去了，他們特地來送行。來送行時是因爲親朋好友都說這是大菩薩，所以來結個緣，未來世福報大，其實他們的信不具足；那時就得示現大神力了，使他們得以信具足，進入初住位，這就是示現大神力了。

摩訶迦葉請問過了，佛陀告訴他說：「**大菩薩們成就了八種功德的人，可以現前看見如來常住不壞法身。**」如來說的是：「**看見如來的常住不壞法身，不是看見如來示現化身。**」那麼請問諸位：「**如來常住不壞法身是什麼？**」（眾答：如來藏。）對！既然是看見如來藏，而不是感應 如來示現化身，這樣看來，摩訶迦葉這一問就跟大家息息相關了。換句話說，有朝一日證悟之後，可別到了臨命終時心慌意亂說：「嘿！我的如來藏哪裡去了？」諸位一定想：「不會有這種人吧？」可是我說：「眞的會有這種人！因爲都還沒到臨命終時，他就把如來藏給忘了！」所以他們退轉了。

所以證如來藏的人往往卻沒有得如來藏，所以證與得是兩回事，《根本論》中也有說到這個道理。因爲他們的所證，不是親自參究得來的，也沒有切實斷疑，並未眞的信受所以不曾深入體驗，「悟後」迷迷糊糊又忘了。我們會裡的同修現在就有兩個這樣的人，已經有兩個了！一個在臺灣，一個在大陸，現在這兩個人都已經忘了禪三時悟個什麼。我還沒有捨壽，不曉得捨壽的時候會不會有第三個、第四個？（編案：二〇一〇年時便已出現第三、第四乃至第五個忘記禪三所悟第八識的人了，即是琅琊閣、張志成……等人。）這表示他們被「業」所障，否則既然找到如來藏了，那就是一見永見，不可能臨命終時又忘了祂到哪裡去了！

這表示臨命終的時候，會忘了如來藏所在的人，一定是有業來遮障，就表示他所證的智慧失去了；證如來藏而不得如來藏，那他就沒有辦法現前看見「如來常住不壞法身」。所以證悟之後要保障自始至終都不忘卻，這就必須要修後面這八個法了。如來說：「**一者、說此深經心不懈怠。**」這是不是叫你悟後要到處跟人家說「**此經**」？這裡的「說」，講的就是一般人講的「誦」啊。《法華經》說的「讀」，就是好好地觀察如來藏，這叫讀「**此經**」。那麼「誦」「**此經**」呢？這是你要時時刻刻去思惟祂；你思惟的時候，心中有一些語言文字不斷地過去，這不就是在心中演說「**此經**」嗎？要「**說此深經心不懈怠**」，也就是悟後只要得空，就思惟這個第八識妙法，把如來藏妙法不斷地觀察、思惟；每觀察到一部分，就要好好地思惟，這就是「**說此深經心不懈怠**」。

「**二者、說彼三乘三種之說亦不懈倦。**」三乘菩提之法，身爲菩薩摩訶薩，弘法之時不可遺漏，所以三乘菩提都必須要講，不能獨沽一味單說佛菩提。既然要住持正法於人間，你就必須把佛法整體弘揚出來。所以我們大約十年前開始電視弘法，建立了一個名稱叫作「三乘菩提」，那是刻意建立的。所以現在如果上網去查三乘菩提，大部分都是我們的資料。因爲佛教界沒有人敢講三乘菩提，而我們正覺具足三乘菩提。

十幾年前，將近二十年了，有人建議我，他說：「**老師！我們將來寺廟蓋好了，就叫作『正覺禪寺』。」（你別點頭，點太快了！）我當場回絕。我說：「你爲什麼要把我們的法限縮在『禪』？」他有點弄不清楚狀況，我說：「我們的法就是整體的佛法、完整的佛法，不應該只限縮在禪，因爲我們的法不是只有『禪』哪！」可能那時候我講的法還不夠多，因爲才剛出來弘法三、四年；那時我們講了念佛法門，也講了禪，可能他還不知道我們這個法的內涵，我卻是心知肚明，所以我沒接受他的建議。我告訴他：「我們的法是完整的佛法，不應該立名爲『正覺禪寺』。」所以我們現在買那二十幾公頃的地，將來那寺院就叫作「正覺寺」；我把字都寫好了（大眾鼓掌⋯），不叫禪寺，因爲禪寺的意涵只是「禪」，範圍太狹窄了！這也是由於當年我除了講念佛、講禪以外，我還講了《成唯識論》。

那時講《成唯識論》時沒有限制資格，沒有破參的人也可以聽。也許我把大家估計得太高了，所以好多人聽了（我現在回想起來），當時大家一定聽得很痛苦，可是都沒離開。當年何老師還想要去救我，結果一進了中信局佛學社，課堂上講《成唯識論》，她聽的時候：「對！對！對！好！這樣對！」然而回家重新再讀時，又讀不懂了。我們那時是沒有限定資格，現在增上班則是限定資格的，因爲那太深，沒有破參的人絕對聽不懂！

我們增上班的課，很多破參的人來聽，也得聽了三個月才開始聽懂；這還不是講《成唯識論》，是講《瑜伽師地論》。《瑜伽師地論》說的比較廣，不像《成唯識論》那麼精簡，所以《成唯識論》很難懂；但是當年大家聽的時候都聽懂，回家再讀時又不懂了！這表示，我們當年說的法就不單單是「禪」，怎麼可以把將來要蓋的「正覺寺」限縮在「禪」裡面呢？所以我說：「將來就叫『正覺寺』。」正因爲幾個月前，祖師堂那個牌樓需要字，他們要我寫，我就把它寫了，順便就把「正覺寺」三個字寫好，交到行政部去了。這「正覺寺」的字有兩個版本，一個是寺上方的匾額要用的；另一個是「正覺寺」後面會有一個基石，那上面要刻字時用的「正覺寺」，就比較粗獷一點；匾額上面的寫得就比較秀氣一點，只有這個差別。這就是說，我們不把它叫作「正覺禪寺」，因爲我們的法不侷限在「禪」。

「禪」這個法在佛法中只是一個小小的局部，它只屬於「眞見道」。可是見道有三個層次，眞見道之後還有「相見道」，悟後要繼續修學；修學到滿足了，可以入地時就是第十迴向位；然後得要加修安立諦的十六品心及九品心，再每天於佛前發十大願，發到這個增上意樂清淨時便叫作「通達位」。而我們講的法不只在通達位，還有後面修道位的法，所以我們的法三乘菩提具足，具有三種菩提之說。因此我們電視弘法的系列，總綱就是「三乘菩提」。

因此親教師們上去說法時，有聲聞法、有緣覺法、也有佛法，那你們在禪淨班修學時，有聲聞法、有緣覺法、也有佛法。而這個禪淨班的教材是我一開始弘法時就有了，就已經包括三乘菩提在內，這就是我們正覺所弘揚的法。後來看佛教界對聲聞、緣覺的法不太瞭解，也有人放話說：「**那蕭平實不懂《阿含》啦。**」我就寫《阿含正義》出來公開流通，所以才寫了慧解脫、俱解脫等，以及緣覺法的重點在哪裡，也把十因緣、十二因緣的關聯寫了。那一些內容在末法時代的佛教界來講，都是聞所未聞法。但我們兩千五百多年前，早聽 釋迦老子講過了；而那一些法在《阿含經》中也存在兩千多年了，怎麼是聞所未聞？但他們不懂，聽了就是聞所未聞法。

釋印順還把緣覺法亂解釋一通說：「**這九因緣逐漸地擴充、演變，就變成十二因緣了。**」這是胡扯！他說的九因緣其實就是十因緣法，但十因緣根本就不是十二因緣，因為所說道理不同。後來咱們《阿含正義》出版了沒幾個月，遇到在桃園林口體育場佛教界辦齋僧法會，我們有一位出家師父也去參加了，回來報告說：「旁邊有兩位比丘尼有在討論說：那十二因緣要依十因緣來修。」我一聽說就知道，她們都讀了我的書。

這表示正覺的法不是只有聲聞法，不是只有大乘禪宗的禪，不是只有法相唯識宗的唯識，也不是只有佛菩提道，而是全面函蓋三乘菩提。我們所講的佛菩提是函蓋二乘菩提在內的，所以我們電視弘法膽敢用「三乘菩提」作題目。這就是說，你如果能夠用三乘菩提這「三種之說」，持續不懈倦地為大眾演說，一定是通達了三乘菩提，一定是把三乘菩提貫通了。然而貫通三乘菩提的法是什麼？大聲一點！（眾答：如來藏！）對了！要是沒有第八識如來藏，不但佛法講不通，連二乘菩提都講不通，因為必定會墮於斷滅空，或是回頭再墮入識陰而成為常見外道見。所以能夠這樣的人，當然可以永遠不中斷地看見「如來常住不壞法身」。

「三者、所應化者終不棄捨。」第三個條件，凡是有人來求法，你不可以拒絕他。有一個但書：若心性惡劣者除外。這就是我的原則。所以度眾要有但書，十惡不赦之徒要他先滅罪，然後才接受他。以往的惡行惡業沒有消除或滅盡，未曾作任何補救之前，不度他，因爲度了沒用。度了以後，他仍然要下三惡道，你就別期待他能盡未來際利樂有情，白忙活兒！度了一個人，幫他悟了，而他不能出來弘法，至少得要能夠當正法教團中的螺絲釘，總有用得著他的地方。但如果他都不可用，就不用度了，這就是我的但書。除此以外，「**所應化者終不棄捨**」。

那個但書的意思是什麼？是說那個人叫作「**所不應化者**」。所以有時候人家來找我懺悔（有時自己來，有時央求某一位親教師陪著來），說他以前在網路上如何毀謗我，詳述那個毀謗的狀況時，我都沒耐心聽，我就說：「好、好、好！**我知道了、知道了！**」趕快要打斷他的話：「**知道了、知道了！**好，接受懺悔。」因爲我不想記憶那一些事相上的事，只要有悔心就夠了，我不需要知道他毀謗了些什麼，我全都接受。有的人則是一直到上去山上打三了，到小參室中再懺悔，我說：「**我沒時間聽你這個懺悔，我就接受了，別再講了！趕快進入主題。**」因爲時間有限。所以我都接受懺悔，沒有拒絕過任何一個人懺悔，這是我弘法以來一直都這樣。

那麼如果是「**所不應化的人**」呢？譬如說，他詐欺眾生，或者藉法斂財，或者他造作了世間的大惡業，在這些事情沒有作補救之前，甚至於某一些業得要到他見好相滅罪，否則在此之前不應當度化他。這「度化」是什麼意思？就是幫他證悟。所以有些人是有業障的，那我們不能接受他的時候，他必須自己要去處理：好好把所有的業，也就是他對正法、對眾生造成的損害，必須自己去趕快處理掉；要把它圓滿也滅罪了，這才是他進正覺修學的因緣成熟，我們就歡喜接納，這就是原則；否則他就是「**所不應化者**」，要等來世了。

「**四者、若僧壞者，和合一味。**」以「**此經**」度化眾生的善知識，必須要維持整個僧團的「**和合一味**」。「**和合**」就是大家心平氣和，同住於一個法之中，沒有別見，才叫作和合。如果某甲一個意見，某乙另一個意見，某丙也是另一個意見，大家意見始終不一致，所修的法也不同，那要如何共同來利樂有情呢？「**一味**」指的就是同法、同學，不可以異法、異學；必須師弟法同一味，一定是師長與弟子所修、所教、所學、所證的法都是同一味，不能夠有二味，才能和合共住。

那麼僧團中得要大家都這樣和合共事，而「法」不可以有兩種，必須是同一種法。如果有人主張另一個法，特立獨行，那麼法就不同一味，僧團就不會和合，勢必造成分裂。而弘法的善知識必須針對這個部分加以要求，所以必然要嚴格，很努力地推行「四攝法」，以及上下共同修證同一個第八識妙法，這是我們正覺一向所要求，最近還特別再強調一次。而我們的法只有一味，就是第八識眞如妙義，再也沒有第二個法。今天講到這裡。

《大法鼓經》上週講到三十九頁第三行前兩字。今天要說：「**五者、終不親近比丘尼、女人、黃門。**」從這裡開始。這是說，菩薩需要成就八種功德，可以見「**如來常住不壞法身，臨命終時現大神力**」，上週講完四種，今天要講第五種：

「**終不親近比丘尼、女人、黃門。**」這是有原因的，因爲在這裡經文所說的，是針對比丘而說的，所以比丘如果常常都跟比丘尼在一起，這是不如法的事。和女人在一起也不如法，因爲比丘有一定的規範，在僧團中也必須如此規範。還記得正法時期本來是一千年，後來爲什麼改爲五百年？是因爲阿難尊者太慈悲，求 如來允許女眾也可以出家，所以正法時期就減少了五百年，道理其實也在這裡，也因此規定比丘、比丘尼不可以同道行。所以妳們女眾如果跟隨比丘出外辦事，妳要走在他身後遠一點的地方；那男眾也一樣，如果跟比丘尼出外辦事，你要走在她肩後遠一點的地方；一方面是崇隆僧寶，一方面也是防微杜漸。

黃門有許多種，總而言之，他們叫作「不男」。從它的義理上來講，說他們是沒有男根的，所以叫作「黃門」。但是黃門有很多種，太監也算是黃門，因為被皇帝閹掉了，但也有天生的黃門。也有一種比較特殊的黃門，比如一個大家族裡面，為了報復的緣故，所以小孩子剛出生就被人捏破，那他長大後就不能生育，就少了一個爭家財、爭權位的人，這孩子就變成黃門。還有一種黃門，就是它平常不會現前，看起來不是個男人，但是遇到境界現前時，他還是會有男根，雖然不很具足，那也叫作黃門。那麼比丘不應該親近這樣的人，因為黃門有時候也可以引誘比丘產生淫行，這也不好，所以應該要遠離，也就是要保持清淨了。

「六者、遠離親近國王及大力者。」這意思是說，出家了就不要搞政治。如果出家了，繼續跟國王往來，以及跟社會上的黑道、有力人士一類的人往來，就變成是在玩弄權術；這樣的話，他的道業不清淨，而且也不容易攝受眾生，表示他實證「**如來常住法身**」的因緣是還沒有成熟的。所以第六個條件是要遠離、或者如果想要去親近的時候，就要趕快制止；最好就是一向遠離國王及大力者。

「**七者、常樂禪定。**」禪定雖然跟解脫無關、跟證菩提無關，但是也不能說全然無關，因爲它就像實證三乘菩提的基礎一樣；如果沒有打好基礎，把屋子蓋上去，不久就倒了。所以實證三乘菩提之後，是否能如實轉依成功，要看他有沒有定力。有沒有定力爲什麼會成爲實證三乘菩提的基礎？是因爲修定的過程可以「**降伏其心**」，修定的過程中可以把對世間法的貪愛與煩惱降伏；降伏了以後加上智慧，就可以如實轉依成功，沒有定力時轉依不會成功，所悟只成爲知識而非證量，因此修定也是很重要的。

在佛法中，沒有不「修定」、不獲得定力而能證果或者開悟的賢聖，所以證初果要有未到地定作支持，明心開悟也要有未到地定作支持；想要眼見佛性，那是加上另外一種定力，也要有定力作支持。如果要證三果以上，要有圓滿的初禪、不退轉的初禪支持，阿羅漢當然也是如此。如果想要入地，要有阿羅漢的果證，阿羅漢的果證就是最少要有圓滿的初禪；如果想要成佛，則要有第四禪作為支持，所以定力是一個基礎。所以出家之後，想要證得「如來常住法身」，應該要「常樂禪定」，永遠都愛樂於禪定的境界；主要就是那個修定的過程中可以伏惑，把三界愛的煩惱降伏，悟後轉依才能成功，所以一定要相應不同層次的禪定。

「八者、思惟觀察不淨無我。」也就是思惟和觀察人身是不清淨的，而人身所處的人間境界，這環境也是不清淨的；這要從種子不淨開始，也要觀察所食不淨、一直到色身不淨。禪淨班都教過了，有五種不淨，這個是觀察色身的部分。還要觀察名色無我，就是除了觀察色法無我以外，再把「名」——受、想、行、識為什麼是無我的？把名色全部思惟觀察清楚，沒有一法是真實不壞的我；要如是瞭解，這樣才可以證悟明心。如果不是這樣，換句話說，如果身見不能先斷除，三縛結斷不了，幫他明心了還會退回去，又退回到五陰的「我」裡面；這是我們弘法以來，已經遇到很多次的現象了，所以「思惟觀察不淨無我」也是條件之一。

那麼 如來說：「這就是成就八種功德。」唯有成就這八種功德，才能夠證得「如來常住不壞法身」。所以比丘想要證這「如來常住不壞法身」時，這八個功德或條件是必須有的。如果你發大心想要去度某一個大法師，就要用這八個條件去衡量他，看他有沒有這八個條件？如果他沒有這八個條件，意味著他還沒有因緣可以證悟「此經」如來藏。《大法鼓經》講的這個大法，他是沒有因緣實證的。接下來，如來又有開示：

經文：【「復有四事。何等爲四？一者、善能持法。二者、常自欣慶：『善哉！我今所作快樂大善。』三者、能自歸依，作是思惟：『我得善利。』四者、於如來常住決定無疑，日夜常念如來功德。以是因緣，現前得見常住法身，現大神力，然後命終。」】

語譯：【世尊繼續補充說：「還有四件事情。什麼是這四件事情呢？第一件事、要善能持法。第二件事情、是永遠都自己歡欣地慶祝：『眞的非常好，我如今所作是快樂的，也是很大的善法。』第三件事情、能夠自歸依，用這樣的想法說：『我得到了善法上的利益。』第四件事情、是於如來常住這個道理，心得決定而沒有疑惑，日裡夜裡永遠都念著如來的功德。由於這樣的因緣，現前可以看見常住的法身，顯現大神力，而後才示現命終。」】

講義：這四件事情是補充的條件，所以眞的要心心念念信受於 如來。如果不是心心念念信受 如來，這四點也作不到，就無法圓滿這樣的功德示現。這四點也表示他心中一點點疑惑都沒有。

第一件事情、「**善能持法**」：持法有一些不同的層面，自己受持或者爲別人受持，都叫作「**持法**」。換句話說，持法的時候，就像《法華經》說的，讀與誦加上爲人解說。「讀」就是自己對這個大法時時加以觀察，這就是「**讀此經**」。因爲從自己所證悟的如來藏去閱讀，比讀經典更直接，這叫作讀此經。如果是「誦」，就是用語言、文字去加以「思惟」整理；接著爲人解說，就是「弘法」。但是如果在證悟之前，還沒有實證，要怎麼持法？那就是要依於聖教，如理作意思惟，不能錯解也不能斷章取義，這樣叫作「**善能持法**」。假使遇到有惡知識曲解聖教，他也能夠分辨，然後遠離惡知識的邪說，這樣的人才是「**善能持法**」。

第二件事情、永遠都要自己歡欣地慶祝說：「**非常的好！我如今所作是快樂的事，是最大的善法。**」這個「**所作快樂**」，要緣於對自己有利無利、對眾生有利無利來衡量。也就是說，菩薩出家了，凡有所作當求自利、他利，當求現世利、後世利。如果檢查的結果是，自己的所作是「**自利、他利具足；今世利、他世利具足**」那就是「**大善**」；所作是大善，當然心中就很快樂。

佛法中的修行人，有的人作事只求今世利，不求後世利；有的人作事只求後世利，不考慮今世利。也有的人所作只求自利，不理會是否他利；而有的人非常的無私，所以他只求他利，不求自利。那這樣子諸位選擇看看：身爲菩薩，不論出家、在家都思惟看看：最好的到底是哪一種？嗄？（眾答：自利、他利。）還有一種呢？今世利、他世利！這樣就圓滿了。

所以怎麼樣叫作「**大善**」要弄清楚，一定是要「**自利、他利、今世利、後世利**」四者具足；如果你發覺自己所作是這樣的大善，心中當然快樂。如果作的是今世利、後世不利，每天晚上睡覺時總是有一點兒不歡喜吧？那如果所作的是今世不利、後世利，想起來時後世會多好，也有歡欣；可是這一世呢？就覺得很悶。那麼自利、他利的道理也類似，依此類推，就懂得如何是該作，如何是不該作。只有在環境所限制的情況下，才不得不選擇自利而非他利，或者選擇他利而非自利，或者選擇只有此世利而他世非利，或者選擇此世非利而他世利；那是因爲外在的環境，導致你不得不去作選擇。如果沒有那些限制而遇到有缺陷的利益，那你就排除；你要選擇自利、他利，還要選擇今世利、後世利，這樣安排好了去作，作完了你一定說：「**我今所作快樂大善。**」如果每一世都這樣，成佛的腳步就快了！

第三、「**能自歸依**」，不是他歸依。「**自歸依**」就是說你悟前要先信受：我跟大家都一樣，我跟佛、菩薩也都一樣，都有一個自心如來；這自心如來第八識，無始劫以來就陪伴著每一個有情，一直來到現在。所以為了學法，我得要歸依三寶，那是「他歸依」；但是三寶的本質仍然是這個自心如來，所以當我歸命三寶的時候，我也得歸命自己的自心如來，就是第八識如來藏，就是這部《大法鼓經》講的「**大法**」，這樣叫作「**自歸依**」。

這個「**自歸依**」的道理想清楚、學明白了，最後自己思惟一下：「**我得善利。**」這才是眞正的善利。如果不這樣自歸依，學到最後都是他歸依，那叫作「心外求法」，名之為佛門外道。如來早就講了：「**心外求法就是外道。**」外於自己的眞實心而想要求得一個什麼眞實法，那就是外道。所以外道不限制在別的宗教裡面，佛教裡面也有外道，因為心外求法。

所以釋印順是不是外道？（眾答：是。）喔！你們答得這麼爽快。在佛教裡面講這個道理，其他舉一反三，諸位就懂了。那麼如果像一神教、一貫道，是不是外道？（眾答：是。）也是！因爲都是心外求法。那宗喀巴說：「這五蘊是眞實的。」所以他在《廣論》中不許有第八識，那他是不是外道？（眾答：是。）也是了！他的《菩提道次第廣論》就這麼講的，然後自問自答說：「『斷我見』不是把五陰常住的見解否定掉，而是因爲有一個『我見』這個東西，有個我見這個名詞，它是虛假的，你只認知它是虛假的，只是一個名詞，你把它斷了就是斷我見，但色、受、想、行、識是眞實的。」他在《廣論》中大意是這麼講的，那他就是心外求法；因爲他外於眞實心而求眞實法，就是外道！

所以密宗所有法王與喇嘛及信徒們，全都這樣子相信而修學第八識以外的法，那都是世間法，就不是自歸依了；因爲他們是歸依外法五陰，然後把外法五陰的我所（樂空雙運的無常之樂）當作是究竟法，所以是「心外求法」者，他們都叫作「外道」。學佛人如果把這些弄清楚了以後，發覺自己正在走向實證如來藏的路，這路一步一步接近實證的階段；發覺自己走對了，於是心大歡喜，當然告訴自己：「我得善利。」

第四、「於如來常住決定無疑」。這一點很不容易辨到。印順派那些六識論的僧尼們就是不相信這一點，倡導者就是釋印順，他們認爲：「釋迦牟尼佛已經灰飛煙滅，入無餘涅槃去了。後代佛弟子們再也見不著釋迦如來了，基於永恆的懷念，所以創造大乘經典來紀念釋迦牟尼佛。」這是他們的說法。問題是：他們的懷念能永恆嗎？因爲名色只有一世，到下一世就全忘光了！那他們不相信「如來常住」，所以也不相信有一個心是常住不壞的，因此這兩點他們都不信。既然這樣，就認爲：「把蘊處界全部否定了，斷了我見、我執入無餘涅槃，那就是斷滅空。但這個斷滅空不能叫作『斷滅空』，因爲這滅掉的法相是不可能再滅的，所以這滅相叫作『眞如』。」這是釋印順獨創的「滅相眞如」。

所以他心底的認知就是：如來已經灰飛煙滅了。因爲 如來本來示現在人間時也是五蘊十八界，那祂入涅槃了，五蘊十八界滅光了，不再有後世的五蘊十八界，不就是斷滅空嗎？只是礙於經中說：「斷滅空是外道見。」他不好這麼說，所以變著法兒說：「釋迦牟尼佛已經灰飛煙滅了，那後代的佛弟子爲了紀念祂，才創造了大乘經典。而大乘經典講的如來常住，就是爲了懷念釋迦牟尼佛，**那不是眞的！所以大乘經也都不是佛說的。**」他就這麼大膽否定，那他當然不相信有第八識如來藏常住。

本來他還混得很好，沒想到後來出了個蕭平實，建立了正覺同修會，把他寫在書中以後，他懊惱十幾年才死掉。他一定懊惱啊！因爲一向容不得人家寫一個字評論他，那麼強勢的人，沒想到我是寫書評論他，竟然終其一生都不吭聲，這表示他根本沒有因緣實證「**如來常住**」的勝妙法。那諸位在正覺聽經，不管講得多麼深、多麼難信，諸位都聽得歡喜，表示諸位「**於如來常住決定無疑**」，否則早走人了，是不是？（眾答：是。）對了！當然要答「是」啊！不然坐在這裡幹嘛？（大眾笑…）那你這樣就會「**日夜常念如來功德**」，因爲你已經知道「**如來常住**」了；既然「**如來常住**」，祂的各種功德自然永不消失。

所以，末法時代佛弟子們進入正法教團中，總是有些時候 如來會跟你指點，或是會爲你安排一些證悟的因緣。有時候，善知識沒發覺你的因緣到了，所以沒有動作，但 如來就會安排。這是我們弘法二十幾年親自體驗的事情，往世的體驗就不談它，所以說 如來沒有灰飛煙滅。

那麼因爲你信受有第八識常住法身，那你就瞭解：證悟之後不是斷滅空，不是像釋印順講的：「證悟就是悟得緣起性空。」根本不是這回事！那你就知道：如來不是斷滅空，入涅槃後依舊常住於三界利樂有情，永無窮盡；這對你的道業是大有幫助的。且不談對道業有沒有幫助，咱們來講個觀念，讓諸位選擇看看。第一個觀念：「如來教導我們的法是可以實證的，但如來已經入滅了，再也沒辦法感應到。」第二個觀念：「如來的法可以實證的，但是如來只是在他方世界利樂有情，但也時時刻刻照看著我們。」這是第二種。那你要選哪一種？（眾答：第二種。）這叫作異口同聲！當然是這樣啊！

而且實際上，我們有許多人是上禪三前，在夢中被如來以機鋒指點過的，還不在少數，所以如來常住是正覺很多人的體驗。那些六識論的僧尼說：「釋迦牟尼佛在哪裡？我從來都沒有夢見過。我修定修得很好，也沒有在定中看見過祂，我也沒有感應到什麼，你們都亂講！」就好像一個乞丐說：「我要見皇帝啊！可是都看不見皇帝，哪有皇帝？」同樣的道理，皇帝才不會見這乞丐咧！憑什麼乞丐想見，皇帝就得去給他見？但是如果有個大善人需要表揚，皇帝就來了；有個人作了什麼大事情利益眾生，安定家邦，皇帝覺得可以幫助或接見，自然就來了。如果一個乞丐一天到晚在那邊吆喝，自大得不得了，皇帝根本不甩他。一定是這個道理，因爲他的緣不夠。

所以知道有第八識常住不壞，是諸佛如來的所證與所依，也是諸菩薩、諸聲聞、緣覺、一切有情的所依，那就會懂得「**如來是常住**」的，對這一點，心得決定，無有疑惑。知道了這一點，而且又接觸到正法，有實證的機會了，當然是日夜常念 如來功德。如來既然常住，那麼如果善知識沒照顧到我，那就是 如來照顧我，一定是這樣的；所以就會白天或者是晚上，只要沒事情，就思念 如來的功德；越思惟、越憶念 如來的功德，信根、慧根一定會越來越成熟，信力與慧力就會逐漸增長，實證的日子就不會很久了！

然後 如來作個總結：「**以是因緣，現前得見常住法身，現大神力，然後命終。**」就因爲有前面八個條件，再有後面這四個因緣，現前就可以看見「**常住法身**」了。請問：常住法身是什麼？（眾答：如來藏。）對！就是如來藏。因爲如來藏出生一切法，然後作爲一切法的所依；既然是一切法的所依身，祂便叫作「法身」。那現前得見「**常住法身**」，當然可以「**現大神力**」。我們前幾回《佛藏經》不也講過嗎？如果你證得這個「**常住法身**」，可以運轉四大洲，有沒有？還記得嗎？對嘛！既然能運轉四大洲，那不就是神力嗎？不然你喚什麼作神力？誰能運轉四大洲？（眾答：如來藏。）對嘛！沒有誰能運轉的，只有如來藏。這時候就可以「現大神力」，示現完了，然後命終。

禪宗裡面有沒有這樣的事？也有啊！譬如鄧隱峰，他要捨壽時，問大家：「古來有沒有人坐著走的？」「有！」「有沒有人站著走的？」「有！」「有沒有人躺著走的？」「有！」那都沒興趣。後來他想到一點：「有沒有人倒立走的？」結果說「沒有」，他說：「好！那我就這樣走。」所以他走的時候是倒立的，人家推也推不動，因為他有神通。後來她妹妹（也出家了，是比丘尼）聽說了，趕了來，就罵他：「活著裝神弄鬼，死了還要裝神弄鬼！」一把推了，就把他推倒。你看，他死的時候也是「現大神力」，不是嗎？正是用這四大部洲來作用；但眞正的「大神力」，其實是他妹妹之所顯示，只是少人懂。

但也有禪師，譬如說這位禪師沒傳得什麼弟子，因為他遵照　佛付囑，所以沒有給特別的機鋒讓大家參；可是要走人了，這侍者都還不會，他想：「我應該給一個最後的機會吧。」所以躺在床上要走了，就問侍者：「會麼？」

侍者說：「**不會。**」也沒給人家什麼機鋒，就問人家「**會麼？**」然後這侍者答個不會，他就說：「**你進前來！**」侍者靠近前了，他就把頭下那個枕頭抽出來，往地上一丟就走了。這不也是「**大神力**」嗎？這叫作大人之作，然後他就命終了。所以示現「**大神力**」時有各種不同。

如果從世俗的層面說，捨報前要怎麼示現大神力？有人是身升虛空，高七多羅樹，上身出水、下身出火，上身出火、下身出水，十八般神變；然後以三昧火自燃，就這樣取命終，但這個是世俗法上的「**現大神力**」；示現這樣大神力的人，只要有神通就行，不必要開悟。如果開悟後也有這個神通可以示現，當然最好；但是如果只有二擇一：「**理上的示現大神力、或者世間相的示現大神力**」，請問諸位：「**你要選哪一種？**」（眾答：理上。）理上的喔！可是理上示現「**大神力**」，沒有什麼人瞧得起你啊！爲什麼都要選這個？因爲這個可以永生永世帶到盡未來際去；但神通呢，也許下一世就不見了，也許還在，不一定！所以還是選擇理上的好。

因爲神通只要有因緣再修，還是可以再修回來的；但是「理」上這個現大神力，這得要證悟，而且不是想要就能得。諸位從無始劫以來，莫不得過第四禪；無始劫以來，莫不擁有五神通；可是無始劫以來有沒有悟過？不好意思答了！如果無始劫前悟過了，早就成佛了！今天還要坐在這裡聽我說法？可是只要這麼一悟，過完一個半阿僧祇劫，你要什麼神通都有了，包括意生身都有。可是以前有過第四禪，也有過五神通的人，今天還是悟不了呢！這麼一比較，就知道該選擇什麼了。這一段講完了，接著 如來又開示說：

經文：【「迦葉！如是善男子、善女人，隨所住處城邑聚落，我為是等示現法身而說是言：『善男子！善女人！如來常住。汝從今日常應受持讀誦此經，為人解說，作如是語：〔當知如來常住安樂，自止悕望，勿為諂偽；當知世尊如是常住，淨悕望者我當現身。〕』汝大迦葉當信、當審，若不如是修行法者，何由見我？云何能得神通示現？如我為聲聞乘說：『比丘能捨一法者，我為保任得阿那含果。』謂彼所得功德成就亦復如是。如我先說持戒比丘，終身天神常隨供事，是故汝等勿貪利養，當修厭離，住身念處。」】

語譯：【世尊又開示說：「迦葉！像是這樣的善男子，或者善女人，隨著他們所住的處所，不論是在城中或者是在鄉村的聚落中，我為這一些人示現法身而這麼說：『善男子！善女人！如來常住。你們從今天開始永遠應該受持和讀誦（此經），為人解說，而且應該要這樣講：（應當知道如來常住而安樂，自己把分外的希望停止了，不要作任何虛假以及諂媚的事情；應當知道世尊是這樣子的常住，如果是清淨而悕望的人，這個我自然就會現身。）』你大迦葉應當信受、應當詳細思惟，如果不是像這樣來修行佛法的人，有什麼理由可以見到這個『我』呢？又如何能夠得到神通示現呢？猶如我為聲聞乘的人說：『比丘如果能捨棄一法的人，我為他保任可以證得阿那含果。』就是說他所得的功德成就，也像是這個樣子。猶如我先前說的，持戒的比丘，他終其一生，天神永遠隨著他而供養奉侍他。由於這個緣故，你們大眾都不應該貪著利養，應當修學厭離，住於身念處觀。」】

講義：善男子和善女人的定義，在大乘法中和二乘法中不同。在大乘法中，一定得信受「如來常住」，信受有「如來常住法身」可以修證，這才是大乘法中的善男子、善女人。這樣的善男子、善女人，隨著他們所住的大城、小城，或者鄉村的聚落中，如來說了：會為這些人示現法身。那麼 如來示現法身到底該怎麼示現？有沒有想過這個問題？這裡講的不是示現化身，而是示現法身。如來示現法身的時候，會是像空氣一樣嗎？如果像空氣一樣，你哪能看見？天眼都看不見空氣。

還記得嗎？你們有不少人，思惟一下、回憶一下，上禪三前，爲什麼 如來示現在你夢裡，一句話也不說，然後就走了。有的人夢見 如來時趕快禮拜，但 如來跟他揮揮手就走了。有的人莫名其妙說，這到底是怎麼回事？爲什麼都沒有跟我開示？小參的時候還跟我抱怨呢！欸！你們笑得好。我就罵他，我說：「如來跟你開示完了，但是你聽不懂。」欸！這就是「示現法身」了。

假使今晚第一次來聽我講經，聽到這裡一定納悶：「如來也沒說話，也沒開示，也沒拿出個什麼給他看，怎麼叫作『示現法身』？」第一次來聽我講經，聽到這裡時一定是這樣想的。可是我跟你保證：「如來已經開示完了，而且跟他開示的是『無上大法』；因爲法身離言說，言語道斷，所以如來不用跟他開口，就已經開示完了。」也許有人想：「噢！我知道了！如來就是閉嘴不跟他講話，這就是開示法身。」那就誤會了！所以這個法身就在這裡呀！你沒有通透的人，來到這裡沒有辦法思惟的，所以說：思議所不能到。

那麼示現了法身，如果這個人的本分應該爲眾生說法，如來當然要吩咐他：「**如來常住，你從今天開始，永遠都應該受持、讀誦『此經』，並且爲人解說。**」既然這善男子、善女人看見 如來的法身了，如來跟他說：「**你常應讀誦『此經』。**」他就懂了，就是永遠都要讀與誦這部如來藏經；這部經家家都有，但是雖然家家都有，卻都藏在你們每一家、每個人的五蘊山中；藏得好好好的，不受潮、不怕火燒、永遠不會毀壞的，就在你的五蘊山中。

那他聽了 如來的開示，就知道自己有任務，所以每天讀誦「**此經**」；讀好了，誦好了、通達了，就可以爲人解說了。如果看見了法身，都還沒有讀誦就更別提了，卻是急著爲人說法要當大師，這個人是有問題的！這樣的心態，如來爲他示現法身時，保證他看不見！得要善知識送給他。但送給他反而壞事！（唉！我應該打自己一巴掌，因爲我就是這樣的善知識。）那麼通達以後，要爲人解說；正當爲人解說時，還要跟隨學的大眾吩咐：「**應當知道如來常住安樂。**」

如來常住而安樂，這跟聲聞法是不同的。聲聞法不是常住的、不是安樂的，因爲聲聞法是要滅盡五陰的；入無餘涅槃時是把十八界俱滅，全部滅盡以後，一界也無，什麼都沒有了，又怎麼叫作常住呢？「常住」一定是有個法永遠存在，但阿羅漢入無餘涅槃後十八界皆滅，正是一切法空。當然諸位知道，他們入涅槃以後，也是第八識常住。

但這個第八識，阿羅漢生前沒有證得，所以他也無法現觀第八識法身常住，那就不得安隱。所以《阿含經》說的「安隱觀」，阿羅漢證不得；他們只有證得「出離觀」，那當然不是常住，沒有常住法就談不上安樂。如果有個常住法和你形影不離，那你晚上睡覺前說：「**嗳！我要跟佛一起睡覺了！**」一醒來時呢：「**欸！我跟佛一同起床了！**」這不是很安樂的事嗎？有一天老了，要死了，知道自己下一世不是斷滅，知道自己要捨棄這個朽邁不堪的色身了，來世又要享受父母的疼愛，然後繼續來利樂有情；知道要轉入下一個階段，所以臨走時，跟大家揮揮手說：「**再見！**」多瀟灑！這樣才是「**安樂**」。

所以「**當知如來常住安樂**」，這是必須要爲眾生開示的。但是教導眾生知道這一點，他們就能實證嗎？還不行！他們得要把實證應該有的條件給圓滿了。要怎麼圓滿呢？要「**自止悕望**」，也就是說清心寡欲，對物欲不再貪著。如果一天到晚還在貪著物欲，出家了以後老是想：「**我這件僧服也穿了**

好多年，應該再來做一件好的。」於是居士聽到了，送上一、兩萬塊錢供養：「師父！給您做僧服。」結果他卻說：「這一、兩萬塊錢做不了什麼好僧服！」眞的是這樣。二十年前我供養過一位廣州的法師，那時臺幣一萬八千元不算少了，在臺灣做一件僧服要不了幾千塊錢，結果我供養了一萬八千元臺幣，他嫌少，我就說：「我以後不再供養出家人了，原來大陸的出家人是這樣的。」失望了！

那麼臺灣的出家人早餐完了，午齋也過完了，一面撕著紅毛苔，一面就在互相討論：「欸！我們明天午餐要吃什麼？」今天的晚餐都還沒吃呢！然後也在討論僧服的布料等等，這是我親眼所見、親耳所聞的，這就是「悕望」很多。所以很多出家人心中有各種的悕望，有時想著這個，有時想著那個。五、六位出家眾住上一、兩公頃的地，有一間寺院也夠了吧？但心裡老是想：「隔壁那一塊地應該再買下來，再蓋個什麼。」他們想得很多呢，悕望非常多！

像這樣一直不斷在世間法上用心，悕望不止，那他面對信眾的時候不免就有「諂僞」，所以遇見有錢的大護法來了，堆上一臉的笑；如果遇見了沒錢的信眾來，知道他來了不過供養個幾百塊錢就會走了，每次都這樣；而且每年來個兩、三次，都是逢年過節才來，遇到這樣的居士就招呼說：「哈！你好！喝茶、喝茶！」講完這句話，他就走了。居士說：「師父！我想跟您聊聊天。」就回說：「哇！我今天很忙，沒空呢。」其實沒事，只是不想跟他聊，這叫作「僞」，虛假！

如果遇上大護法來了，堆上一臉的笑，笑得很假！這是很平常的事情，因爲他對那個大護法有所「悕望」。當他想要把鄰地再買下來，再蓋個寮房或什麼，悕望大家住得寬敞一點，那他說話就得諂媚一點。那麼這樣的話，他的心中不能安止，想要見到「如來常住法身」就很困難。因爲「如來常住法身」非常平凡實在，一點都不招搖，完全不起眼，你想要證得祂，觀念和行爲就要像祂；觀念與行爲都不像祂，老是想這個「如來常住法身」應該會飛、會遁地呀！想得神神怪怪的，就無法跟祂相應。如果一天到晚想著物欲，跟祂也不相應，因爲祂從來不跟五欲相應。

所以持此經的人要教導他們，除了「如來常住安樂」以外，還要教導他們「自止悕望」。也要他們的行爲時時留意著「勿爲諂僞」，諂媚跟虛僞的事情都不要作；然後再吩咐那些學人：「應當知道世尊就像是這樣子常住。」世尊又說：「如果他的悕望是清淨的，而不是染污的，『我』就會現身。」這個「我」是指什麼？（眾答：如來藏。）欸！是如來藏。其實如來藏時時刻刻現身，只是因爲他跟如來藏的自性或觀念差太多了，就難見到。

第八識如來藏從來沒有觀念，而他一天到晚有很多觀念：要買地、要多供養、要作什麼。一天到晚想這個，想那個。而如來藏什麼觀念也沒有，平凡而又實在，他看不在眼裡；所以他沒有清淨悕望的時候，就見不到「如來常住法身」這個眞實的「我」，他就看不見，看不見時就說是沒有顯現給他！其實是時時刻刻都分明顯現的。世尊這樣交代完了，又吩咐大迦葉：「你大迦葉應當要信受，應當要詳細審度觀察，如果不是像這樣的修行方法的人，有什麼緣由可以看見這個『我』？」所以，那些邪見者不應當看見這個「我」，那些政治和尚也不應該看見這個「我」，那些經營生意的出家人也不應該看見這個「我」，那些心地諂僞的出家人也不應該看見這個「我」，那些修雙身法的密宗或顯教中的出家人更不該看見這個眞正的「我」。

所以你們不要看見說：「唉呀！有一些師父出家三、四十年了，我也應該可以幫助他吧？」不！除非你知道他已經「自止悕望」，除非你知道他所悕望的都是清淨法——遠離世間法的貪著，否則他跟這個「我」永遠都不相應；你若是幫他找到這個「我」，他反而對你嗤之以鼻，因爲他覺得不可能！哪有這麼平淡或平實？對他來講，悟了是不得了的事；可是他就悕望有種種世間的享樂，那他跟這個「我」一定不相應，縱使你讓他看見了，他還是不相信，反而會謗法；謗法同時也會謗你，而你已經實證了，他謗你就是謗賢聖，那不是害了他嗎？所以 世尊才特地交代：「**若不如是修行法者，何由見我？**」

所以想要見到這第八識「眞實我」，背後要有很多緣由支持；如果隨便一個阿貓、阿狗也可以證得這個眞我，那麼這個法就不珍貴了。所以證這個眞實我之前，要有相應的條件，不是每一個人都可以證的。如果相應的條件還不足，就勸他們趕快去把它補足；這些條件滿足了，你不急著求悟，如來比你還急。所以 如來往往在學人上禪三前，就去夢裡跟你指點，那你就知道方向了，要證悟就容易，所以一定要有那個條件。

那麼 世尊又說：「**云何能得神通示現？**」又來講神通了。諸位有沒有想起龐蘊居士，他說的神通是什麼？「神通並妙用，搬柴與運水。」有沒有？對呀！那龐大士的神通就是每天搬柴跟運水，怪不怪？也許有人想：「咱家生長在農村，搬柴、運水是咱家每天幹的活兒，可我就不知道這爲什麼是神通？」對啊！你當然不知道！等你悟了，你就知道果然是神通！所以 如來說的就是這樣：想要得到這個理上的神通示現，得要具足那一些條件，否則「何由見『我』」？又「云何能得神通示現」？

接著又開示說：「如我爲聲聞乘說：『比丘能捨一法者，我爲保任得阿那含果。』謂彼所得功德成就亦復如是。」這裡講捨一法，這個「捨一法」得要說明一下。有時候 如來說：「你把貪捨了就可以證果。」有時候說：「你把瞋捨了，就可以得四果。」有時候說別的法：「你把它捨了，就可以得四果。」就只要捨一個法，這是因爲其他的條件他都具足了，就剩那一關他突破不了，所以叫他捨一法。

比如說《阿含經》記載：有一位慈地比丘，他去托缽總是沒辦法得到好吃的食物。該他去托缽的那幾家，都正好是窮苦人家，食物粗糙，只能飽肚，談不上味道，他覺得很苦惱；就怪罪到陀驃摩羅子比丘身上，說是故意派給他不好的人家，他記恨著。有一天他妹妹來了（他妹妹出家，是比丘尼），來看這位哥哥；但他不理不睬，都不顧視。這妹妹就問他：「你爲什麼都不理我啊？」他說：「你得要幫我一件事，不然我不理妳。」妹妹沒辦法了，只好答應。然後他要求妹妹去向　如來告狀，說陀驃摩羅子比丘跟妹妹比丘尼行非梵行，犯波羅夷。他要妹妹這樣去跟　如來告狀。妹妹沒辦法，只好接受了。約好時間，這慈地比丘先去　如來那裡，妹妹跟著後面來就告狀，慈地比丘就當證人說，確實如他妹妹所說。如來當然不信了，就問陀驃摩羅子比丘：「你有沒有幹這件事？」這比丘回說：「就如同如來的所知。」因爲　如來當然會知道。如來就說：「現在不是你該這樣講的時候，如果你記得有這件事情，你就說有；不記得有這件事情，你就說不記得，這樣就好。」他就說：「我不記得有這件事！」

然後　如來就告訴大眾：「這個比丘尼應該要被告誡，這慈地比丘應該要教示教誡。你們應該問他：『什麼時候、什麼地方看到什麼人、發生什麼事？』」如來吩咐完了就入室宴坐。這表示　如來早知道了，然後大眾就開始追問他：人、事、時、地都要問清楚，結果慈地比丘兩人就是兜不攏！大家羯磨完了，如來知道他們羯磨完了，又下座出來，然後就對這個慈地比丘和這個比丘尼訓示了一番。後來說了一首偈開示給大家，那這首偈就是重複　如來的開示，說比丘應當要捨一法，就能夠證果。那麼　如來說：「這個比丘尼和慈地比丘應當要捨一法，就是說話不如實，知而故妄證。」說他們兩個人知而故妄語，明明知道這個事情應該是這樣，他們知道卻故意說妄語；如果能夠捨這個法，就可以證果，不會永遠當凡夫了。所以「捨一法」這個例子有很多，在《阿含經》中要慢慢找。

如來在這裡說：「如我為聲聞乘說：『比丘能捨一法者，我為保任得阿那含果。』」這慈地比丘就是在這個口腹之欲上面被綁住了，所以怪罪到證果的比丘，冤枉說有這件事情發生。那其他的比丘也是一樣，有的人要捨貪一法、有的人要捨瞋一法、有的人要捨愚癡一法等等，各不相同。如果該捨的那一法也能捨，保任他可以證第三果。這就是說：他們所得的功德成就，道理就像是這樣；因為當他很努力修行，可是就那一個關卡過不去，就會犯下許多的過失；如果他能夠把那一法捨了，證果就不是難事。

世尊又吩咐說了：「猶如我先前說的持戒比丘，終其一生都有天神永遠追隨而供養奉侍他。」因為持戒比丘難得。這裡是五濁惡世，這都是正常的，而五濁惡世的末法時代這更正常。所以你們在外面看見別的道場比丘，不要搖頭，因為這是正常的事。現在已經是末法時代，不要強求人家，因為外面的誘惑太多了。所以只要他在事相上可以維持比丘的威儀就夠了，不要強求他們一定要進入正法、要實證如來藏、發起實相般若，沒有那個道理。因為他們的條件夠了沒有？你要先去衡量；如果那些條件夠了，這八事、四事都有了，才是證得這個眞我「**此經**」的時候。

所以在末法時代實證的人永遠是少數，這才是正常；如果滿天下都是證悟的人，那你證悟了還有意思嗎？對呀！就好像極樂世界遍地是黃金，你還要挖黃金嗎？不用挖了，這道理是一樣的。那麼持戒比丘很珍貴，特別是在五濁惡世的末法時代更珍貴，所以他們有天神供養，終其一生。那麼現在可能天神供養的事少了，古時候聽說是有的，特別是傳揚律法的出家人。譬如說那個道宣律師，聽說他是有天神供養的。但並不是每一個持戒比丘都會有天神來供養，因為有的天神想要修福，有的天神是在享福，沒有想要修福的，這也不一定。

末法時代，天神們大概都失望了說：「唉！人間持戒比丘少了，難找！」所以他們也懶得來找了，這個是正常的事。那 如來勸導大家說：「汝等勿貪利養。」這也是眞實法。如果有智慧的話，一世的利養比起世世的道業，孰輕、孰重？不言而喻，這是很明白的事情。那如果要受供養，我還不會嗎？我也有資格廣受供養，但我就不要！但我也不完全不受供養，所有人對我作的法供養，我是接受的。然而貪利養是最愚癡的行爲，只要夠用就行；所以如果出家了，跟在家不一樣；在家你錢多，要怎麼用都行，只要先把未來世的資糧準備好。也就是說，未來世該有的資糧，這一世先把它布施作好；其餘的錢你要怎麼花都無所謂，沒有人能干涉，也沒有人能講你什麼。

所以你看，經中那些大菩薩們瓔珞莊嚴，值百千兩金。有沒有？譬如《法華經》中無盡意菩薩那一串瓔珞寶珠，值百千兩金。以前我算過，大概是當時的臺幣四十幾億元，那一串寶珠瓔珞。但是它只是作莊嚴用，不是炫耀，該用時就拿出來用；所以他爲了供養 觀世音菩薩，就拿出來了。然而 觀世音菩薩也沒白受供，又拿來供養 釋迦牟尼佛、多寶佛塔，但那個密意我們現在不談。欸！《法華經講義》也快出版了，諸位如果想要重新回憶那一段聽經的快樂時光，出版了再請來讀吧。

這就是說：一世的利養不足爲憑，不值得珍惜。既然有那個大福德，你又現在家身，那你先把未來世的道糧都準備好，這一世餘下的錢財要怎麼用？都沒人管你。但如果出家了，不要去掛那一串幾百萬、上千萬的念珠，要惜福。以前有個法師就這樣，那已經是快二十年前的事了，當時是臺幣五百萬買的蜜蠟念珠；那蜜蠟又大又圓，掛在他身上，眞的好大！但那串名貴的念珠掛在身上不累贅嗎？我這個人就怕累贅，所以當年結婚後，沒多久，我就把戒指拔掉了，我覺得戴著很痲煩。

學佛前在世間作事，常常要看時間，得要戴手錶，不得不戴；後來有名片式的計算機，上面有時間了，我常常要算增值稅、房屋稅、地價稅，我隨身帶著；有了那個，我就不戴手錶了。所以我差不多快四十年沒戴手錶，覺得那很累贅。可是竟然有法師戴那麼大的蜜蠟念珠，這樣一串戴在身上，那不覺得很怪嗎？對啊！看著都覺得怪。如果是小顆的，爲了莊嚴而戴著，還覺得輕鬆。但我看那位法師的那串念珠，可能有一、兩公斤重，還眞重！這就是末法時代的怪象，但這是正常事，表示他沒有想通。

這一世讓信眾作那樣的供養，人家信眾在他身上種了福田，未來世福德很大；但他自己的福德大損，搞不好未來世出家連托鉢都托不到，想要個片瓦遮頭，想要個卓錐之地都難，那不是聰明人！所以有的人學佛白學了，我說他們「**見不及此**」，眞是愚癡！表面上看起來很風光，但來世果報堪慮，這叫作今世利，後世不利！而且從道業來講，今世就不利了，後世更不利！當然不是聰明人，不該是菩薩之所當爲，所以 世尊說：「**勿貪利養，當修厭離。**」

特別是想要出離三界生死的人，一定要修厭離。修厭離時，外我所首先必須厭離，接著內我所見聞覺知性也得厭離；內我所厭離之後，五陰我也得厭離，這樣才能夠證得那個無我性的「**眞實我**」，叫作「**此經**」如來藏，因爲「**此經**」完全無我、無我所。但是如果他們不能修厭離，想要見這個眞實「我」，就沒有因緣。

如果他們想要厭離，該怎麼修呢？先修四念處觀裡面的身念處。因爲在末法時代出家，最看重的就是這個色身，所以出家以後講究養生之道。你們沒想到吧？你們這幾位比丘尼、比丘不懂得養生之道，人家很懂欸！而且每週哪一天都要去什麼地方、吸收一些負離子，得要去哪裡打坐的；人家這樣出家，這麼懂養生，你們學不會這個？但其實你們才聰明！因爲你們這個養生，養的是世世的法身慧命，這才是最棒的養生！他們養的是世俗身，不過一世，死了就沒了。所以他們最看重色身，因爲沒有「法」所依，所以就只能從色身作爲所憑去抓各種法，最照顧色身了。那如果對色身那麼看重，對法就無法重視啊。最好的對治方法就是讓他修「身念處」——觀身不淨：這色身是不清淨的。修解脫道的人首先要厭離這個色身，然後才厭離受、想、行、識。

修解脫道的人對五蘊要全部厭離，就不要說五蘊所擁有的外我所！那他們會看重外我所，是因爲他們覺得這個色身是「我」，對這個色身很寶愛，那就叫他修身念處。這個色身不淨、無常、苦，而且去不到未來世，讓他修身念處觀。如果他修得好，不貪著色身，後面就比較好修了，因爲終止了不正當的悕望，心地開始轉變清淨，那他修定也才能修得好；定修好了才能「伏惑」，能伏惑才有因緣可以實證。世尊又繼續開示說：

經文：【「復次，迦葉！持我名比丘常令僧淨。」迦葉白佛言：「世尊！此為云何？」佛告迦葉：「行攝取時，滿足犯戒貪烏之眾，如彼巧便守護四法。賢護等五百菩薩先不堪任，是等今者猶故不堪於我滅後最後護法。持我名比丘行攝法時，攝諸寬縱懈怠比丘，習近供養，與其經卷，消息將護；如養牛法，知可伏時然後調伏。若攝取調伏而不改者，則便棄捨，不令毒箭塗傷善淨。彼復當作如是思惟：『莫令淨行比丘因彼犯戒，彼說非法、行惡行者，不應致敬，共同法集；布薩自恣羯磨僧事，悉不應同。』如王摧敵，彼亦如是。如是方便調伏彼已，於百年中常雨法雨，擊大法鼓，吹大法螺，設大法會，建大法幢，示大神力。命終涅槃，過千佛已六十二劫，經百千緣覺及八如來般涅槃後，乃成佛道，名智積光明如來、應供、等正覺。彼時持我名比丘者，即是一切世間樂見離車童子，當於此土成等正覺。」】

語譯：【世尊又開示說：「另外呢，迦葉！受持我名號的比丘永遠都會使令僧眾清淨。」迦葉稟白佛陀說：「世尊！這是什麼樣的道理呢？」佛陀告訴摩訶迦葉：「行四攝法來攝取僧眾的時候，滿足那些具足犯戒的貪財之眾，猶如那個具有善巧方便來守護四攝法。賢護等五百位菩薩先前就說不堪任了，這五百人如今仍然是不堪於我入滅後的最後那段時間來護持正法。執持我名號的比丘行四攝法的時候，攝受那些寬縱懈怠的比丘，跟他們同樣的熏習接近各種供養，而藉機會給予他們大法的經卷，並且將護他們，讓他們可以得到消歇和休息。猶如養牛的法一樣，知道可以調伏的時候，然後加以調伏。如果攝取而調伏他們之後，他們不悔改的話，那就棄捨他們；不要令這些人猶如毒箭一樣，那些毒塗到了、或傷害了其餘善淨的比丘。他還應當作這樣的思惟：『不要使修清淨行的比丘們因爲那些人而犯戒，那一些說非法、行惡行的人，不應該致敬，也不應該和他們共同集合於正法之中；甚至於布薩、自恣、羯磨和僧事，全部都不應該和他們在一起。』猶如國王摧伏怨敵，那位持我釋迦牟尼佛名號的比丘也像是這樣。就像是這樣方便調伏那些比丘以後，於一百年之中不斷地降下法雨，敲擊大法鼓，吹起大法螺，設立大法會，建立大法幢，而且示現大神力。命終涅槃之後，再經過賢劫千佛之後，六十二劫之中，他將會歷經百千的緣覺以及八位如來般涅槃，然後他才會成就佛道，名爲智積光明如來、應供、等正覺。在末法那個時候，執持我釋迦牟尼佛名號的比丘，就是現前這一位一切世間樂見離車童子，應當會在這個

娑婆世界國土成就正等正覺。」】

釋義：「持我名比丘常令僧淨」，也就是說，受持 釋迦牟尼佛名號的比丘，永遠都會設法使得僧眾清淨。換句話說，他會巧設方便，不會任令僧眾繼續有所污染。那摩訶迦葉不懂這個道理，所以他就請問 世尊：「這到底是怎麼說的？」那麼 佛陀告訴摩訶迦葉說：「行攝取之法的時候，對於那一些具足犯戒的貪烏之眾，應該要運用善巧方便來守護四攝法。」貪烏，「烏」就是黑色，比如說墨是黑色的，如果有人說：「那是貪墨之人。」貪墨之人就是什麼？貪污、貪錢財。所以如果在僧眾當中，他不斷地侵吞常住的財物，那就叫作「貪烏之眾」；針對這樣的人是應該要運用「四攝法」，用各種的「方便善巧」來守護他們。今天講到這裡。

《大法鼓經》上週講到四十頁第二段第二行，今天要從第三行開始說：

「賢護等五百菩薩先不堪任，是等今者猶故不堪於我滅後最後護法。」就是說，賢護等五百菩薩之前說不堪任護法的工作。這個先前不堪任，或許是往昔也曾經如此，所以說「先不堪任」。那麼 世尊說這些人到現在仍然像以前那樣，不堪任於我示現入滅之後，最後那八十年來護持正法。這意味說護法不是容易的事，特別是末法最後那八十年。那時護法或者說弘揚正法，隨時都可能有性命之憂，得要不懼喪身捨命才有辦法最後護法，而且本身的福德、智慧的威德力也要足夠，否則都不堪能。那他們不能護法，是該由誰來作？世尊就說了：

「持我名比丘行攝法時，攝諸寬縱懈怠比丘，習近供養，與其經卷，消息將護；如養牛法，知可伏時然後調伏。」「持我名比丘」當然指的就是「一切世間樂見」這位離車童子。「攝諸寬縱懈怠比丘」該怎麼攝？前面講「如彼巧便守護四法。」諸位知道那就是「四攝法」。

我們同修會弘法以來，一向注重「四攝法」。那「攝諸寬縱懈怠比丘」究竟是「四攝法」裡面的哪一法？嗄？四個法全部啊？到底是哪一個法？對啦！就是「愛語」。剛剛誰講的？又不見人了？就是愛語。所以看見破戒比丘時不要當眾就指責：「你都破戒了！你多壞！」這麼一指責，就攝受不了了！所以一定要語氣和緩，而且要發自內心誠懇地來爲他說；但爲他說的時候，先別說他又犯戒了；先隨順他，然後一點一滴慢慢再提，所以要「愛語」才能攝受寬縱懈怠的比丘；因爲他持戒寬緩、修行也寬緩，那你得要慢慢去誘引他，別用逼的方式。

接著呢，還要「習近供養」。那些破戒比丘都在廣收供養，那這位持佛名的比丘要攝受他們，不可以自命清高；當人家大肆供養的時候，這幾位破戒比丘也會說：「某某比丘跟我不壞呀，你們也可以供養他。」好了，那人家來供養了，是不是就板著臉說：「你看我喜歡受人供養嗎？」不可以這樣！那就多少收一點，不要多，收一點點就好，意思到了就可以了；否則人家會覺得你拒人於千里之外，不好親近！因爲太清高就不好親近了，所以得要跟他一樣，要「習近供養」；讓他們覺得：這位比丘跟我是同一國的人，認同是自己人，你才有辦法攝受他呀！

那破戒比丘「習近供養」，這位攝受他的比丘也要「習近供養」，這叫作什麼？四攝法的……？大聲一點！同事！就是跟他共事。不然他會覺得你是另外一種人，「跟我們合不來」，會覺得說：「你是另一個種類，和我們不同類。」那就不好了！臺灣有一句話說：「水清無魚。」水很清的時候，連一點點食物都沒有，哪裡來的魚啊？總是水裡要有什麼東西不斷流過去，魚才能得到食物。

這讓我想起來：十年前會外有個人跟我和幾位同修有接觸。他不曉得從哪裡聽到什麼風聲，說這蕭平實都不受錢財供養等等。他當面跟我講說：「你們這樣啊！水清無魚啦！你們正覺同修會不會成長啦！」當面跟我講欸！我說：「我們一向都是水清，魚卻越來越肥美，越來越大。」因為我們正覺有法食。這也就是說，當你太清高的時候，大家會覺得你的距離很遙遠。所以有時候，哪個人拿一顆水果來，我就跟他收一次。那如果金銀財寶就甭提了，可要板起臉來訓話。這就是說「同事」很重要，唯有藉著同事的因緣，才有可能互相之間產生道情，否則道情起不來；兩人之間若沒有情分，如何能攝受他？而且跟他同事的時候，他會覺得這位持佛名比丘被他攝受，而其實是持佛名比丘攝受了那位破戒比丘。所以「同事」的目的有達成就可以，人家怎麼誤會沒關係！如果人家覺得持佛名比丘是被破戒比丘所攝受了，那也無所謂，但是實質上是攝受他，這就夠了。

「習近供養」以及「攝諸寬縱懈怠比丘」當然有目的，目的在哪裡呢？在於「與其經卷」。這時候雙方打得熱呼熱呼的，給他一本經卷，他就不會拒絕了；否則關係沒打好，你就把經卷給他，他可能就跟你翻臉，因為他可能想：「你是要藉經文來教訓我嗎？」那根本就無法攝受他了。所以前面愛語、同事要作好，作好了之後，時機成熟了再給他「經卷」，然後跟他推薦：「這部經非常好！你要讀啊！」順便跟他鼓勵一下：「出家因緣是很大的，這不容易呀！但是出家的目的就是要實證佛法，你現在的因緣應該熟了！」給他高帽子一戴，他不就很歡喜了嗎？歡喜了，就願意讀。最重要的就是：別讓他以爲你在酸他，而讓他覺得你是很誠懇地希望幫助他證得佛法，所以「與其經卷」就是「利行」。

利行也作了，但是還有一件事情沒作到；這四攝法欠了一個什麼？對了，布施！就是「消息將護」。消息，不是世間人講的打聽消息。在古時候講「消息」，譬如說養孩子，餵了他食物之後，要觀察他有沒有消化？不能一味地、不停地給食物，要觀察他有沒有消化；有消化了，也該有休息，該睡的時候，就讓他休息、讓他睡覺，才能長大，這叫作「消息」。所以「消息」這兩個字，古時的用法跟現在不一樣。

「將護」呢？「將」就是執持他，不讓他跌倒，就是「執持」，「護」就是保護。「消息將護」的意思就是「布施」，有時候給他個什麼食物，有時候給他個他所需要的藥物，有時候布施一點「正知見」給他；有時候他對什麼不懂，就教導他。所以他拿著經卷來問的時候，就爲他指點，這也是布施——法布施，所以「消息將護」就是「布施」而令他得以長養的意思。所以這個消息兩字，不能當作現在的人使用的模式來講。消息就是供養他食物，也要觀察他有沒有消化；然後該他休息睡覺時，就讓他休息睡覺；換句話說，不要把他逼得太緊，給了經卷以後，可不要每天逼著他：「你昨天讀到哪裡啊？你講講看哪。」不要每天逼著他；該讓他休息就讓他休息，該他睡覺就讓他睡覺，有時要給他一點放逸的時間，這叫作「消息將護」。

如來把這「四攝法」作一個小結論：「如養牛法，知可伏時然後調伏。」養牛，你可不能在小牛的時候，就套上那個犁枷要牠拉，牠會抗拒而且可能就逃掉了。所以小時候就是愛護牠、保護牠，把牠養好，也跟牠培養出感情來。人與牛之間是要有感情的，如果沒感情，使喚不動；用鞭子抽，久了雙方有恨，那就不好！所以養牛從小養起，小時候千萬不要逼牠幹什麼活；就是養牠，幫牠清潔、清潔，照顧好牠。等到牠長大了，力氣充盈，等於人類十七、八歲的時候，就帶牠上田，跟著牠的老爸、老媽身邊走。牠的老爸、老媽拖著、拉著犁，牠就跟著在旁邊走，讓牠看習慣了；有一天牠會想：「我什麼時候可以拉犁？」養牛要懂這個道理。如果田都犁好了，稻子也種了，有時該牛車拉著載載東西，沒東西可載也沒關係，空車也拉著走；就把那小牛帶在身邊，讓牠瞧在眼裡；牠有天一樣會想：「拉車好像蠻好玩。」牠看牠爸爸好像很輕鬆的樣子，牠也想拉一拉。再過個一兩年，先弄空車給牠拉，就這樣一步一步把牠帶上來。

所以你要調伏牛，要看「時節因緣」，而不能在牠還很小時，你就開始調伏，那不行的，要觀察時節因緣。因此如來說：「知可伏時然後調伏。」換句話說，首先「攝諸寬縱懈怠比丘，習近供養」，就是與對方同事，讓他認同；之後不是馬上「與其經卷」，要觀察時節因緣，在某一個適當的狀況再給他經卷；給他經卷之後，說了一番鼓勵的話，他覺得你對他很關心，還關心他的道業；然後一步一步告訴他：「可是你想要證道，得讀經典。」哪一部經典最好？就跟他推薦。他一面讀著，你就一面教導他：「經典說得這麼勝妙，你想要實證，得要把心性調整一下；心性調整好了，你也得把『定』修一修，要降伏自心而能調柔。『次法』有多少種，你多多少少也要開始修。」

就一步一步慢慢跟他教導，這叫作「調伏」。

經過這個過程，調伏好了，然後他有法義上的困難，你就指點他；但是別一開始就講太深的法，否則他心中驚恐畏懼，因此，你還要有「布施」的手段配合來作，就是「消息將護」。就是要懂得什麼時候可以調伏，然後調伏他。所以末法時代，善知識假使墨守成規，要調伏眾生就很困難；特別是到末法最後八十年，因此一定要有這個善巧方便。那諸位聽了，就得記在心裡：調伏什麼人？攝受什麼人？該怎麼作？學會了，未來世當法主就沒有什麼困難。但是呢，不是每個破戒比丘都能被調伏，所以 世尊開示說：「若攝取調伏而不改者，則便棄捨，不令毒箭塗傷善淨。」就是說，攝取調伏之後，有的人實在是太剛強了，或者說他的貪欲太強烈了，無法攝受；你要他改變，他改不了，那就不要一直在他身上費心思，轉而攝受其他的人。

你如果一直在他身上下功夫，也許你得花很多倍的時間與心力去攝受他，但你用那些時間與心力可以攝受更多的人，所以就暫時把他棄捨，反正他遲早要被你攝受。遲，可以遲到來世啊！不急在今世。你已經先把跟他和善的種子種下去了，他知道你對他無惡意，這顆種子種下去了，來世他還是會喜歡你，你就不必急在一時。用那些時間和精力來度更多的人，所以暫時棄捨他。棄捨了以後，他就不會時常來親近你了；那麼和你常在一起的其他比丘眾，就不會被他所染污，這叫作「不令毒箭塗傷善淨」。那麼從另一個層面來講，也就是說：你想用「法毒」殺死他的邪見，但他暫時不接受，就先暫時放過他；讓他快樂地、沒有壓力地過他的出家生活，而你跟他不結惡緣，這就是「不令毒箭塗傷善淨」。因爲如果勉強他，反而雙方生起了惡感，以後見了面就嫌惡你，那未來世也將會是這樣，所以最好是暫時棄捨。

世尊又說：「**彼復當作如是思惟：『莫令淨行比丘因彼犯戒，彼說非法、行惡行者，不應致敬，共同法集；布薩自恣羯磨僧事，悉不應同。』**」說這位持佛名的比丘還應當這樣子想：「**不要使其他修清淨行的比丘們，因爲那個破戒比丘的關係而跟著犯戒。**」換句話說，其他修清淨行的比丘，這位持佛名的比丘要盡量不讓他們和破戒比丘同在一起，那些修清淨行的比丘們就不會被染污。這是因爲那些破戒比丘他們說的所謂佛法，其實是非法；他們所謂的修行，其實是行於惡行；清淨行比丘若跟他們相處久了，往往會被染污。

那這樣講，也許有人會想：「眞會這樣嗎？」其實這種情況，現在海峽兩岸佛教界不就是這樣嗎？臺灣現在收斂一點了。也就是說，他們說的佛法其實不是佛法！比如現在有許多佛教寺院都在教《廣論》，臺灣現在寺院少一些了，但大陸的寺院好多都在學《廣論》；因爲中國佛教協會會長就學《廣論》，他就教《廣論》，上行下效，還有一句叫「風行草偃」，大家在學《廣論》，那就是「說非法」。他們說的法其實不是佛法，都叫作外道法：明明是被繫縛的說是解脫，明明是下墮的說是上升，明明是凡夫眾生貪淫境界說那叫作「報身佛」；所以他們都在演說「非法」，也是行惡行。

所以那兩部《廣論》講的都是惡行，但他們卻依教奉行。這種行惡行、說非法的人，不應該致敬；如果誰對他們禮拜、供養、讚歎，都成爲「非法」，都成爲「惡事」。對這一些人不應致敬，但是不知道的人，一看見「活佛」來了，心裡面想：「哇！這是活佛哩。」趕快就禮拜，奉上紅包供養；其實他們那是惡道種子，因爲捨壽後必墮惡道；但世俗人不懂，所以見了就禮拜、供養。可是持佛名比丘不應該容許這個現象存在，所以說對那些人「不應致敬」；不但不應致敬，而且不應該「共同法集」。「法集」就是說有什麼法事集會的時候，不應該讓他們參加。

這個「法集」不是像現在講的「梵唄」的那種法會，而是比如說「布薩」這個法；在進行時應該要擯除破戒比丘；自恣的時候、羯磨的時候以及僧事討論也是一樣；所以「法集」是指這一類的事情，而不是作比如「梁皇寶懺、大悲懺」那種法集。這意思就是說，持佛名比丘固然應該要和破戒比丘他們同事、利行，但是不可以跟他們成為一丘之貉；不應該跟他們一樣共同破戒，共同作惡事，要有個分寸；雖然和他們「同事」，也和他們「習近供養」，但是有個分寸。

如果「法集」時，就不應該讓破戒比丘參加，因為布薩時有規矩，除非懺悔作完了，該滅的罪滅了，才讓他繼續參加布薩，包括自恣的時候也是一樣。那「自恣」指的是結夏安居。在印度的天氣，通常四月就很熱了，在四月半開始，因為很熱了也開始有時會下雨，出外托缽不便。還有就是托缽的時候，那蟲蟻跑出來（因為淹水了，牠們就從地洞裡跑出來），僧眾出去托缽時結果被踩死了；那些外道逮到機會就來辱罵僧寶：「你們佛教僧人不是講慈悲嗎？為了你一個人要吃飯，就踩死多少螞蟻？」那真的叫作找碴，也可以說是雞蛋裡挑骨頭。

既然是這樣，如來規定僧眾結夏安居；食物由居士們送來，但居士們同樣會踩死螞蟻，外道們不敢罵了吧？因爲罵了，居士就不供養他們了。所以就由居士送食來道場，這三個月中，僧眾正好大家努力用功。七月十五號三個月圓滿，雨少了，到這一天解夏。解夏時，如來在那一天，容許僧眾每一個人上來報告這三個月用功的結果，僧眾自由地出來說明，這叫作自恣。

當然，如果要站出來說：「我這三個月修行都修不好。」也可以！至少還知道自己修行不好，總是會有長進。大部分人都會有進步，因爲都不離開道場，就在那裡用功三個月，怎麼可能會沒有進步？而且跟在 如來身邊。那麼大家道業都有進步，於是凡夫變初果，初果變二果，二果變三果，這都是有的；如來聽了當然很歡喜，所以那一天又叫作「佛歡喜日」，佛歡喜日是這樣來的。這個就是結夏安居，大家精進努力修行三個月後，都可以出來報告自己精勤修行的成果，這個就叫作「自恣」。但自恣不應該讓破戒比丘參加，因爲自恣的過程會談到「實證」的部分；還有在這個結夏安居的過程中，他們破戒比丘也不會參加；因爲他們覺得這是個苦差事，對他們來講這太痛苦了！所以他們不會參加，也不應該讓他們參加。

如果他們要參加，一定要先作「羯磨」。羯磨的事，我們同修會行之有年，已經快二十年了，布薩、羯磨我們都是定期在作，早期是由教學組來處理羯磨的事，那時的犯戒及違規的事都很少；但後來教學組覺得不適合，何老師建議成立戒律院，於是組成戒律院並依戒法定下規則，由長老親教師組成後開始運作。關於這個羯磨、布薩，我要說明一下；因爲有一個道場，在我們這一次親教師會議時，託了一位助教老師來告訴我。這個道場是西蓮淨苑，他們說有每半月布薩一次；那是出家的僧眾，所以半月、半月布薩，因此他們「羯磨」的事情也有在執行。所以這一點我們就公開更正一下，因爲我們以前聽到一些老一輩的出家眾說：「現在臺灣寺院幾乎都沒有在布薩了。」那現在因爲他們有託人來聲明，所以我也就藉此因緣公開爲他們說明一下。

那麼「羯磨」是要有一個過程，凡是犯戒者（不論是被舉發，或是自行發露的），要把犯罪過程中的人、事、時、地全部都查清楚。查清楚之後，再開會來判定他是重戒或者輕戒等。判定好了，再看這個重戒的「根本罪」有沒有具足？「方便罪」、「成已罪」有沒有具足？或者說他有根本、有方便，沒有成已；或者他沒有根本，但是有方便與成已；或者說他有成已，沒有根本與方便，要去作詳實的判定。開會判定好了，才能夠確定他這個罪可懺、不可懺？是不是「波羅夷」？要作各種不同層級的判定；判定好了要如法發露懺悔，這叫作「羯磨」。所以「羯磨」有一個過程。

那我們禪淨班在「戒法」教導的時候，應該也有教導諸位了：參與羯磨的人，不許將羯磨的內容講出去；聽懺的人也不許將所聽的懺摩內容轉述出去，否則即是犯戒，這也跟羯磨有關。那爲什麼要作這樣的規定？因爲如果不這樣規定，那麼轉述出去以後，整個佛門的名聲都會被毀壞；因爲外道會藉機拿來攻擊：「你們佛門一天到晚都在犯戒！」他們都不說他們根本不受戒，無戒可犯，但就是指責佛教：「你們一天到晚在犯戒！」所以「經」裡面才會說：「有戒可犯是菩薩，無戒可犯名外道。」對吧？他們連戒都不敢受，還在評論人家犯戒？

但是一般世俗人不會想到這一點，所以聽了就想：「唉！佛門裡面都不清淨！」因此參與羯磨的人、參與聽懺的人都不許轉述給不相干的人；聽完了，就用個鐵盒子把它裝起來，用鎖頭鎖好了，放在腦海深處，將來帶去墳墓就好，絕對不能再轉述。那這個「羯磨」爲什麼不能讓破戒比丘參加？因爲他參加了以後，又會轉述出去，而且會增長他破戒的習性。他會想：「**某甲破戒了，某乙也破戒了，那我破戒就不算什麼了！**」他就會更大膽。所以羯磨的事、聽懺的事，都不能讓他們參加。

至於僧事呢？當然也不能讓他們參與。「**僧事**」可就很多了，寺院裡面的各種事情，特別是寺院裡面現在「常住」有多少錢、有多少財產更不能讓他們知道，否則他們會一天到晚在動歪腦筋。讓他們知道太多，反而對他們造成負面的影響；因爲他們不會想清淨僧眾是怎麼樣在修道，他們只會想：「**寺裡面現在有這麼多錢，來想辦法弄一點錢。**」會想那些旁門左道的事，所以僧事也不應該讓他們參加。有時候僧團討論某一些事情，都不應該讓他們參與，否則他們會提出許多不如理、不如法的事情，會要求僧團來作，因此「**僧事**」不應該讓他們參加。所以 佛說「**悉不應同**」，說這一些事情都不應該和他們共同來參與。

如來接著就說：「**如王摧敵，彼亦如是。如是方便調伏彼已，於百年中**

常雨法雨，擊大法鼓，吹大法螺，設大法會，建大法幢，示大神力。」就好像國王摧伏敵人的時候，運用各種的方便善巧。這位持佛名的比丘也像是這樣子，用各種方便善巧來攝受破戒比丘們，就這樣子巧設方便而調伏了以後，在百年之中，也就是盡形壽始終不中斷地雨下法雨來。也就是說，爲眾生演說佛法終不停歇，包括破戒比丘在內。

那麼在這個過程裡面，就有一些不同了，一定會有事相上、內容上的不同，所以說「擊大法鼓，吹大法螺，設大法會，建大法幢」。「擊大法鼓」是說：演說最勝妙的大法，而不是單單演說二乘菩提。二乘菩提當然要函蓋在其中來講，但主要是演述大乘菩提，這才能夠說是「擊大法鼓」。那麼諸位有沒有聯想到一點：正覺同修會剛出來弘法那幾年，爲什麼會招來諸方大力攻擊？有沒有想到？對了！就是「擊大法鼓」。因爲我們講的是大法，在我們正覺之前，沒有誰出來弘法說：「到這裡來共修可以證得第八識如來藏，可以證眞如。」以前沒有一個道場這麼講。

以前所有的道場都說：「修行就是要打坐，要坐到一念不生，一念不生成爲離念靈知了，那就是證阿羅漢果了，就是解脫，就是證涅槃了！」可是沒有一個人說：「開悟是證得第八識。」更沒有人說：「佛性可以眼見。」那我們正覺出來弘法，一出來就是講證眞如、見佛性的事。我們打從一開始就是這樣的，那各大道場看著說：「欸！這是我們不懂的，竟然你可以提出來！而且說可以教人家實證，而我們完全不懂！這還得了？將來整個天下都是你的了！」他們想的是整個佛法的天下。我們想的是幫助大家解脫實證，他們想的是佛法的天下，覺得受威脅，所以就開始攻訐正覺；因此那時候罵我們「邪魔外道」的太多太多了！只是不敢落實到文字上，落實到文字上的都是在網路上匿名謾罵。

但是有兩個不長眼的，一個在佛門中，一個是外道，落實到文字來攻擊我們。我們都還沒有評論他們呢，他們倒是先來攻擊我們；所以一個寫文章，一個是三大報刊了半版的報紙來攻擊我們。那時我們規模還很小，大概不超過三百位同修吧？那時候有嗎？喜饒根登刊了那半版的三大報廣告，等於幫我們打廣告；我們當時好像還沒有臺中講堂，只有臺北一個講堂，應該還不到三百人！這樣一個小團體，他們願意花四百多萬臺幣，因爲那時報紙半版廣告很貴，比現在還貴；三家報紙的半版，而且都是彩色的；那我們等於被打廣告，叫作「一炮成名」！另外有一個就是不知天高地厚的小法師，寫了文章出來批評我們。除了這兩個不長眼的，其他就沒有了；因爲那大山頭很愛惜羽毛，深怕一不小心被拔了好幾根、折了好幾根，那就麻煩了！所以他們不落實到文字上。

因此我們被罵是很習慣的事，而且我這個人被罵，不是這一世才被罵，過去世就已經被罵多了，很習慣。那爲什麼我們當年那麼小的團體，竟然人家肯花那麼大筆的錢來攻擊我們？而且那打擊我們的人，我們沒有說他們不對或者攻擊他們，竟然他們會這樣作；這表示我們這個法太偉大！從我們當年發行的那寥寥幾本書，可以看得出來的是，他們的證量我們都知道，因爲他們沒有證量；而我們的證量他們完全摸不著底，所以他們恐懼，希望一開始就把正覺打壓下來；沒想到這個「法」打壓不得，越打壓越興旺。這表示我們說的法是「大法」，我們宣說這個法時就是「**擊大法鼓**」。大法鼓敲打起來，聞者皆喪；每一個人聽到這個大法的鼓聲，五陰都死光光了，所以這是個大法。

接著說「**吹大法螺**」。我們有時候也會舉辦一些活動，讓外面的人看一看我們的內容是多麼精彩。譬如說，我們有一本《三時繫念佛事全集》，可能行政部過個幾年準備要再印了，因爲將來「正覺寺」建好了，七月半就得作「三時繫念」了。當年我們不過幾百人，那時可能還不到五百人吧？結果借了百齡高中的大禮堂，辦一場三時繫念，沒想到擠得滿滿的；這眞沒想到，那也是「**吹大法螺**」。有的人在外面參加過，結果來參加這一次，說：「**怎麼都不一樣？太殊勝了！**」感應當然就不在話下。所以後來會外就有人來信索取這本《三時繫念》，有的索取一百多本，有的索取幾十本的都有；這幾年比較少了，因爲我們沒有場所可以辦三時繫念，也不想再去借地方來辦。

但是正覺寺建好時，有自己的場所了，以後七月半祭祀祖先，不用再三時跑到別的地方去了，我們自己有地方辦了，而且是了義的《三時繫念》。因爲那個繫念的誦本，我們是依第一義修改過的；原來的是中峰明本禪師寫的，落到意識境界去，我們把它作了修改，讓它的功德可以成就更大一點，這也是「**吹大法螺**」。有時我們舉辦說法的聚會，那也是「**吹大法螺**」；所以桃園演講之後，出了一本《邪見與佛法》；高雄演講之後，出了一本《第七意識與第八意識？》。《人間佛教》是在哪裡講的？是臺南講堂，當年臺南換了個新講堂時講的；還有《眞假開悟》，這些都叫作「吹大法螺」；因爲吹完了，一本書就成其功業了，這樣流通出去，大家就懂了。

至於「設大法會」，設了哪裡的大法會？咱們今天這個法會是不是大法會？（眾答：是。）對啊！這才是眞正的法會！不是在那邊敲著引磬、大磬，鏗鏗鏘鏘的叫作法會，那不是眞正的法會！佛陀的年代哪有那種法會？眞正的法會是「說法的聚會」。那我們每週二這個說法的聚會夠大，因爲臺北六個講堂現在坐滿了；我再確定一下，欸！眞的坐滿了！另外桃園、新竹、臺中、嘉義、臺南、高雄，今天大家都在看這個週二講經的 DVD，這種規模古來難尋！這才叫作「設大法會」，因爲不但法大，規模也大。當年我們是在討論：要不要從臺北即時傳輸到各地講堂？後來考慮到一者、費用很貴，二者、會被人家半途截錄，所以就改爲用 DVD 的方式；所以臺北以外的講堂就是會延遲一兩週，香港也是，這眞的叫作「設大法會」。

但是還有一個更大的法會，諸位有沒有想起來？對啊！每年春秋兩次、各三梯次的禪三，那也是「設大法會」，因爲那個法比這個法還要大，那是剋期取證。這裡講經，就是讓大家快速提升佛法的知見或者見地；已經證悟的人聽了，見地不斷地提高，那是「見地」，不叫作知見；還沒有證悟之前聽了，就是佛法「知見」不斷地增長，但是不叫作見地。所以禪三那也是「設大法會」。

所以「**擊大法鼓，吹大法螺，設大法會**」，提出的宗旨是什麼？是「**眞如可以實證，佛性可以眼見**」，這就是我們提出來的「**大法幢**」。然後又提出來說，可以實證解脫果，以及如何入地的修行法門。我們這個「**大法幢**」，已經矗立二十幾年了，不是現在才提出來的，而是一開始弘法就提出來了！那這個「**大法幢**」爲什麼稱其爲大呢？因爲這是大乘法的見道。當你證得如來藏之後，現觀祂在諸行當中顯示出來的眞如法性，這就是「**證眞如**」。而這個證眞如除了在覺囊巴以外（覺囊巴被滅了以後，就不見了），來到臺灣，逮著這個可以百花齊放的時節，我們就出來弘揚。而且古來中國禪宗的祖師十之八九都只是證眞如，把證眞如後看見眞如具有可以使人成佛的自性當作見性，但我們依《大般涅槃經》特別提出來說：「**眼見佛性，並不是證眞如，眼見爲憑。**」

這也是「**大法幢**」，從來沒有人這樣提出來，我們提出來了。所以我們說：「佛性可以眼見。」大家不信！當年臺灣佛教界他們還以為說：「這一下好！逮著了正覺的小辮子，可以扳倒正覺了。」他們都不想想我剃光頭，哪有辮子給他們抓？但他們不懂就竊竊心喜，寫文章出來罵，就是那個慧某法師。他的智慧不夠深廣，寫了文章發表，以爲逮著機會了，沒想到這「眼見佛性」還不是只有我一個人實證，我們會中也有十幾個人實證了，人數也還在增長呢。最早的是張老師，然後就是陸老師，那已經非常早了！那時正覺同修會都還沒有成立。那現在陸陸續續，我看著有一些人快成熟了，所以希望每一個梯次禪三，都有一位可以「見性」，那將來我這一百零八顆就可以串起來了。明心的人多了，可是見性的人太少了，希望有更多的人見性。

那麼建立起這個「大法幢」，讓佛教界無可挑剔，讓外道不敢仰視。一說到證如來藏、證第八識，一說到證眞如，而且可以眼見佛性，哪個外道敢想要理解？連理解都不敢想，就不要說挑戰！因爲我們矗立了這個「大法幢」，所以我們書裡面現在還繼續印著「法義辨正無遮大會」公告，到現在沒有撤銷。爲什麼我們敢這樣作？因爲這個「大法幢」矗立在這裡，大家都看清楚，這個正覺同修會的入門叫作「證眞如，見佛性」，沒有人敢來挑戰哪！當沒有人敢來挑戰時，就是這四個字：「示大神力。」所以你看，我現在算有點年紀了，個子不大，力氣也不大，可是爲什麼大師們會怕？嗄？（眾答：大神力。）喔！是大神力！諸位講得好！所以這個法的威德力非常之大。爲什麼我們法義辨正無遮大會的文章繼續刊登，已經刊登十幾年了；《邪見與佛法》到現在幾年了？兩千年到現在，十八年了！沒有人敢來挑戰。結果有一位叫作熱什麼的仁波切，打電話來說要挑戰，要來辯論法義。我派了個親教師等他，結果他不來，也不打個電話，很失禮！

大概五、六年前，倒有一位喇嘛率領三、四位喇嘛來拜訪我，來交流、讚歎。有往來的就只有這兩件。奇怪！都是密宗的。那其他各大山頭呢？或許是不屑吧！或許是想：「我去了，不等於抬舉你嗎？」可是聰明人會說：「還不知道誰抬舉誰呢！」因爲我們「大法幢」矗立在這裡，他們看著，根本無從挑戰。光是個「證眞如」就想不通了！「眞如」無形無色，怎麼可以證得？接著說佛性，「佛性」也無形無色，爲什麼在山河大地上可以看得見？這也無法想像啊！所以他們心裡想：「知己知彼，百戰百勝；如果不知彼，不知己呢？百戰百殆。」所以沒有人敢來挑戰！我本來想：「多多少少也會有一兩個來吧？敢來挑戰的人一定是很聰明，收幾個這種徒弟也不錯。」可一個也沒有！可見還眞是末法了。那麼這樣子示現了「大神力」，當然這「示大神力」還有密意，就是可以動轉四大部洲。懂喔？這就不提了！

接著說：「**命終涅槃，過千佛已六十二劫，經百千緣覺及八如來般涅槃後，乃成佛道，名智積光明如來、應供、等正覺。**」說這一位持佛名的比丘，像這樣子「**示大神力**」之後，命終涅槃。因爲既然取得這個五蘊，取得這個人身，人身是有生之法，當然老了、死了必滅，所以說「**命終**」；但「**命終**」之後示現入涅槃，再經過賢劫的千佛，就是他還要再歷侍千佛，一一奉侍供養。請問：「**歷侍千佛**」是到別的世界去嗎？還是留在娑婆世界？對了，如果去別的世界歷侍千佛，要等到何年、何月、何劫？這裡還有九百九十六尊佛，叫作「踏破鐵鞋無覓處，得來全不費工夫」，這是多大的福報才能遭遇的！哪能夠就把它放棄了？所以當然是在這裡歷侍千佛。這位「**一切世間樂見離車童子**」在娑婆世界繼續奉侍千佛，之後再經過六十二劫；這六十二劫中可不是每一劫一千佛，而是經百千緣覺（百千是多少？十萬。）以及八位如來般涅槃之後，他成就佛道了。

剛才地動了！（大眾笑…）有沒有聯想到什麼？這個法太大了！對啊！而且正好講到「留在這裡，歷侍千佛」，這是「化長劫入短劫」的最好機會，就告訴大家：「**在這裡有賢劫千佛。**」可是他過了這千佛以後，沒這麼好的機會了！在六十二劫中才有八尊如來出現，還是這個娑婆世界。在這千佛之後，六十二劫才有八尊如來，那麼緣覺就多了，共有十萬。但是供養十萬尊緣覺，不如供養一尊如來。這正好告訴諸位：賢劫過後，六十二劫只有八尊如來出現。我正告訴諸位說：「**應當要留下來歷侍千佛。**」這就地動了！所以聰明人要懂這個道理。

如果你要偷個空，比如說，這末法時期還有九千年，九千年過去之後，你說：「**我一時還不想去彌勒內院，我抽個空先去極樂世界走一遭，然後再回來彌勒內院。**」這也行啊！有時事情很難講，譬如說，經中授記：「**龍樹菩薩往生極樂世界。**」那他是入地的菩薩，往生極樂世界會在蓮花裡面睡一宿嗎？不會的，一定是當下見佛，然後一會兒就回來了。一定是這樣！所以一定要證悟後再去極樂世界，去了見佛聞法，增長了道業，馬上又回來娑婆；否則在那邊修福德很難，這裡修福德容易，每天都有機會修福德。在極樂世界，你要向誰修福德？只有一個機會；在極樂世界的早上，藉著 阿彌陀佛的福德，裝滿著一大衣襟的花，然後去十方世界：到這個世界供養某一尊佛一朵蓮花，結果那朵蓮花還不是自己的，是 阿彌陀佛的；然後又到別的世界，再去供養一尊佛一朵蓮花，這樣歷事十方世界諸佛，蓮花都是 阿彌陀佛的。

可是你在這裡，也許路上看見一隻癩痢狗，瘦瘦的，買個肉包子給牠，這福德就修了！哪個老人家過十字路口，不方便，你就攙扶他一下。有很多事情可以作，有時候，譬如以前正覺剛成立時，我都是自己寄書，過十字路口，看見有個拾荒的老人家（那時我還不到六十歲，不敢自稱老人家），我就幫他推一推，隨手可作。可是你到極樂世界去，要扶誰過馬路？（大眾笑…）對啊！大家都用飛的。那你說：「**我布施錢財。**」不需要你布施，那裡用不著錢財。你說：「**錢財不夠看，不然我布施黃金吧。**」極樂世界滿地是黃金！所以在這裡修福德最快。

而其實成佛最難修的就是福德，道業成長還容易，怕的就是福德跟不上。所以，我回想起來，小時候常常被我二哥敲腦袋（平實導師作出一種握拳時中指背突出的手勢），總是這樣敲，說我笨：「家裡什麼東西都拿去跟人家分享。」我後來學佛想通了，因爲我布施成習慣了，福德修慣了。那麼在這裡呢，比如說人家罵你，罵就給他罵吧！如果對方是誤會了，跟他解釋清楚就好，也不用再反罵回去，這也是修福德。被罵能忍也是修福欸！如果眞的作錯被罵，那就不算修福了。所以這裡修福很容易，那你到了諸佛淨土去，哪裡修福啊？

賢劫千佛絕不可錯過，一定要歷事一一佛。如果遇到應身如來，供養上一缽飯、一朵花，或者一小片沉香，都是功德無量。那是多難得的機會！竟然把它放棄了！然後跑去極樂世界蓮花裡面住，在那邊享福；享福出來，賢劫千佛都過去了！所以你看！正好講到說：「**千佛之後，六十二劫才只有八尊如來，應當留下來。**」你看，地就震動了！多棒！剛才那個地震很舒服吧？（大眾笑…）對啊！很舒服啊！都不會讓人驚嚇或怎麼樣，很溫柔地動，給你舒舒服服的。因爲這個道理很重要，要讓諸位加深印象，將來每一次地震（大眾笑…）一定會聯想起來。

那麼這位「**一切世間樂見離車童子**」這麼有智慧，「**歷事千佛**」之後，即使六十二劫中，那十萬的緣覺他也不放過，一樣供養。說句老實話，緣覺看見他，都不敢正眼看他欸，但他竟然繼續反過來供養這些緣覺。爲什麼他要這樣作？這看起來很委屈啊！他是一個大菩薩，供養不懂佛法「開悟」爲何物的緣覺，沒有一位錯過；這表示他很精進修集福德，所以那八尊佛當然更不空過。

就這樣經過十萬位緣覺再八尊如來之後，才終於成就佛道，他的佛名叫作 智積光明如來，同樣有應供、等正覺等十號。說到這裡，釋迦如來點了出來說：「彼時持我名比丘者，即是一切世間樂見離車童子，當於此土成等正覺。」所以他是留在這個娑婆世界，不是去到別的清淨世界、淨土世界去成佛的，而是留在這裡成佛。

我也常常說：「想要快速成佛，不要跑到諸佛如來的淨土去修行；因爲去那邊，你要修福德很困難。」如來也告訴我們：「在極樂世界一百年之中精進修行，不如在此娑婆世界一日一夜持八關戒齋。」你想想看，極樂世界的一百年，等於這裡多久？那裡的一天，等於這裡的一大劫；而那裡的一百年修行，不如在這裡一天持八關戒齋，那聰明人算盤要打一打了。其實根本不用打算盤，一想就知道了。那麼這樣看來，這位離車童子眞不簡單哪！

那他爲什麼能夠這樣？還有一個原因，因爲他非常、非常低調。你想想看：以他這樣的證量，至少七地滿心了，眞要講起來，絕對不止。七地滿心的菩薩想要成佛，還要一大阿僧祇劫，他只要賢劫千佛過完了，再六十二劫就成佛了，不可能只是七地滿心的菩薩；他最少得要是十地，可能在十地住地心、或者入地心，不一定。那麼他接下來這九千年中，將會示現如同凡夫一樣。如來說：「**他是以七地心而示現爲凡夫的模樣。**」對吧？前面我記得如來有講。

對啊！他能示現爲凡夫身，住於七地。爲什麼他要這樣低調？七地菩薩示現爲凡夫身，表示沒有讓人家感覺到他是個大菩薩，行同凡夫！他的一切所作所爲不會讓你感覺他是個大菩薩，所以他才能夠這麼快成佛。賢劫千佛之後，再六十二劫成佛，這是何等快速！等於這六十二劫加上賢劫，只有六十三劫後，他就把第三大阿僧祇劫過完。

這一種「化長劫入短劫」的密行是我們應該學的，所以不要才一證悟，剛拿到金剛寶印了，然後走路都有風。所以我出門很低調，因爲這種大菩薩的風範我們要學；所以我出門去了，人家問：「你是教太極拳嗎？」我說：「對啊！」有一次（那時要買新竹講堂），我去看房子，在一個大樓電梯間，遇到一個褓母揹著嬰兒，進了電梯；她問我：「你是算命的嗎？」我說：「是啊！」她問：「你算一次多少錢啊？」我說：「我算命很貴，妳大約付不起。」因為我算這個命是算未來無量世的。人家只算這一世，流年一年一年幫你排出來，那要幾十萬元；可是他只算這一世，而我算的是盡未來際：你不會墮落三惡道。這當然很貴。我當然不會跟她講這個，我就說：「是。」那如果眞的有人說：「那你打個拳法讓我看看。」我也可以打個太極拳給他看，要不然打個鶴拳也可以。

這就是說，出門在外就隨俗，和凡夫一樣，讓他們感覺不到你是什麼大人物，這樣「習氣種子隨眠」的消滅非常快。但是你如果去了極樂世界，誰幫你消除習氣種子隨眠？在這裡機會很多的：某甲來、某乙來，什麼逆境都有。在極樂世界，那裡的人都叫作「諸上善人」，誰給你機會歷緣對境消磨習氣？所以這裡好。但是如果這裡沒有佛法了，也無妨抽個空，哪一世捨報了，去極樂世界走一遭，禮拜、讚歎 阿彌陀佛之後再回來，就直接去兜率天也不賴。

那麼一切世間樂見離車童子眞不簡單！可是他終究不會強出頭；該他作的時候他就作，低調地把它作完，人家都不知道他已經作了。因爲這樣的修行，不捨一切福德資糧，所以他七地的菩薩可以把六十二劫中，十萬個緣覺一一找到、一一供養。這有哪些菩薩作得到？但他就這樣作，所以他的福德增長很快，這還是有講出來的，至於沒講出來的，其他對眾生一定布施更多，一定攝受更多，而且利樂他們更多，那這個道理諸位要學。

所以我絕對不會離開娑婆，一定要歷事諸佛；賢劫千佛一一奉侍完了，未來修行一定非常快。因爲一個菩薩之所以成佛，速度的快慢就跟他所經歷過的諸佛有關，如果經歷過的諸佛太少，那福德就小；能夠親值應身佛，那是非常大的福德，這機會絕對不要放棄。所以鼓勵諸位：「假使九千年後，我們沒有辦法再把它多延續一千、兩千年，那就到兜率陀天去；去那裡跟隨彌勒菩薩學『種智』也不賴，因爲他專教唯識。」那你如果去別的佛世界，也許正在講般若；但你證悟很久了，不用再學般若，去學種智，成佛的進度比較快。這就是我告訴大家的道理。

所以值遇諸佛如來很重要。那如果不在娑婆，想要一劫之中值遇千佛，要等到未來星宿劫去。星宿劫是什麼時候會到來？不知道！佛沒有說。要不然就是以前的莊嚴劫，但莊嚴劫已經過去很久了。所以賢劫千佛是個好機會，不用到別的世界到處奔波，就一千佛在這裡等你來奉侍供養，很難得的機會！那你想：娑婆世界這裡賢劫之後六十二劫，才有八尊如來；可是娑婆世界之前呢？三十一劫中只有兩尊如來，再往前六十劫才有一尊如來。那你想：值遇諸佛那麼容易啊？

這裡有千佛集中在一劫之中，可見我們福報很大。所以路上走著走著，不小心踩到狗屎就別抱怨了（大眾笑…），因爲那也是你修除性障的機會。踩到了說：「喔，踩到黃金！」脫下來，洗一洗，穿著再走。別抱怨！更不要生氣！如果是世俗人，在那邊一面跺腳，一面罵將起來：「哪一個沒有公德心的？放了狗出來拉了屎，還不肯收拾。」就在那邊大聲嚷嚷，那他就損福德。而你都不生氣，很多逆境也不氣餒，一一去作，這個性障就一分一分降伏、一分一分消除。當性障一分一分降伏、消除的時候，福德就一分一分跟著增長，因爲福德跟性障有關連。

那麼一切世間樂見離車童子，七地之身示同凡夫，所以證量越高越沒架子，證量越低呢越要擺架子；佛法就是這樣子，因爲證量越高，他越沒有習氣種子隨眠；他的修行越好，就越不會計較；如果證量越低的，越斤斤計較。他坐著的時候，你們不許站起來；他還沒坐下，你們都不許坐下，他的規矩可多了！可是證量高的人呢，他根本不看重這些規矩，該教的當然還是會教，但他根本不在意。這就是大家學法的時候要看見的一些小地方。有一句話說：「**江湖一點訣**。」就是那一點訣竅，要懂得學，就在微細的地方。那麼這位很值得我們讚歎、欽佩的七地菩薩我們說完了，記得要學習他喔！

六十二劫就把一大阿僧祇劫修完，這是化長劫入短劫。就好比說：以前我們增上班很多同修就這樣。以前在別的地方學了三十年，進來正覺證悟了，見道報告寫著：「**在別的地方學三十年，不如我來正覺禪淨班學兩年半。**」事實是這樣。那如果證悟了，就跳進第七住位去，一大阿僧祇劫的三十分之六已經過完了。然後進了增上班，福德繼續修，性障繼續除，定力好好保持，接著眼見佛性，接著進修道種智，一步一步修習，這都是在帶著大家化長劫入短劫。但是這個機會不是時時有，我的希望是正覺同修會可以持續地延續，但未來怎麼樣，眞的很難講；所以能把握的時候，要好好把握。就像世間人說的那兩句：「天有不測風雲，人有旦夕禍福。」所以能有機會一世之中，快速地往上跳好幾級，那就要把握住，就把它跳上去，這就是我的希望。

在佛法的修行過程當中，有時候是把未來要修的現在先修，有時候會是這樣。比如說修福德，修福德千萬不要嫌多。有時候會想：「我這一世福德修這麼多，夠了、夠了，不用再修了。」可是如果這一世福德修很多了呢？到未來世那些福德就會被抵消了嗎？不會啊！還是繼續存在，那就是這一世先預存了下一世的福德資糧。又譬如說：修除性障也是修福德。修除性障修得好，定力很容易成就，禪定要發起也很快，所以不必想說：「我等到悟後再來修除性障就好。」不需要這樣！這一世把性障修除了，未來世修行就快了！

那麼現在這一年、兩年把性障修除了，而未來三、四年要修初禪就容易，這就變成後發先到！因爲你已經把基礎先作好了。現在先作了，未來你要入初禪所應該有的那個部分先作好了，屆時只要把定力修好，那時「梵行已立」便成就了，這也不錯啊！所以不要放棄任何時節因緣，有哪個部分可以修，不是強求來的，它送上門來你就修。如果眞正有個阿羅漢來，你就大肆供養，可別說：「阿羅漢你懂什麼？般若根本就不懂！」不要這樣想，你就供養，那是送上來的福田，不種白不種！今天講到這裡。

《大法鼓經》我們上週講完四十頁第二段，今天要從第三段開始。

經文：【「迦葉當知，無上菩提如是難得，迦葉！為是凡人所能得不？」迦葉白佛言：「不也！世尊！」佛告迦葉：「一佛國土一佛施作佛事，第二、第三亦復如是。如一芥子中有眾多世界，周旋往返而不自知誰持來去？誰安我此？隨所應知，隨順為作；如是，或有知我者、或不知者。此一世界耆闍崛山中，有釋迦牟尼佛，即於此中有阿逸多佛；於此世界或現劫燒，或現說法，如是奇特甚為希有。復有何等最上奇特？謂一切世間樂見童子不於凡俗家生，其所生家悉是菩薩；迦葉當知，彼供養給侍者悉皆歡喜，宗親愛念，皆作是言：『我種姓中有如是人生。』此諸人等，一切皆是我之所遣。迦葉當知，彼菩薩摩訶薩，若餘四眾為作眷屬，悉聞說此《大法鼓經》，一切皆當得無上菩提。」】

語譯：【世尊吩咐說：「迦葉啊！你應當要知道，無上的菩提就是這樣的難得，迦葉！這無上菩提是世俗凡人所能夠得到的嗎？」摩訶迦葉稟白佛陀說：「不是這樣的，世尊！」佛陀告訴摩訶迦葉：「一個佛陀的國土由一尊佛來施作佛事，第二個佛國土、第三個佛國土也像是這樣子。猶如一個小小的芥子之中而有眾多的世界，這一個芥子函蓋的眾多世界周旋往返，而其中的眾生不能夠自己知道是誰持著這些世界來來去去？又是誰安置我在這個地方啊？那是隨著所應當知道的，隨順而為他們所作；就像是這個道理，或有知道這個『眞實我』的人，或者有不知道『眞實我』的人。在這個世界靈鷲山之中，有釋迦牟尼佛，就在這個同樣世界的靈鷲山中，還有阿逸多佛；在這個世界或者顯現劫燒，或者顯現說法，像這樣的奇特是非常的稀有。但是，另外還有什麼樣的事情是最高無上的奇特呢？這是說一切世間樂見這位離車童子不在凡夫世俗人的家中出生，他所出生的家庭成員全部都是菩薩；迦葉你應當要知道，供養這位童子、給侍這位童子的人全部都會生起歡喜心；所有的宗親也都愛念這位童子，大家全部都是這樣子說：『我們這個種姓之中，有這樣的人出生啊。』這一些家屬一切的人等，全部都是我釋迦牟尼之所派遣的。迦葉你應當知道：那一些菩薩摩訶薩們，或者其餘的比丘、比丘尼、優婆塞、優婆夷等四眾來作這位童子的眷屬，全部都聽聞他演說這一部《大法鼓經》，所有的人，一切都將會證得無上菩提。」〕

講義：語譯完這一段經文，諸位心中有沒有一點懷疑？不敢答了？應該是有一點懷疑的，沒關係，這是正常的。但是我不懷疑。我們來說明一下。在「**無上菩提**」就像是前面這一段經文說的，是這樣的難得，這是如實語。在我們正覺弘法之前，好多開悟的大法師們，開悟以後都叫作阿羅漢，沒有一個人說：「**我開悟了，是菩薩。**」從來沒聽過！都說開悟了是阿羅漢。也沒有聽誰講過說：「**開悟了那就是五十二階位中的哪一個階位。**」從來沒有聽人講過。

最後又證明，他們那些開悟各個不同；這個大山頭有自己的開悟內容，第二個大山頭不一樣，第三個山頭又不一樣，一個一個各不相同，大致上可以分成三、四類；但是總而言之，不外乎識陰或者意識的境界；只有一個比較特別的，那叫作中台山，他是「**清清楚楚、明明白白**」，這是依他起性的六個識的了別性，再加上遍計所執的意識與處處作主的意根，也就是再加上意識、意根的遍計所執性。

何曾有人提出來說「**開悟就是證如來藏第八識**」？沒聽說過！所以咱們正覺弘法之前，兩岸佛教界有同一種說法，就是一個是宗門、一個是教門；教門講的開悟是證得「阿賴耶識如來藏」，宗門講的開悟證的就是「離念靈知」，都是這樣宗、教不相干。那法鼓山聖嚴法師說他印證了十二個出家弟子明心又見性，結果是證什麼？還是離念靈知，就是一念不生的境界。那也很奇怪，因爲在家弟子都沒有一個可以一念不生的嗎？但是就不印證？原來他的心臟生在左邊！但我們不一樣，我們不談這一些心，我們講的是第八識如來藏，很明確界定清楚：「**明心就是證悟第八識，明心一定要『現觀眞如法性』、要『證眞如』。**」很明白地界定出來，然後我們再明確的界定：**明心是五十二個階位中第七住位**。談到成佛，還早著呢！

繼續往前走，第十住位得要「**眼見佛性**」，成就身心世界如幻的現觀；然後「**非安立諦三品心**」、「**安立諦的十六品心、九品心**」完成了，證得陽焰觀、如夢觀；再加上十大無盡願的「**增上意樂**」已經清淨了，才算入地；這是佛教界從來沒人講過的，就只有我們正覺單獨提出來。我們提出來的結果是，佛教界那些所謂開悟的聖人一個一個消失了，因為他們以前講經說法都會這樣講：「開悟的聖人如何、如何。」好像他們對「聖人」這兩個字很重視。「可是開悟以後沒有聖人，真如的境界中無一法可得，何來聖人？」我們提出這個現量之後，大家都傻眼了，因為正覺提出來的這些法，近代以來沒人講過、沒聽聞過！沒有一個大法師、大居士說開悟是證得第八阿賴耶識的，就別提說佛性無形、無色而可以眼見！所以大家傻眼了，一時之間不知道怎麼辦？

到後來，看著徒眾們一個一個讀了正覺的書就來問，師父我答不得怎麼辦？乾脆把正覺推翻了，天下太平。只要有人來問我：「師父啊！我們也想證真如，我們也想開悟證如來藏，怎麼辦？」師父就罵：「如來藏是外道神我！講什麼開悟？」劈頭就罵回去了！這樣就天下太平了。但天下太平是他們的事，他們講了以後換我正覺不太平，因為正法被他們講成邪魔外道了，講成外道神我了；這羞辱蕭平實不打緊，但是正法不可以被羞辱，謗法的事絕對不允許，所以咱們開始辨正法義；到最後各大山頭對正覺都沒奈何，因為從現量、從聖教量都無法推翻正覺；至於比量，他們更無從談起，因為他們沒有現量，哪來的比量？就不敢談哪！只好各個組成讀書小組，專門來研究正覺；研究到今天，二十年了，研究出來了沒？依舊沒消息。

那麼諸位想想看，這個菩提是不是「無上」？因爲太難證了，所以是「無上」。而且等你實證了之後，再來尋找看看、觀察看看，還有沒有哪一種法可以上於佛菩提的？結果找不到！所以這個菩提眞的叫作「無上」；不論世、出世間法，無有一法能出其上。那麼全球佛教界讀過正覺書籍的人很多，包括佛學學術界；那如果要談世間最聰明的人，大概是大學裡面的哲學博士，算是思想層面最高的吧！他們也努力讀，但同樣讀不出一個所以然；除非來到正覺修學，否則欲悟極難！來到正覺要悟很容易，對吧？（眾大笑……）怎麼不點頭？要不然今天增上班哪來這五百多個人？是很容易嘛！這打破佛教史了。除了佛世不談，眞的打破佛教史啊！所以很容易呀！可是如果不進正覺來，甚爲困難！

所以會外常常有人來，他們說：「這樣就對啊！這樣就對了啊！」其實都是似懂非懂。有時候來見時一直纏著要我印證，我們親教師沒奈何，只好跟他們明講：「如果您這樣就算開悟了，我們今天六個講堂所有的聽眾全都開悟了。」他們只好死了心，額上掛著三條線回家。所以佛菩提「如是難得」，想要眞實的證悟，不是那麼容易的事。因爲實證佛菩提，並不是知道密意就是實證，所以眞正的開悟得要具備先決條件：次法的實修而使定力增上、心性轉變、福德增長、各方面的正見具足建立，此時具足了知密意中的各個層面而轉依成功了，才算是開悟般若。

所以 如來問：「迦葉！爲是凡人所能得不？」如來是這麼問的：「這佛菩提是凡人所能夠得到的嗎？」這樣看來，凡夫是證不得的。對吧？你們一致點頭，承認了喔？但問題是：「我還沒證得，那我不是凡夫嗎？那我不就永遠沒希望了嗎？」這問題大了！可是別擔心哪！我先給你們一個一個吃定心丸：「放心啦！因爲進得正覺來，禪淨班兩年半的課程上完，假使有依照親教師的教導，對所教授的六度有如實付諸於實修，你就不是凡夫了。」雖然還沒有證悟，就不是凡夫了！

但這時候好像又有一個斗大的問號出現了：「欸！那我明明還沒有證悟，怎麼就不是凡夫了？」記得我剛剛講的那一句話：「兩年半的禪淨班課程，如果有依照親教師的教導，如實履踐六度，就不是凡夫了。」怎麼說呢？

剛開始半年告訴大家佛法的大義，然後也教大家作無相念佛的功夫，接著教導大家六度。第一度「布施度」學完了，懂得布施的因果，也懂得布施可以到達無生死的彼岸；那你有付諸於實修，把布施度修好了，那你就是初住位滿心的菩薩，這已經不在十信位了。初住滿心的菩薩是不是三賢位的菩薩？那還叫凡夫喔？是三賢位的菩薩了！脫離凡夫位了。

接著教你第二度持戒。這第二度學好了，二住滿心了，「菩薩戒」受了不犯就成了。第三度呢？忍辱，於難忍的眾生及法都要能忍。精進、禪定，你要把「定」修好，包括「看話頭」功夫都要作好，不只是無相念佛，夠精進了；這時候第五度滿心，因爲包括「定」如何修以及靜慮如何觀行，也都教給諸位了，這個未到地定到非想非非想定的原理也都告訴諸位了，實修的方法也告訴諸位了。你有好好把無相念佛作好、看話頭的功夫作好，第五度完成了！

那麼忍辱度讓你修「眾生忍」，也讓你修「法忍」，對於難忍的本來無生的第八識眞如也要能忍；那週二晚上來聽經，就是增長你的法忍，這也是忍辱。那最後教導諸位五陰十八界的內涵，教導諸位十二因緣的道理，教導諸位四聖諦的道理，這一些都在「般若」的範圍中；最後還教導諸位四加行的道理，那四加行的道理學完了，好好如實觀修。四加行最後一位叫作世第一法，那已經是初果人的境界了，這還叫凡夫喔？當然不是！所以，這樣諸位來衡量自己，證無上菩提是否就沒那麼困難了？爲什麼沒點頭？（大眾笑…）對呀！那如果一直當凡夫，一直在十信位裡面，他哪有機會可以實證？距離太遙遠了！

假使你這六度有付諸於實修，化長劫入短劫，那你第一大阿僧祇劫過完三十分之六，接著就是修四加行；四加行的最後階段就是「參禪」，悟得眞把得住，心不退轉，那就是第七住位菩薩了，這就是證無上菩提。這時可以現觀自己的「眞如」，這就是實證般若的現量。每一個有情眾生都有「自心眞如」，都有這個第八識，這是現量，不是施設。「現量」就是現前眞實的存在，「量」就表示祂是眞實存在的境界。比如說，我要秤個三升的白米，那就拿一個升的米斗來量米，把米倒進去，木棍一滑，平升，那就是一升了，這是有個量的，不是憑空施設的。譬如說，我想要買三斤的糙米，那也一樣，用秤重的；三斤也有一個量，這個量在現實上跑不掉，表示它是事實上存在的，所以叫作「現量」。如來在《楞伽經》說：「有情的自心眞如就是如來藏，是現量，所以說『自心現量』。」表示自心眞如不是釋印順毀謗的想像施設法，而是可以實證的現量。

既然是現量，祂就是眞實存在的。當你悟得了如來藏，祂就成爲你的「現量」，那這個現量可以現前觀察，證實祂是事實。然後你可以用聖教量來核對，用聖教量檢核，完全沒有差錯；當你有了這樣實證的現量而說出來的法義就是聖言量，還可以爲眾生作比量的說明；所以這個法是「現量」，而不單是比量，更不是非量。然後你可以推尋一切諸法莫不從之而生，既然一切諸法都從之而生，那麼這個法就叫作「法身」。諸法從之而生，就是一切法、一切有情的根源，表示此法「無上」——無有一法能出於其上；而這樣的實證就叫作「覺悟」，覺悟的梵文叫作「菩提」；所以這樣的覺悟叫作無上的覺悟，也就是「無上菩提」。

這樣不難吧？不難啊！可是說難也眞難，因爲你六度若沒修好，基礎沒有打好，結果七樓就蓋了，一定會垮！如何稱之爲「垮」？就是退轉！一定要把十信位修好，這是一切菩提的根本；然後初住位就是布施度，要把它蓋得很堅固；二住位持戒也蓋得很堅固，三住位忍辱也蓋得很堅固；如是次第蓋上來，這是有順序的。六度全都蓋好了，都堅固了，第六住位也都凝固了；可別第六住位這水泥還沒乾呢，第七樓就把它蓋上了，那可不行！那這樣子按部就班，有一句成語叫作「順理成章」，我再補一句話說：「不悟也難。」所以這六住位是根基，但六住位的根基還是在十信位的部分，要先把它修好；假使對三寶例如僧寶與法寶都還疑，信不具足，其他就別提了！

所以如果心裡面想：「我來聽經，看你蕭平實也沒有三頭六臂；你渴了也得喝水，熱了你也會流汗，那不跟我一樣嗎？」這叫作信不具足，因爲他對三寶的內涵不如實理解。如果眞遇到這種人來當面問我的話，我當然會告訴他，因爲這種人我一定要殺；把他的疑心殺死了，他才有辦法入這個法。我就殺他說：「我跟你不一樣！」也許他會質疑：「我看你明明就一樣，難道你可以不吃不喝嗎？」我說：「我可以啊！只要我不來人間就可以啊。我可以生到色界天去，以禪悅爲食，不必來跟你鬼混。」我就說：「不必來跟你鬼混！那會一樣嗎？」這一問，他只好也跟諸位一樣搖頭說：「不一樣。」所以凡夫之所以爲凡夫，有他的道理，因爲他的信不具足，是因爲知見還欠缺太多，次法也沒修好（編案：二〇二〇年退轉的琅琊閣、張志成等人即是此類人；他們都不想修福及修定伏心，直到退轉後才想到要打坐修定）。

因此這十信位，根性好的人一個大劫就修成；根性差的人，乃至一萬大劫才能修成。如果是這樣的人，他要修這六度，還眞的要整整一大阿僧祇劫的三十分之六才能修完；但是根性好的人精進修行，可以「化長劫入短劫」。但是話說回來，如果不入正覺同修會來學，那他就是個凡人，他沒有辦法轉變成「賢位」的菩薩，因爲他們雖說也在修六度，其實根本沒有六度的實質，都在外門打轉。所以 如來是如實語者、不二語者：「無上菩提如是難得。」這哪裡是凡人之所能得？可是同修會總是盡量幫大家進來之後逐漸轉變，漸漸就離開凡夫位；不要再當凡人，要當三賢位的賢人，那麼實證就沒有問題。

所以不要看到這一句說：「爲是凡人所能得不？」然後就膽怯了。我相信諸位不會膽怯，因爲現前就看見增上班五百多位菩薩了，所以沒有被 如來這一句話嚇回去。凡人是不能得佛菩提的，所以摩訶迦葉稟白 佛陀說：「不也！世尊！」「眞的不能得啊！世尊！」佛陀又告訴摩訶迦葉：「一佛國土由一佛施作佛事，第二、第三個佛世界亦復如是。」所以一個佛世界中，只會有一尊佛。一個佛世界就是一個三千大千世界。一個三千大千世界中，不會有兩尊佛同時示現。如果有人示現他成佛了，而正法還存在人間，就表示那是假佛。釋迦如來的正法仍然存在人間，臺灣竟然出了一個「印順佛」；「印順佛」死了以後，又出了一個「宇宙大覺者」，這就是凡夫們所會作的事。一切菩薩戒愼恐懼，都不敢爲，就只有凡夫能作。

那麼這兩尊「佛」被我寫書講個不停，竟然都沒來找我，教我滅卻謗佛之罪，一點慈悲心都沒有！對啊！以前 如來在世很慈悲的，如果有外道評論 釋迦如來，如來都會提早下山，先去外道那裡轉一圈，跟他們論法，然後收作徒弟；這些外道就成爲聖弟子，就成爲阿羅漢，謗佛的重罪就消滅了。這「印順佛」被我寫書十幾年，都不理我；「宇宙大覺者」也在書上被我寫了快十年，也都不理我，眞要叫作無慈無悲；總要來度我成阿羅漢，當他們的聖弟子也好吧？結果呢，沒消沒息！

這就是說：彌勒尊佛成佛之前，娑婆世界如果有誰說他成佛了，那就是大妄語者；而他們這樣的行爲也是謗佛，等於推翻 如來的授記，說「你釋迦牟尼佛授記當來下生爲彌勒尊佛，那是騙人的」，就等於謗佛。只要稍有佛學知識，就不敢自稱成佛了。因為明明　釋迦如來授記當來下生的是　彌勒尊佛，在這之前，不會有人成佛，除非在他方世界。連這個道理也不懂，而出來宣稱成佛了，那你聽了笑一下：「噗！」就走了，因為忍俊不住。本來閉著嘴不想笑，然而忍不住就「噗」的一聲出來，表示那是無知的人。那我們現在還觀察海峽兩岸的佛教界，再把南洋佛教也包括進來好了，有誰證得「**無上菩提**」？正覺同修會之外，無一證得！這是事實。所以「**一佛國土一佛施作佛事**」，推而廣之，所有的佛世界都如此。所以極樂世界只會有　阿彌陀佛，不會有第二尊佛；東方　阿閦如來的世界也只有　阿閦如來，不會有第二尊佛；不論哪一個佛世界都是這樣的。

但是每一個佛世界中的眾生，都不自知自己所住的世界，因為那個世界對他而言太廣大，無法了知。就比如說，你這個色身每天來來去去，而你這個色身之內其實是很多有情所依的世界，有人也許腦筋轉不過來。譬如說，你吃過飯了，希望吃個甜食；冰箱打開，拿了一瓶養樂多喝了。養樂多裡面是什麼？是益生菌（現在也有做成一包一包的）；吃了以後，那麼多益生菌跑進你身體了，但牠們知道所住的這個身體「這個世界」的狀況嗎？不知道！

那麼每一個人身中都有壞菌、好菌很多，那些細菌知道牠們跟著你這個身體來到臺北講堂，又回去哪裡住嗎？不知道啊！就這樣被你持著來來去去。

又譬如說，假使有一顆水果壞了，這水果之所以壞，就是因為很多細菌滋生，那些細菌你無法計算數目。也許你覺得有點兒噁心，手都不想去碰那個東西，就弄個湯匙把它輕輕托起來，然後丟到垃圾桶裡；但那水果中的細菌們也不知道誰把牠們持到那裡去，那地方叫作垃圾桶，牠們也不知道；也許牠們感覺到：「怎麼突然地震了？」因為被丟到垃圾桶了，可是為什麼這樣？不知道！

打一個比方說，假使有眾多的世界集合起來，成為那麼一團一聚，卻是猶如一個芥子一般被人家拿來拿去，「周旋往返」；而其中的眾生都不知道是被誰持來持去。那到底持來持去的是誰？大聲一點！（眾答：如來藏！）對啊！每一個星雲旋系，或者說每一個銀河世界，就是每一個三千大千世界，為什麼在宇宙中不斷地運轉？是誰持來持去？是如來藏！是共業眾生的如來藏運作，這樣持著來來去去，所以沒有一個固定的點。那你從「佛眼」來看，好幾個三千大千世界成為一團；成為一團還只是一個「華藏世界海」裡面一層中的一部分而已，那你能想像宇宙有多大嗎？但是這一些世界就像一個芥子被人拿來拿去一樣，其實都是如來藏之所作。可是其中的眾生，對於「周旋往返而不自知誰持來去」，完全不知！也不知道是誰把我安置在這個世界裡住？根本不知道，都是「隨所應知，隨順為作」。這是隨著所應當知道的人，隨順於這一些「眾生的業力」而這樣去作。那個知道的「人」是誰？（有人答：如來藏。）欸！就是共業眾生的如來藏！這是不可思議的事，但這是現量。宇宙中一切事、一切法都不是無因而有、無因而作，那個「因」就是第八識如來藏。

那麼就像是這個道理，其中的眾生「或有知『我』者、或不知者」，所以這裡面的眾生呢，有的人知道這個「我」，有的人不知道這個「我」。那六識論的凡夫僧們，到這裡又會罵起來：「明明四阿含裡面都說『無我』，一切緣起性空。這兒為什麼說『我』？這明明跟四阿含聖教牴觸，這是自相矛盾！這一定是後代的佛弟子或者外道創造的，冒充為佛經，所以『大乘非佛說』！」還講得振振有詞呢！可是四阿含諸經說的「無我」，是講現象界的「蘊處界入」無我；這裡講的「我」，是出生蘊處界入的第八識「如來藏」，根本是兩礙事！套句俗話說「一碼歸一碼」，他們怎麼可以把兩者混合爲一？我們當然可以這樣罵他們。所以我們就是這一句：「或有知『我』者」；那些六識論的凡夫僧們，譬如釋印順、宇宙大覺者等人，他們叫作「或不知者」，這就把他們判定了；如果他們不服氣，可以來找我理論。

世尊又說了：「這一個世界的靈鷲山中，」靈鷲山，有的經典翻譯作鷲頭山，因爲它眞的像老鷹的頭。鷲跟鷹不同，鷹的頭上有羽毛，鷲是禿頭的；那如果你們有去朝禮聖地，還沒有到山上時，在山下一看，「喔！果然像靈鷲的頭。」因爲它有兩片岩石，這樣子，兩片岩石斜斜地疊著。這樣看時，凸出來就像鳥喙，這邊的這一片看起來就像鷹的頭，所以有的經本翻譯作「鷲頭山」，有些不很正確。那麼爲求典雅翻譯成「靈鷲山」，是比較典雅一點，也比較如實。那這靈鷲山上有 釋迦牟尼佛，這裡有兩個層面來講，因爲 如來說法一語雙關。第一層面的說法是，在靈鷲山中有 釋迦牟尼佛常住；就在這靈鷲山中也還有 阿逸多佛，就是 慈氏佛——彌勒佛住持於此。

但是從另一個層面來講，諸位身上各個都有靈鷲山。有沒有？（眾答：有。）對啊！尤其理了光頭更像，都是靈鷲山呢！這靈鷲山中就有「能仁寂靜如來」。「釋迦牟尼」就是「能仁寂靜」，眞的在啊！《法華經》聽過了，不可以再跟我說不在；同時也有「彌勒佛」存在，對你慈愛無比。這是現量喔！

這樣簡單說過，再回來說：「**於此世界或現劫燒，或現說法，如是奇特甚爲希有。**」在這個世界裡面，有時熱得不得了，而且一切樹木、草叢全部焚燒起來；「**有時候卻示現有如來降世說法。**」世間眞的這樣啊！火劫來的時候一直燒，燒到初禪天，因爲初禪天正好在他化自在天上面，所以欲界燒起來時熱氣往上燻，初禪天也就完蛋了，火劫來時眞的會這樣。但是有時候，就有 如來示現在人間，爲大眾說法；那你們自己「**一個又一個世界**」不也是如此嗎？臺灣有一句話說「遇見事情沒辦法解決」時就說：「**頭殼抱著燒。**」有沒有？對啊！表示很頭痛！煩惱生起來了，熱惱不已，那就是劫燒。這一個五陰世界跟外在的三千大千世界是互相感應的，狀況雷同；所以煩惱一生起，渾身燥熱，不能再冷靜了，這就是「劫燒」。

但有時候冷靜下來時想：「**我也眞笨啊！幹嘛爲這個事情煩惱？我還是回到佛法來吧！**」於是開始思惟起佛法來，你這尊佛就在爲自己說法了。難道你們都不曾在心裡面說法嗎？有嘛！這是正常的。所以外在的山河世界，這個器世間以及你內在的這個五陰世間，同樣「如是奇特甚爲希有」。其實說呢，這個都不算奇特，還有更奇特的：「復有何等最上奇特？謂一切世間樂見童子不於凡俗家生，其所生家悉是菩薩。」這是說：「一切世間樂見童子凡有所生，不會在凡俗之家出生；雖然他示同凡夫，但絕對不在凡俗之家出生；他所生的家庭，所有成員都是菩薩。」這個叫作奇特，因爲不是只有一世如此，他是世世如此。

所以諸位將來要到下一世去，眼皮也張開看一看：「欸！這個家庭有沒有供著佛菩薩？」可別到時候亂投胎。有時候想想也是，譬如說了，我出生在那個家庭，其實不是愉快的經歷；不過仔細想來，如來也只好這麼安排。因爲我老爸是被招贅的，我那外祖母什麼事情都不幹，一天到晚拿著數珠就是唸佛。她什麼事情都不幹，她就專心唸佛。我媽是三姊妹中的老么，兩個姊姊嫁出去了，我爸招贅進來，只好乖乖地去三歸依（大眾笑…）；歸依之後，他也沒有學佛。那我這外祖母家裡供奉著是媽祖婆，媽祖婆的神龕裡面供了一尊小尊的 釋迦牟尼佛。她成天到晚就是拿著數珠一直唸，一直唸著 阿彌陀佛，沒有中斷過，所以她現在不在娑婆世界；這一點，我可以篤定。所以我說她沒事兒，也許她在極樂世界耳朵會癢，但是沒辦法來罵我。

然後，我爸媽兩個人都是三寶弟子。在那個鄉鎮，全家上下都是三寶弟子眞的也難找，因爲以前佛教不普及，尤其在鄉下，很稀有！我們那個鄉鎮只有一個鼓山寺，那是日本人建了留下來的，信徒非常少，我就出生到那個家庭來。雖然我爸是招贅進來的，我就跟著父姓，那是寄人籬下，所以不是愉快的經歷；但那是另一回事，咱們不談它。但想起來，投胎到那個家庭是最適當的，因爲是一個念佛的家庭。

而我外祖母她的輩分在我媽娘家那邊，輩分非常高，所以沒有人敢來動她；她就每天到晚只是唸佛，就這樣什麼都不必幹，也是眞有福報！那麼女兒、女婿呢孝順到不得了，只要她哪一天覺得不如意、悶悶不樂，不想吃飯，我媽就一直跪在地上哭喔、求喔，求到她高興了、吃飯了，才敢起來，就是這樣一個家庭。這樣的家庭在當年的小鄉鎮裡面很少，我父母就是這樣子，所以這是一個眞正的三寶家庭；我的兄弟姊妹也都是三寶弟子，沒有一個不是。因此說，你們將來要投胎時，看見了未來世的父母，先看看廳堂上有沒有供佛？沒供佛，也得供著菩薩，要出生在三寶弟子的家庭。不要迷迷糊糊投了胎，一個開酒廊的家庭你也去投胎，在市場殺雞宰羊的也去投胎，那就不好！除非有特殊因緣。因此說：「**一切世間樂見童子不於凡俗家生**」，他們家的成員全部都是菩薩。特別是如今證悟了，更不可以亂投胎，一定要先觀察清楚。那麼　世尊接著說：

「**迦葉當知，彼供養給侍者悉皆歡喜，宗親愛念，皆作是言：『我種姓中有如是人生。』**」這是說，他出生到這個家庭中來，供養他的人、供給各種日用的人、以及服侍他的人沒有一個不歡喜的；大家都喜歡看見他，所以他叫作「**一切世間樂見**」童子，因為他修得的福德就是這樣。如果有誰自稱他是「**一切世間樂見童子**」，那就看看有沒有誰來跟他吵過架？有吵過一次就不算了！（大眾笑…）密宗很會仿冒的，對啊！因為一切世間樂見，那怎麼會跟他吵架？所以很多事情是可以觀察，不能冒充的。

這個吵架的事，我也想到一件有趣的事。我從小不跟人家吵架，可是我愛辯論（大眾笑…），現在才懂得什麼叫論義，原來那叫作世間法中的論義。我是老么，我四哥也很喜歡論義，他多我五歲。我還記得國小起就常常跟他辯論，他每一次辯論都輸給我。有一次他很不服氣，就掐著我的脖子，要把我掐死，你知道嗎？欸！當時要是掐死了（大眾笑…），你們沒有今天了！後來我那外祖母看見了，趕了出來。因爲那時候開雜貨店，有一個陶缸專門放砂糖的，另一個陶缸專門放黑糖的，還有一個陶缸放鹽巴的；那陶缸上面都有木蓋子，有沒有？我外祖母拿起木蓋子，追著要打他，他才放手。然後我外祖母一直罵：「**你要把他掐死嗎？**」大概我這種個性也是其來有自，所以就是喜歡「**問難**」，愛論義。這個事情過了也就過了，我也沒跟他吵架；也沒有因爲這樣就生氣，或是跟他罵還是打架什麼的，都沒有！老實講，根本也沒有辦法罵他，我個子小，因爲他多我五歲呢！所以我從小不跟人家吵架，這也是身爲一個菩薩應該有的行止。

你們看我弘法以來，不要說罵人，也沒有瞪過人！那麼在世間法上，我記得我跟人家吵過一架。當時我還年輕，有一個作家那眞的叫作「不得理還不饒人」；我氣不過，就跟他吵架；本來我還寫了文章要投月刊，把他登出來的，後來被我同修制止了。那他跟我吵架沒好處的，但他不知道。後來有一家週刊登出來，還把他照相刊了出來，在哪裡拍的？在哪個橋下就不講了，在橋下河邊拍攝他在嚎啕大哭，因爲他兒子在那裡渡河淹死了。那是一個當時還小有名氣的作家，這就過去了，不談他。

所以作菩薩得少瞋、多喜，才能跟眾生相應；因爲你當菩薩，最重大的任務就是「自度度他」。還沒有成佛以前都叫作「尚未得度」，未得度者也要度他，叫作菩薩；既然要「度他」，就不要起瞋，看見眾生要有歡喜心，所以說菩薩應當少瞋、多喜。一切世間樂見童子就是要讓我們學習的，那所有的人——服侍他的人也好、供給他物資的人也好，大家見了他都很喜歡他；不但家裡的人這樣，宗親見了他，也都愛念他、都喜愛他，也常常會想到他，就是這樣一位菩薩。所以有的孩子一出生，大家看了都很喜歡，一見了都要抱一抱他；有的孩子長得很俊俏，可是誰也不想理他，就有這種事情，這都有前世的因果；照理講，他長得那麼俊俏，應該是人見人愛，可是偏偏沒有人要抱他，永遠就是母親抱著他。

所以他連宗親都愛念，不是只有家人愛他，這時候當然大家說：「想不到我們這個種姓中有這樣的人出生。」大家會覺得很奇特。那 如來這時候點出來了：「此諸人等，一切皆是我之所遣。」換句話說，他每一世要出生的地方，那些家庭都是 如來預先安排好的，因爲這不是一個普通的菩薩！不說「一切世間樂見離車童子」，就說會生到臺灣來、可以進得正覺來，這難道是你自己想要這樣就能這樣嗎？當然不是的，這都是佛菩薩的安排。

就好像往世我們去西藏受生，那也是要有佛菩薩的協助；我們自己想要作，就不一定能成功。當年投生到臺灣來，尤其是我那個年代來到臺灣；那時的臺灣，套一句俗話說：「鳥不生蛋的地方。」一窮二白呀！之所以有後來的臺灣，那是蔣介石從大陸帶了很多黃金跟著軍隊過來，才保住了這個地方今天實施憲政，自由民主，大家可以百花齊放、百鳥齊鳴，如果不是這樣，有今天的正覺同修會嗎？

我這兩天看見網路新聞報導，大陸有一個省，有些地方開始一項活動：鼓勵小學生舉報父母有沒有信神；如果舉報查證屬實，好像發給一千塊人民幣。小學生一千塊人民幣很多了，現在開始官方宣導：「只可以信仰共產黨，不可以信神！」這是我最恐懼的現象，希望這個現象不要蔓延開來，否則我們很多同修，這條路會越走越艱難，這是我擔心的事情。所以末法時代「魔強法弱」，但我們一定要想辦法保障弘法的成果，我們絕對不要涉入政治；

因爲以前在西藏，成也政治，敗也政治，所以我這一世打定主意：不跟政治掛鉤。

所以當年「425演講」的時候，那時正值選舉，有個臺灣政治界很知名的人一直要來聽我演講，我們一直婉拒。我們不涉入政治，這是我這一世弘法的原則，絕對不會改變；如果有誰說我反對韓國瑜、支持韓國瑜，或者反對誰、支持誰，那就是陷害我、誣陷我；因爲我打定主意，就是不涉入政治，我想的很簡單，誰當選對正法的弘揚比較好，我投票時就支持誰，但不會明著發動大家去支持誰，這就是我們正覺同修會只要我在一天，就不會改變的原則。

因此說身爲菩薩，特別是你證悟之後，轉入下一世時，一定要知所揀擇，不能亂投胎。如果是要示現爲成佛的人，那揀擇條件更嚴格，必須是：「**七世父母清淨、不干犯國禁、不造惡業、始終行善。**」不是只有一世父母，要七世父母都一樣。換句話說，祖先七代來到這一代都是善人，這個條件更嚴格。所以菩薩受生不是小事，特別是到了七地、八地以後，眞的不是小事；那都是 如來會安排的事，地下的菩薩們自己不一定有能力安排；當然如果他是八地、九地了，可以自己安排，但是有時也會有困難。但 如來無上的福德，安排這事情不是難事，所以我信受 世尊這個說法：這一些供給、奉養一切世間樂見童子的家屬和他的宗親，全部都是 如來所派遣，是 如來預先安排好的；爲的就是他到末法最後百年，可以出來護持正法；而他沒有到最後那百年出來護持正法之前，他可以暗地裡作很多事情，這就是 如來對遺法弟子的照顧。

如果是今天第一次來聽我講經，聽到這裡一定會說：「**你怎麼會信受這裡面講的神話？**」可是我知道這不是神話，因爲我所經歷的太多了：此世經歷，包括往世的經歷。當你有一天發起如夢觀了，你看見往世那麼多的事情，受到諸佛的照顧，自然就會相信了。那如果是目光如豆，只能看見這一世，他當然不信。如果你的所見多了，特別是你有了如夢觀，把很多過去世的所見串在一起，你就會知道自己的經歷，然後這一切你都會信受了。

又譬如說，往年很多人說《法華經》是佛教裡演說最美故事的經典。有沒有聽過？沒聽過啊？少見寡聞！（大眾笑…）我記得我還有讀過，不但聽過，我有讀過聖嚴法師不曉得哪一本書有講：「**《法華經》是佛教經典中最美**

麗的故事。」可是諸位聽我講過《法華經》了，那是故事嗎？（眾答：不是。）爲何諸位異口同聲說「不是」？因爲它的內容是現量，不是故事啊！所以對於大乘經典之所說，信與不信就看證量。有證量的人讀懂經文中的意思，就好像寫書法的人，如果讚歎一個人書法寫得太好了，說他「力透紙背」，有沒有？那毛筆軟軟的，怎麼可能透到紙背去？表示他有眞功夫。那你如果有法眼呢？讀經一樣力透紙背！諸位現在知道《法華經》不是故事，知道它說的是現量，那麼放諸於其他的大乘經典莫不如是；除了密宗僞造的那些僞經以外，因爲那都是僞經。所以應當信受 如來說的：「**此諸人等，一切皆是我之所遣。**」

世尊接著說：「**迦葉當知，彼菩薩摩訶薩，若餘四眾爲作眷屬，悉聞說此《大法鼓經》，一切皆當得無上菩提。**」這是說，供養、給侍一切世間樂見童子時，知道他是修童子行的人，一世又一世都不會成婚，而他對每一個人都很好。如來也說了：跟隨他的人都是 如來所安排的，爲的是讓大家能被他攝受。那這些人或有初住位、二住位、三住位，乃至六住位者，都不一定。那 如來安排來供給他、奉侍他，等他成長之後，會有更多的人來親近他；因爲一個七地菩薩住在人間，不可能當啞巴，他總是有時會說法。這個風聲傳出去了，人家聽到了，會來依止他。不說這樣一位七地菩薩，就說，我一個同學去加拿大定居，他跟人家講《楞嚴經》，結果有佛光山的法師聽了，趕來要聽他講經（他現在在我們臺中班）。你看，只要他有一點能力了，人家聞風而來，這是遮不住的事情。那這一位七地菩薩，當然更會有很多人聞風而來，這是正常的事。

所以「**彼菩薩摩訶薩，若餘四眾爲作眷屬**」。所以他的眷屬不會只有他的家人和宗親，到後來風聲傳出去了，說這個人生來就懂佛法，因爲這時候他沒有胎昧了。諸地菩薩最早開始有意生身、離開胎昧，那是三地滿心後的事；根性比較遲鈍的，最遲在五地滿心也會有意生身，那就離開胎昧了。而他是七地菩薩，應該沒有胎昧，一定會在適當的時機爲家人、爲宗親說法。然後這風聲傳揚出去，人家聽到了；好有一說：「**世間香隨風而飄散，下風的人嗅得見；可是功德香可以逆風而揚，人間到處都聽聞得見。**」所以大家都來依止。所以說，不但有他的家人、還有宗親作爲他的眷屬，還有佛門四眾來作他的眷屬。

「四眾」表示有比丘、比丘尼、優婆塞、優婆夷，也都是他的眷屬，全部都可以聽他來演說這一部《大法鼓經》；聽完了，「一切皆當得無上菩提」。看來，追隨他比追隨我好多了，因為只要聽他講完了，全部都證悟了。可想而知，在他座下想要眼見佛性，也不是難事，因為他是個七地菩薩。那為什麼有這樣的因緣？當然 世尊會為我們解釋，因為一切事情都不是無因無緣，都有他的前因與後果。

譬如這一世你們追隨我，一定也有前因，加上今世的緣；這一世你們會追隨著親教師，也一定有過去世的因緣；一切都不是無因無緣，一切都不是偶然。所以不要輕信人言說：「那就是一個偶然的機會，所以如何如何……」全都不是偶然！老人家常常說啊：「每一隻雞，牠的一生之中，一飲一啄莫非前定。」有沒有聽過？（眾答：有。）我也說我自己的經驗哪！我說十幾年前，我還住在士林的舊宅。我為了要裝一個東西，需要去訂製一個不鏽鋼的鐵片（那鐵片要挖兩個大洞），去訂製這個東西。

那天早上，我預定要去找文林路那個老闆，突然作了個夢，我跟他有一番對話，總共不到十句。因為那個老闆是個怪人，好像是金口一樣，捨不得開口，見了人，愛理不理的。我剛作了一個夢，夢見跟他之間的對話，我記得很清楚。我心裡想，真的會這樣嗎？然後去了，一接觸呢，果然一字不多、一字不減，沒有超過十句話！那這是不是定數？是定數。表示：我這筆錢是該他賺的，一定是有前世的因果，預先顯示出來，就是如何見面、如何接洽；而且對話中的每一個字、每一句都一樣，順序、字數都沒有增減。我就聯想到老人家講的說：「每一隻雞，牠一生中的一飲一啄莫非前定。」我想還眞有道理欸！所以諸位到同修會來，一切因緣都要珍惜！因爲這有往世的因緣，才有今天這樣的聚會，否則不可能的。那麼 如來就來解釋這一段因緣：

經文：【「迦葉！我於過去久遠世時，在毘舍離城作轉輪王，名難提斯那。爾時毘舍離城如四天下閻浮提，如忍世界，其餘天下亦復如是。如是三千大千世界，我時壽命不可思議，我作如是轉輪聖王，行阿僧祇殊勝布施及諸功德，持戒清淨修諸善行，合集如是無量福德。若善男子、善女人聞說一乘《大法鼓經》戲笑而往，乃至一念，所得功德勝前福業不可稱記，算數譬喻所不能計。如有咒王名曰焰熠，一說此咒，四月善護。迦葉當知，世間凡咒勢力如是，何況一讀《大法鼓經》而力不能盡壽爲護？是故，有能供養『此經』者，是諸眾生爲無上菩提作決定因，乃至究竟菩提不離『是經』。」】

語譯：【世尊又說了：「迦葉！我於過去很久、很遠的世代，那時我在毘舍離城作轉輪王，那時的名號叫作難提斯那。當時毘舍離城猶如四天下的南閻浮提洲，猶如這個忍世界一樣，其餘的天下也像是這樣。就像是這樣子，整個三千大千世界中，我當時的壽命不可思議，我作這樣的轉輪聖王，實行了無量數的殊勝布施以及各種功德，持戒清淨而修學種種的善行，合集了像這樣的無量福德。如果善男子、善女人聽聞菩薩演說唯一佛乘的《大法鼓經》之後，以戲笑的態度而離開了，乃至於只有一念記憶，他所得到的功德勝過前面我那時當轉輪聖王時所修的福業，沒有辦法來數說、來記別，算數和譬喻都沒有辦法來計算說明的。猶如有一個咒王名字叫作焰焰，只要有人一唸誦這個咒，四個月之中都會得到妥善的保護。迦葉你應當知道，世間凡人的咒語勢力尚且像這樣子，何況能夠一讀《大法鼓經》而祂的力量不能夠盡壽爲他守護呢？由於這樣的緣故，有能夠供養『此經』的人，這一些眾生可以作爲無上菩提的決定因，乃至於將來究竟菩提成佛的時候，也都不離這一部

經。」】

講義：過去久遠時，在毘舍離城作轉輪聖王，名爲難提斯那。當時毘舍離城猶如四天下的南閻浮提一樣，猶如這個堪忍世界，那其餘的天下也是這樣。是說當時釋迦如來在這樣的三千大千世界裡面，壽命不可思議，也就是長壽到無法想像。當時作轉輪聖王，當然是一切資財具足。轉輪聖王永遠都是資財具足，因爲他有七寶；只要其中那個典藏臣寶，叫他每天弄很多的財寶來就行了，要怎麼樣布施都行。又有無量數的壽命，可以不斷地布施；而且始終清淨持戒，修各種的善行，把這麼多的無量福德合集起來，那福德當然很大。從另一面來講，如果有善男子、善女人聽聞到人家演說這一部《大法鼓經》，這個唯一佛乘的經典；聽完了，一面歡喜、一面談笑著離去，甚至於有一點點嘲笑的味道而離去；這個功德就勝過前面難提斯那轉輪聖王那麼長的時間所修集的福德。

不單是這樣，乃至於有人聽完了以後，只有一念說：「欸！這部經也不錯！」只有這麼一念，這樣的功德也勝過前面難提斯那轉輪聖王那麼長壽布施、修集一切善行的功德；不但勝過了，而且是好幾倍。究竟是幾倍呢？是

「算數譬喻所不能計」。然而這一部《大法鼓經》叫作什麼經？（眾答：如來藏經。）對了！就是如來藏經。

諸位這一部經快聽完了，心中歡喜，不是像他們那些人「戲笑而往」，是歡喜信受！要知道這福德有多大！而這功德有多大！所以呢，跟對了善知識才是人生最重要的事；跟錯了善知識，不但沒有這個好的功德，而且還跟著造惡業，都會謗佛、謗法兼謗勝義僧。所以我剛剛說，諸位能夠坐在這裡都有前因；沒有過去世的因，不可能今天會坐在這裡聽這一部經，因爲你一定坐不住，來一次就如坐針氈，再也不來了。

那麼你看：「乃至一念，所得功德勝前福業不可稱記，算數譬喻所不能計。」爲什麼如此？因爲你聽聞到這一部經之後，從此生生世世跟第八識如來藏相應，生生世世永劫都會跟「此經」相應；「此經」就是如來藏，那你就會繼續往佛地前進。人家講其他的表相佛法，你都聽不進去了，聽著就當作耳邊風；雖然你不會說他講得不好、說那個法不對，但是你會把它當作耳邊風。這是爲什麼呢？因爲他們講的都只是一些思想，沒有實質，都是意識思惟想像所知的內容，並非有第八識眞實法可以實證，等於是無根的浮萍一樣，都是外門修學佛法（編案：二〇二〇年退轉的琅琊閣、張志成……等人即是如此）；可是一聽到如來藏的殊勝法，你打從心裡振奮起來，眼睛亮了：「**這個我要聽，這個我要學！**」你就會相應，學而時習之，久了就一定會證悟「**此經**」，進入內門廣修佛法。所以我說這個功德太大，因爲這個是盡未來際的；所以世尊這個譬喻一點兒都沒有超過。我們今天只能講到這裡。

《大法鼓經》上週講到四十一頁倒數第二行。今天從第三句說起：「**如有咒王名曰焰炤，一說此咒，四月善護。迦葉當知，世間凡咒勢力如是，何況一讀《大法鼓經》而力不能盡壽爲護？**」現在先談這一小段。如來舉示一個例子說，譬如世間的咒裡面，有一個咒王叫作焰炤，顧名思義就是它的光焰非常強烈，可以遍照一切。持這個咒的人，他只要把這個咒唸上一遍，這個咒的威神力就會在整四個月當中對他善加護持。

那麼「咒」眞的是有點奇怪，所以唸咒的時候會有一些作用產生；但那個作用是怎麼來的？難道是那個聲音會有作用嗎？其實呢，每一首咒背後都有發了大願要護持誦那一首咒的有情；那一些有情，或者是諸佛菩薩，或者是阿羅漢、通教的菩薩，或者是鬼神、天王不等。說一件奇特的事給諸位聽聽，譬如有的人染著了皮蛇，有在胸前、肚子、頭上都有。其實很多藥都可以治，但嚴重的話眞的治不了。但是又有一種祖傳的治法，他就是跟你拉著手，唸唸有辭；唸完了咒以後不許你離開，就在那兒跟著他待一段時間，漸漸就好了。只是有一個禁忌，回家後不可以吃蛋，吃了蛋又會馬上發作起來。這是我們幾位同修的親身體驗。

還有，比如說咱們〈正覺總持咒〉。我們有一個師姊住公寓的五樓，五樓上面不是有平臺嗎？屋頂她加蓋了佛堂。隔壁鄰居沒加蓋，他們每隔一段時間就請神來，乩童也來了，在那邊敲敲打打之後，乩童吸了一點香，然後就起乩了。這師姊覺得每個月都這樣來吵吵鬧鬧，因爲只隔著一個牆壁，然後前後窗戶都會透進來，覺得很吵。有一次異想天開，當他們又開始敲敲打打，乩童快起乩了，她就開始持起〈正覺總持咒〉。持了以後，他們弄了老半天，那鬼神上不了身，所以無法起乩。大家納悶：「今天爲什麼沒辦法請得動神來降乩？」再經過一次，總共兩次都無法起乩，然後就不來了，因爲這裡神無法上身，所以不來了。

那究竟是什麼緣故？因爲有佛菩薩護持著，有某一部或幾部的護法神在護持這個咒，因爲這是佛法的總持。就像我們臺中游老師一直推廣〈正覺總持咒〉，他印了很多而且護貝然後到處去發，讓人家去唸；藉這個方法，讓世俗人跟正法結下一個緣；而他們感應很好，所以就開始傳開了，就有許多人在中南部持這個咒；他們學法的因緣還沒有到，但因爲有感應，就種下這個種子了。所以聲音的本身、咒的本身沒有功用，但是有一些有力的有情，他們發願要護持什麼咒時；誰持那個咒，他們就去護持，於是離諸衰惱，是這樣來的。所以如果學了義法始終有業障的話，多持〈正覺總持咒〉也是好的；曾經得罪的鬼神，不管是往世的、今世的鬼神，干擾漸漸會減少，這就是「咒」的功用之所從來。

那麼 如來舉了這個「焰熠咒王」作爲例子說：「迦葉你應當知道，世間凡俗中的咒，勢力已經可以這樣，何況你讀過一遍《大法鼓經》，而這個威神力不能夠盡壽來爲你護持？」當然，如果他讀了不懂，那就是另一回事了；但如果你讀懂，至少有法義上的勝解，即使沒有親證也沒關係，你有勝解就夠了。也就是說：「有善知識如實解說，而你聽了有勝解，那你就可以盡壽被《大法鼓經》所攝受。」這是從「事相」上來講，可是在「理」上，你唸誦過一次「**此經**」，你就要有信心知道「**此經**」一直在護持你。不要懷疑！等你哪天悟了，你就知道我沒有說任何謊言，說的是誠實語——盡形壽護持你，而且這種子還會在盡未來世護持你。

所以 如來接著開示說：「**是故，有能供養『此經』者，是諸眾生為無上菩提作決定因，乃至究竟菩提不離『是經』。**」如果有人能夠供養此經，這一些眾生因為供養「**此經**」，就可以用這個因緣作為「**無上菩提**」將來親證的「**決定因**」；不是一般的藉種種緣而產生的緣因，而是「**決定因**」。換句話說，你要有勝解，你知道有「**此經**」和自己同在一起，始終不變地護持我們；當你知道了、信受了，那麼這就是「**決定因**」——決定你未來一定會實證「**此經**」。那個時間的長短就看個人的因緣，但只要你信了，你就有這個「**決定因**」；就是未來際，不知道是什麼時候而已，看個人修學十信位和六度的狀況來決定；但不論遲與早的差別，終有一天或者終有一世會實證「**此經**」，你就會親自證實：果然「**此經**」每一世都是盡形壽護持你。

所以有勝解之後，不論悟與未悟都應該要「**供養**」此經；但是未悟之前供養「**此經**」，跟證悟之後供養「**此經**」，不能夠是同一種方式。還沒有證悟之前，你們來聽經，聽這一部經開講之前，都有發給你們一本；你就每天供在佛案上，別把它擺在經櫥裡面。每天早上上香供佛時，就把這經本請了，在佛前齊眉，然後再放回佛案上，這就是你供養「**此經**」的方法。然後，再上香、上淨水等供養，然後再禮拜，也就是禮拜佛菩薩時就順帶禮拜「**此經**」。每天要作，不能停，這很重要，因爲這是爲你將來的證悟作「**決定因**」。

那你禮拜「**此經**」、供養「**此經**」的時候，你心中有個作意：「**我身上也有這部經，跟我五陰同在一起。**」一定有這個作意，因爲你已聽完「**此經**」有勝解了，這個作意就會在，那你每天就這樣供養「**此經**」。如果你心中想說：「**難道就這樣供養？不夠至誠吧！**」不然你每天準備一朵花也行，或著幾粒米飯也行，一顆糖果也行，你就供在「**此經**」經本前面也可以，不怕複雜。這是還沒有證悟「**此經**」之前，就這樣供養《大法鼓經》。

那如果有一天證悟了，不用這麼麻煩了！來到佛菩薩聖像面前上供之時，你只要望著這「**經本**」，一個合掌就好了。如果合掌合上一年了，你說：「**也夠了，供養夠了，我把它供上經櫥裡面。**」也可以。你每天禮拜佛菩薩、供養佛菩薩時，你就是已經供養「**此經**」了。爲何如此呢？不用我解釋，等你哪天悟後就懂了；所以悟了以後，只要這樣供養，作爲將來成佛的「決定因」；至於還沒有悟的人這麼供養，也作爲未來證悟無上菩提的「決定因」。

這一供養過了，乃至究竟菩提，也就是最後成究竟佛了，你依舊不離「此經」，所以「此經」太重要了！請問「此經」叫作什麼？（眾答：如來藏。）又名什麼？（眾答：《大法鼓經》！）又名《金剛經》、又名《法華經》、又名《華嚴經》。啊！不管什麼經都是「此經」，因爲都是依此第八識心而演述出來的經典。所以如果你來聽此經來得晚，沒有領到《大法鼓經》的經本，沒關係！你就把前面聽的《法華經》的經本拿上來供也可以，因爲《法華經》就是《大法鼓經》，就是《金剛經》，就是《大般若經》。有一天親證了，繼續把見道位的法學盡，到了通達位時，親自證實：乃至成佛都不離「此經」。這就瞭解了：此經多麼勝妙啊！那我這樣講了，有沒有辜負人？（眾答：沒有。）因爲咱們理、事雙全，都教給大家了。所以要記得今天我講的，好好供養「此經」。那　如來這麼勝妙的開示說完了，大眾是怎麼反應的呢？

經文：【時諸大眾同聲唱言：「善哉！善哉！甚奇！世尊！今此童子當爲

持佛名比丘，若般涅槃者，祇洹林神無所依怙。所以者何？彼從南方來至佛所而般涅槃。」佛告大眾：「彼亦不來，『我』自往彼示現其身，先遣『此經』，然後乃往。所以者何？若『此經』不往至彼手中，則彼生退心。若彼有眾生應調伏者，『我』與大眾往住其前；彼見『我』已，當即還往迎彼；已，便般涅槃，隨其所欲度眾生處而般涅槃。爾時天帝釋子，名阿毘曇儒，當乘神通而來至此。彼雖幼小，眞心清淨信樂大乘，唯獨一人無有儔匹，於天人中持此大乘甚深經典；是故彼爲說解脫因，得受佛記。」時諸大眾同聲說偈：

奇哉一切世間樂見，爲比丘像擊大法鼓，
護持佛法令得久住，般涅槃後世間虛空，
彼滅度後無與等者。如是比丘世間難得，
能爲世間說究竟道。

爾時迦葉、阿難、賢護菩薩等無量大眾，聞佛所說，歡喜奉行。

語譯：【這時候，所有的大眾異口同聲大聲地說出來：「太好了！太好了！眞的奇特！世尊！如今這位童子將會成爲持佛名的比丘，如果他般涅槃的話，祇洹精舍這一些林神就沒有所依怙的對象了。爲什麼這樣說呢？這位童子從南方來，到達佛的所在而般涅槃了。」佛陀告訴大眾：「他其實也沒有來，『我』親自往那個地方，示現那個色身；先派遣『此經』前往，然後我才前往。爲何這樣說呢？如果這一部經不前往到他的手中，那他就會生起退轉之心。如果那邊有眾生是應該調伏的話，『我』和大眾前往住在他們的前面；他們看見了『我』以後，就會立即前往迎接那位童子；證悟不退時，然後就般涅槃了，隨著他所想要度化的眾生的處所而般涅槃。在那個時候，釋提桓因的兒子名爲阿毘曼儒，將會乘著神通而來到這個地方。他雖然還幼小，但是他眞實的心地中是清淨、信受、愛樂大乘法的，唯獨他這麼一個人，世間沒有人能和他一樣相提並論，在諸天眾人之中受持這一部大乘甚深的經典；由於這樣的緣故，他爲大眾解說解脫因，而得到佛陀的授記。」這時候所有的大眾們異口同聲說了這樣一首偈：

眞的很奇特呀！一切世間樂見童子，將來成爲持佛名比丘，示現出家相而敲擊大法鼓；

護持佛的正法使得長久住於人間，當他般涅槃之後，世間就顯得空虛了；

當他滅度之後，再也沒有誰能夠像他這樣住持正法了。像這樣的比丘，

在世間非常的難得，能夠爲世間演說究竟之道。這時摩訶迦葉、阿難和賢護菩薩等無量的大眾，聽聞到佛陀的解說，大家歡喜奉行。】

講義：這是說大眾聽聞 世尊的開示，知道這個義理，當然就期待「**一切世間樂見離車童子**」最後末法之時出現在人間，成爲「**持佛名比丘**」。但是大家馬上又想到，他如果般涅槃了，將來祇洹精舍那一些依附於樹林、保護那個地方不受汙染的神眾，就沒有誰可以依附了。爲何這樣說呢？其實每一個佛剎，只要曾經有證悟者住持過，都會有神祇安住在那邊護持著，不被外道及鬼神所用；縱使有外道入侵，他們也會想方設法去加以改變，除非業力已定。如果是那些凡夫大師們住過的，或是他們興建起來的就不一定了。假使是當年 如來住持過的道場，更會有護法神在那邊安住、守護，不要懷疑這一點。

且不說那一些護法神，單說我們好了，我們不也有很多人讀了經典以後，就想：「**我也應該去朝禮聖地。**」那不就安排時間、搭了飛機去了嗎？但古人呢，有搭船去的，那是冒著風險去的；如果是從陸路而往，風險更大，因爲盜賊猖狂，但是依舊絡繹不絕，每年都有人去，所以那些林神當然更會繼續留下來在那邊守護。所以林神在那邊守護是正常的，但是林神最期待的是有實證的菩薩，最好是證量更高的，能夠在那裡住持，他們都可以暗地裡護持。有這樣的菩薩住持時，他們很心安，而且有法樂；因爲菩薩在那裡住持一定會說法，那他們證悟的機會就很多了，這就是他們的依怙。可是如果這樣的菩薩離開了，般涅槃了，他們會覺得無所依；也沒有誰來照護他們的法身慧命，所以他們會覺得「無所依怙」，這都是正常的。

那爲什麼他竟然般涅槃了？他是從南方來到這裡的呀。可是一個人的壽命到了，因爲那個色身就只能用那麼久，終究會壞，所以他就得般涅槃；大眾就說，他是從南方來到 佛的所在而般涅槃。但 如來有不同的說法，佛告大眾：「彼亦不來，『我』自往彼示現其身，先遣『此經』，然後乃往。」怎麼會這樣？大眾都說「他從南方來到佛所而般涅槃」，佛竟然說「他也沒有來，『我』自動地前往那裡，示現其身。」是什麼身？如來藏法身！但爲什麼是這樣？明明看見他五蘊從南方來呀！世尊竟然說：「『我』前往那裡示現，他沒有來。」到底他有沒有來？有沒有？欸！你們也表示個意思吧！（大眾笑…）他有沒有來？是有來也沒有來？（眾笑…）亦來亦非來？非有來非無來？喔！有這麼多的說法！對！《心經》都告訴你了。所以「**不增不減、不來不去、不垢不淨、不生不滅**」。有沒有？反正離兩邊的都是啦！所以祂沒有來！你看他來了，但祂沒有來！祂是阿誰？欸！就是「**此經**」，祂沒有來。那「我」主動前往那個地方示現其身，所以說「**先遣『此經』，然後乃往**」。

如果從事相上來講：「**我釋迦如來先派遣『此經』去到那裡，然後我應身如來才前往。**」可是我就說，這樣讀「**此經**」的人沒有眼力，有眼力的人讀經要力透紙背；因爲這些經文隱藏著了義法，你要讀得透，讀透了就是眼力能透紙背，否則永遠只看見表面。世尊說了：「**先遣此經。**」一切世間樂見離車童子出現在人間時，他是出現在南方。是不是「**此經**」先到了南方，然後才能示現一切世間樂見童子？所以一定是「**先遣此經**」。如果「**此經**」不往南方，他如何能在南方受生而出生？不要像文字講的說：「**那如來就是用神通，先送一本經典去給他。**」不會是這樣啦！

送經本去給他有用嗎？要送眞正的「大法鼓經」去給他，然後就可以出生**一切世間樂見離車童子**，然後他就可以從南方來到 如來的所在，得要這樣子。當「**此經**」前往，他就在南方出生了，然後 如來再示現應化身，他就跟著賢護等五百菩薩前來面見 如來。如來解釋這個道理說：「**所以者何？若此經不往至彼手中，則彼生退心。**」你們增上班所有同修們，如果「**此經**」沒有去到你們手中，你們一定退心，再也不來講堂聽經了，對不對？一定退心！一百個人退一百個，一萬個人就退一萬人。正因爲「**此經**」來到你手中，所以你沒有退心。

這時候有人想了：「**可是諸位增上班的同修，看看我左面這個就是增上班的，我前面那位也是，可是我也沒看見他們手上拿著經本。**」欸！緊接著馬上有人想：「**那也許他們經本太小看不見，不然您蕭老師教大家證的，您的經本應該比較大本吧？我怎麼也沒看見？兩手伸出來眞的沒看見。**」可是我告訴你：我看見了！經本眞的在我手上，吾不欺人，佛亦不欺人。如果不是「**此經**」在我手上，我一定會生退心了。因爲我每天在讀「**此經**」，每天在誦「**此經**」，每天在寫「**此經**」，每天還在說「**此經**」欸！可是如果「**此經**」不在我手中，不說你們退，我也會退啊。

那麼 如來又開示說：「若彼有眾生應調伏者，『我』與大眾往住其前；彼見『我』已，當即還往迎彼；已，便般涅槃，隨其所欲度眾生處而般涅槃。」這些文字很簡單，沒什麼奇特，然而那麼多大法師讀過了，都自認爲懂，可是那個「懂」是「懵懂」的懂。欸！你還別笑，眞的是這樣，眞的叫作懵懂。這是說，如果某一個地方，那個地方有眾生應該調伏時，要用什麼調伏？用「此經」而得調伏。如果很多地方的眾生都沒有辦法用「此經」來調伏，那麼「此經」就不需要前往，就隱沒於五蘊山中。

如果某一個地方的眾生有這個因緣，是應該用「此經」來調伏的話，那「我」跟大眾就前往住在他的面前。那麼請問諸位：「你們是不是應該以『此經』而得調伏的人？」（眾答：是。）那麼有沒有看見「我」來了？有！這麼少人回答！對喔！這個「我」眞的來了！而且還不是只有一個「我」，六個講堂中有好多個「我」！這叫作「與大眾往住其前」，就坐在大家眼前。你可別說：「我怎麼沒看見？爲什麼我都沒看見？」看不見，那就是你眼光昏暗哪！不然把眼鏡拿下來，擦一擦再戴上，應該就會看見。

你要是抱怨說：「那我沒有眼鏡怎麼辦？」刮目相看哪！你就把眼睛揉

一揉，重新再看哪！等你悟了就知道，我給你的指導沒有一絲一毫欺瞞！那麼這個「我」，也就是「此經」來了，這些應以「此經」調伏的大眾突然會了，都瞧見了，就是「彼見『我』已」；看見了這個「我」之後呢，「當即還往迎彼」，當下就馬上前往迎接這個「我」了。沒有什麼人是在條件具足、因緣具足的情況下，看見這個「我」而不迎接的。如果他的因緣還不具足，那就是「不應以『此經』而調伏者」，那他看見了「此經」也不信。所以只要是「應以『此經』而得調伏」的人，看見這個「我」來了，而且有好多的「我」跟大眾同在，這時馬上就會認同祂了；這一下認定祂，再也不改變，心得決定，有了這個定心所，就入大乘見道位了。

入見道位之後便叫作「已」，便「般涅槃」，馬上可以般涅槃。請問你們所有增上班的同修們：「你現在是不是住在涅槃中？」那麼小聲喔！那麼男眾呢？是！是，就答大聲一點哪！對啊！你現在就正在本來自性清淨涅槃之中，這不就是「般涅槃」了嗎？

將來入地前證得阿羅漢果，如果你進入無餘涅槃時，也還是這個涅槃，那就不需要入那個無餘涅槃，就住在這個涅槃中！那你現在五蘊活蹦亂跳，就已經在無餘涅槃境界裡面。因爲菩薩有這個智慧，所以把祂叫作本來自性清淨涅槃，從第七住位實證，一直到最後的一生補處位，都同樣是這個涅槃，是諸不迴心阿羅漢之所不知，這不就是「般涅槃」了嗎？所以你見到這個「我」以後，就般涅槃了。

但是「般涅槃」之前有個前提，叫作「當即還往迎彼」，也就是當下要認定祂、迎接祂，把祂作爲自己的「眞實我」；迎接了祂以後，就可以「般涅槃」。接著不是只有自己般涅槃，還有很多很多的人需要親證啊！所以如來說：「隨其所欲度眾生處而般涅槃。」隨著哪一些有緣的眾生應該以此法得度的人，在在處處讓他們「般涅槃」。要這樣讀經才叫作「力透紙背」，否則都叫作「依文解義」……下一句？大聲一點！（眾答：三世佛怨。）對！三世佛怨！那我今天這樣講了，你們沒得怨我了，因爲我不是依文解義。

世尊又說了：「爾時天帝釋子，名阿毘曼儒，當乘神通而來至此。」這就回到事相上來，說一切世間樂見離車童子，在末法最後那八十年護持這個正法時，那麼帝釋之子將會乘著神通而來到祇洹林。祇洹林就是祇洹精舍。祇洹精舍是一大片的林木，現在只剩下一些基礎跟林木。將來應該是到某個時節可能又恢復，又把它興建起來，一切世間樂見童子就在那裡弘法。那時有天帝釋之子，「**天帝釋**」就是指釋提桓因（忉利天的天帝），也就是道教供奉的那一些所有大帝、上帝總共三十三位中，住於中天的一位叫作玉皇大帝，那就是釋提桓因，他有個孩子叫作阿毘曼儒；到那個時候，他將會以神通來到這個地方示現。

這個阿毘曼儒，如來說他「**彼雖幼小**」，為什麼說他幼小？因為《起世經》說忉利天人剛一出生，如果有天人給他吸一下指頭，他就馬上變成一個成人之身。可是他可能才只有一歲，只有兩歲、三歲、五歲。諸位還記得嗎？四王天的人壽五百歲，四王天的一天，等於人間五十年。忉利天加倍，壽一千歲，是忉利天中的一千歲，不是四王天的一千歲；他們的一天，等於人間一百年；所以他如果五歲、八歲時來，是不是叫作幼小？因為他可以活一千歲啊，那他八歲、五歲的時候，當然叫作幼小；可是其實他和忉利天成人之身是一模一樣的，只是年紀幼小。他雖然幼小，但他是從深心中信受、愛樂大乘法的，他的心地是清淨的。

又說他在大眾之中，「**唯獨一人無有儔匹**」，所有天眾乃至人間，只有他一個人是這樣，沒有誰能跟他相提並論的。他在天人之中，受持這一部大乘甚深經典，表示他生到忉利天的時候，其實是悟後才去受生的。那麼受持這一部大乘的甚深經典，是以「此」爲因，所以一切世間樂見童子爲他解說了「解脱因」。「解脱因」沒有人講過，就獨有我們正覺出來弘法才講。我這是老王賣瓜嗎？不！我不是老王。老王賣瓜都是自賣自誇，可是我沒有賣，我也沒有自誇，我說的是如實語，眞的是這麼勝妙。然而這個法也就是第八識如來藏，又名「**此經**」，又名《大法鼓經》，就是「**解脱因**」。

如果沒有這個第八識「**解脱因**」存在，所修的解脫與智慧就全部不可能實現，空修佛法。可是晚近這幾百年來沒有人講這個「**解脱因**」，而現代佛教界，是我在十幾年前桃園演講時，把祂簡單地講了出來，就是那本《邪見與佛法》中講的。我說阿羅漢沒有證涅槃，阿羅漢沒有入涅槃；阿羅漢如果入了無餘涅槃，他也沒有入；因爲他生前沒有證得如來藏，所以他不知道無餘涅槃中是怎麼回事，因此他沒有證涅槃，因爲涅槃就是第八識如來藏獨住。經中說阿羅漢證涅槃，那是　如來的方便施設；阿羅漢實際上沒有般涅槃，因爲他生前不知道無餘涅槃裡面是什麼，怎能說有「證」？他死後入了涅槃時，更不知道無餘涅槃裡面是什麼，因爲他的五蘊全部都滅盡了，一法不存，還有誰能證涅槃？

然而無餘涅槃中其實就是如來藏獨住的境界，末法時代是咱們正覺才講的，所以說，「**此經**」如來藏就是「**解脫因**」，如果沒有如來藏常住，入無餘涅槃的時候變成斷滅空，那有什麼解脫可言？如果斷滅空可以是解脫，那虛空也是解脫。又如人類都死掉後，都不要再來受生，那不就是解脫了？斷滅就等於是解脫了，其實不然！解脫是因爲如來藏獨住而得解脫，成佛也是因如來藏而得成佛，所以「**此經**」如來藏就是「**解脫因**」哪。

因此我們說，二乘菩提是 如來方便施設，只是爲了懼怕流轉生死痛苦的人，施設了二乘菩提、施設了二乘涅槃，讓他們先證涅槃解脫，可以不虞生死痛苦。他們發覺自己眞的可以出三界生死，有信心了，那麼 如來接著再演繹出來的一切大乘法，所有人就有信心了。假使一開始就講唯一佛乘佛菩提道，沒有人信啦！因爲人壽不過百歲，少出多滅；如果直接講唯一佛乘，修學六度努力勤修，但不保證你開悟；如果告訴你說：「**也許你再一劫之後可以開悟。**」你信不信？嗄？信喔？不信喔？不好答的，是應該說信了！可是如果對一般的學佛人來講，這樣跟他講，他一定不信！因為剛開始學佛的人都會想：「你講的那個實證是渺渺茫茫，我怎麼能信？未來一劫？誰知道未來一劫會怎麼樣？」可要是這一世就可以實證無餘涅槃，親身體驗、證實三界生死痛苦是可以脫離的，那麼再來講這個成佛之道三大阿僧祇劫，大家就會信受。但是三大阿僧祇劫修行完了，成佛時依舊是「此經」，依舊是這個第八識。

菩薩們見道之後有「法智」了，可以產生「類智」，來比量、來推究阿羅漢入無餘涅槃以後剩下什麼？結果還是「此經」第八識如來藏。所以阿羅漢得解脫，也是依於「此經」得解脫。假使沒有「此經」第八識，阿羅漢入無餘涅槃時就成為斷滅空，但斷滅空不能叫作解脫；所以證實此經如來藏，實證「此經」《大法鼓經》就是「解脫因」。

那麼因為這個阿毘曇儒是這樣的一個信樂大乘的人，天人之中沒有人可以與他儔匹，他就這樣受持「此經」。到那個時節，一切世間樂見離車童子為他解說了「此經」如來藏就是「解脫因」，這一位阿毘曇儒就可以得到佛的授記。還記得《法華經》嗎？《法華經》也有講到五百比丘授記，甚至於也有初果人得佛授記，不一定是入地以後才得授記，但那個授記沒有說你將來何時成佛，只說你未來會成佛；沒有說你將來成佛佛號叫什麼？多少聲聞弟子、菩薩弟子？什麼樣的佛國土？正法、末法、像法住世多久？都沒有；但是有授記必定成佛，那也是授記。

這表示阿毘曇儒在天上受持「**此經**」，天眾之中不會只有他一個人受持，但他的證量最好；來到人間之後，可能他一時沒有想到這就是「**解脫因**」，所以一切世間樂見童子就為他解釋；該怎麼解釋？就像我今天解釋的這樣就夠清楚了。他就知道，原來解脫是因「此」，成佛也是因「此」，菩薩見道也是因「此」，通達般若也是因「此」。「此」名為什麼？（眾答：如來藏。）是如來藏！又名《大法鼓經》。

那你看，聽聞這一部經，不只是値回票價；不管你是搭火車、搭汽車、開汽車、騎摩托車，或者你搭飛機來，我告訴你，全都値回票價。因為你只要聽了「**此經**」，這就是成為你的「**無上菩提的決定因**」。這多棒！然後你回想一下：以前還沒有進入正覺之前，請了經本回家，講得太勝妙，可是距離遙遠！對吧？這麼小聲！（大眾笑……）眞的距離遙遠。所以那些老參們每天讀經典，《大藏經》直接讀，不讀別人的註解；讀完之後都是感嘆，就好像一句成語講的：「掩卷嘆息！三藏十二部經浩如煙海！」無從入手啊！

可是今天不一樣了，因爲很多人已經可以讀透了。我這一指點了，大家就懂了！所以現在懂得什麼叫作「解脫因」了。當你可以現觀解脫是因如來藏而解脫，解脫是因爲這一部《大法鼓經》而解脫；也可以現觀菩薩見道、證道、修道乃至成佛，都是因爲「此經」，那你眞的就知道「解脫因」了。其實這時候你現前觀察，當然這是你的現觀，是現量而不是比量！當你有了這個自心現量，佛一定爲你授記，只是你沒聽見，而別人聽見了。其實禪三印證完了，佛就會講：「現在娑婆世界某個地方，這個地球上什麼人，將來又可以成佛了。」說將來成佛，還沒有給你佛號等等，但是已經授記你將來可以成佛了。所以魔宮震動，卻也無可奈何，正因爲諸位。那這個叫作「密授記」。可是這位阿毘曼儒，聽聞一切世間樂見童子爲他解說「解脫因」之後，他得 佛授記，這是公開授記的，不會是密授記，一定是「顯授記」。

這一部經講到這裡，如來解釋完了，這算是一個很完美的結語，很完美的叫作「圓滿」了。多妙！你看經典就這麼講，用這麼妙的法義把它圓滿起來。這時候大眾很歡喜，便講了這一首偈。這首偈我就不需要再解釋了，因爲我們前面有語譯過了，大家也懂了。

這主要的意思是說，到末法最後百年時，不但有月光菩薩，還有一切世間樂見離車童子來住持正法。所以那個時候弘法雖然很困難，但是有大菩薩在，咱們何必當逃兵？眞的不該當逃兵。這整整一個賢劫，咱們都不要離開，有一千尊如來可以値遇、供養、奉侍、受學，那是多大的福報！別的世界是求之不得，所以他方世界一定也有菩薩陸陸續續聞風而來。不用擔心說：「**每一次迴向，怎麼迴向往生極樂的人多，但迴向常住娑婆的人這麼少？**」不用擔心啦！因爲如果有因緣，十方如來講到娑婆世界的時候，很多人都急著要來；因爲見道之速、修道之速，十方世界無有與此相提並論者。所以不要老是看著說，這裡這麼髒，這裡人壽這麼短，又常常會生病！

別抱怨了，他們在那裡活一萬歲、八萬歲，或者活上人間的一小劫，比不上在這裡一生的修學。所以很多人會從他方世界往生來這裡的，陸陸續續都會有人來，這就是大心的菩薩。這樣來的人不會是小鼻子、小眼睛的人，因爲他們已經先作好心理準備，知道這是五濁惡世，這裡生活很艱辛、不容易；他們都已知道，但是願意接受，因為這裡修道很快。

眞的不要懷疑，我們今天接著要講《不退轉法輪經》，裡面也證實這一點，不只是我以前十幾年來一直在講，不是這樣而已！因為經典裡面眞的也有這回事。所以末法時代想想看，有月光菩薩在，有一切世間樂見菩薩在，那我總不能當逃兵吧？我也會在。咱們一起來共同把這個正法住持到最後那一百年。然而最後那八十年尚未到來之前，「一切世間樂見離車童子」卻不會出頭，能夠讓大家去修集福德就讓大家修，他就禮讓出來。如果大菩薩們都來住持正法，今天我有機會修這麼大的福德嗎？我也沒機會了！那如果大菩薩們都來，輪得到你們來護持正法嗎？也輪不到了！

也許有人想：「那修集福德有那麼重要嗎？」眞的很重要！因為道業要有「福德」作支撐，如果沒有福德作支撐，你的道業是站不穩的；就好像一根柱子上面蓋了個樓房，風一吹就倒了；可是你如果四周基礎、鋼筋、混凝土都把它打好了，管它強風多大，依舊屹立不搖；所以得要福、慧並進，如車二輪。兩個輪子你可以承載很重，輕鬆地拉。如果是獨輪車呢？載重量有限，而且很辛苦！如果那個獨輪是在車子的一邊呢？（大眾笑…）拉不動了！

所以在末法最後那一百年，雖然弘法環境很艱困，但是有大菩薩作依止，我們何必當逃兵？那時來護持正法，搞不好那一世的護持，比我們現在十世護持的福德、功德還要大！這是好機會，當然不能錯過！

那麼大眾說了這首偈，有一句話我倒是想講一下，「**般涅槃後世間虛空**」表示什麼？表示**一切世間樂見離車童子**率領大眾般涅槃後，一切世間都空了，因為沒有法了；所有人就像美國有一些電影拍的，那個幾千年後的事情一樣，人類無惡不作，真的就是會像那樣；所以說：「像這樣的比丘很難得啦！」

「**時諸大眾同聲說偈：奇哉一切世間樂見，為比丘像擊大法鼓，護持佛法令得久住，般涅槃後世間虛空，彼滅度後無與等者。如是比丘世間難得，能為世間說究竟道。**」世尊開示完了，當時聞法的四眾就異口同聲說了一首偈：

「真的很奇特呀！一切世間樂見離車童子，將來最後八十年時會於受生之後出家，成為持佛名的比丘，他會示現出家相而出來敲擊大法鼓；」也就是出世破斥魔所派來的魔子魔孫，將他們所說錯誤的所謂佛法全面加以辨正，使天魔的詭計被拆穿，這就是「擊大法鼓」。

「護持佛的正法使得長久住於人間，當他般涅槃之後，世間就顯得空虛了；」唯有破斥相似佛法的像法以後，正法才會有生存的空間，否則正法的聲音小，而相似像法或謬法的聲音與勢力遍地都是而且很廣大，正法的聲音與勢力就被淹沒而漸漸消失了。會裡曾經有一位法師勸我：「僧讚僧，佛法興。」要求我別老是評論佛教界其他的法師們，然而我要先舉出經中 世尊的說法，然後再來討論這個建議有無道理。

《雜阿含經》卷三十二：【佛言：「如是，迦葉！命濁、煩惱濁、劫濁、眾生濁、見濁，眾生善法退滅故，大師爲諸聲聞多制禁戒，少樂習學。迦葉！譬如劫欲壞時，眞寶未滅，有諸相似僞寶出於世間；僞寶出已，眞寶則沒。如是，迦葉！如來正法欲滅之時，有相似像法生；相似像法出世間已，正法則滅。譬如大海中船，載多珍寶，則頓沈沒；如來正法則不如是，漸漸消滅。如來正法不爲地界所壞，不爲水、火、風界所壞，乃至惡眾生出世，樂行諸惡、欲行諸惡、成就諸惡，非法言法、法言非法、非律言律、律言非律，以相似法，句味熾然，如來正法於此則沒。」】

這意思是說，五濁惡世而且又來到末法之世了，具足「命濁、煩惱濁、劫濁、眾生濁、見濁」等五濁時，眾生在善法的修學上都已經退減的緣故，雖然仍有現成的　佛所施設的戒法存在，但是眾生已經很少有人願意熏習及受學了，那時的增上戒根本不存在，連受持表相上的戒法也不可能了，佛法便開始漸漸毀壞。

如來也說明了一個譬喻：比如壞劫即將來到之時，眞正的寶珠還存在於世間，仍然可以看見及買到，然而仿冒的寶珠看來也很像是眞正的寶珠一般開始出現於人間；當這些仿冒的假寶珠在世間出現很多了以後，眞正的寶珠就漸漸地消失於人間了。如同這個道理一樣，當　如來所傳的正法即將壞滅之時，人間開始有像是佛法的相似像法出現了，並且因爲淺化、商業化、世俗化、學術化以後，世人很容易學習而當作是眞正的佛法，以爲自己眞的實證了，就像現代的釋印順、釋證嚴等人一樣，各個自稱成佛了，到這個時節，如果沒有善知識出於世間大聲疾呼，以及藉著舉例破斥邪說來顯示正法時，正法就被淹沒而消失了。

然而正法的消失並不是一時頓滅，所以　如來又舉了一個例子來說明：

譬如在大海中尋寶的船，如果一時之間突然載了很多的珍寶時，由於短時間超過船的負載能量，船無法負擔時就會頓時沈沒；然而 如來所傳授的正法不會像船這樣頓時沈沒，而是被相似像法的廣大勢力推廣之後才漸漸地淹沒的，才會漸漸失傳。

所以 世尊又說：如來所傳的正法不會被堅硬的地大功能所毀壞，也不會被水大、火大、風大等功能所壞；一直要到最後有邪惡的眾生出現在世間時，由於他們心性惡劣而樂於造作各種惡行，也因爲欲貪而造作了各種的惡行，就像是這樣成就了各種的惡行以後，他們心中對正法就不喜歡，對於戒律也同樣不喜歡而加以抵制；於是他們開始破壞正法及戒律，把他們自己所說的非法加以狡辯而堅稱說那才是眞正的佛法，同時也把正法加以誣謗爲外道法，堅稱正法的內容都屬於非法；然後又反過來在戒律上也一樣的作法，將外道戒律例如密宗的十四根本墮等邪戒，說是佛教中的眞正戒律；將外道的邪戒等非律，反過來堅稱是 如來正法中的戒律；然後再反過來將正法中的戒律加以誣衊，說那是後人施設的假戒律。

末法時代具足五濁的邪惡眾生們，就是這樣以相似像法不斷地加以演說，藉各種媒體而舉辦各種形式的說法大會，藉著各種書籍廣說的文辭言說來迷惑眾生，漸漸產生廣大的勢力而使人們一聽到正法時就誤會爲外道法，例如聽到第八識如來藏時就說是外道的神我；一聽到相似像法時就誤以爲是佛教正法，例如細意識或離念靈知等。當佛教界出現這樣的情況時，如來所傳授的正法到這個地步就會眞的滅沒而消失了。

《雜阿含經》卷三十二 世尊接著又說：「迦葉！有五因緣能令如來正法沈沒。何等爲五？若比丘於大師所，不敬、不重，不下意供養；於大師所不敬、不重，不下意供養已，然復依倚而住。若法、若學、若隨順教、若諸梵行，大師所稱歎者不敬不重，不下意供養，而依止住。是名，迦葉！五因緣故，如來正法於此沈沒。」

這也就是說，有五種因緣會使 如來的正法沈沒不見：一、如果出家人對於末法時代出現於人間的大師，心中絲毫沒有尊敬，也不加以看重。二、對於大師更不肯虛心下意，自己心中有慢心而不肯供養大師。三、如是高傲鄙視大師之後又不肯離開，繼續依倚於大師而安住下來，藉以取得所需的生活資源或利用來謀取私利。四、像這樣的出家人，對於末法時代大師所說的法義，於學習時或是大師隨順諸事上面的教導，或是大師對於清淨行的教授等，他都不曾加以尊敬及看重。五、像這樣不尊敬及看重末法時代大師的出家人，對於大師也不肯虛心下意供養，卻又不肯離去，依舊依止於大師而謀求世間法中的利益。像是這樣子，由於這五種因緣而從正法道場內部擾亂的緣故，如來的正法就在這樣情況下，被相似像法給逐漸淹沒了。

「當一切世間樂見離車童子年老而且滅度之後，世間再也沒有誰能夠像他這樣住持正法了。」這意思就是說，末法到了最後八十年時，是由一切世間樂見離車童子破斥邪說來顯示正法的；如果再也沒有人有能力出來破斥邪說時，正法與邪說的差異便無法顯示出來，從那時開始，佛教界就會只流行相似像法而不再有正法流傳於人間，所以當一切世間樂見離車童子入滅以後，不再有人能夠出來破斥相似像法時，正法就會在人間正式消失；那時人間雖然還會有佛教存在，但已經沒有正法可得，人間所弘傳的全都是相似像法了，就宣告正法已經正式滅亡。

「像一切世間樂見離車童子這樣的比丘，在世間非常的難得，能夠爲世間演說究竟之道。」所以人間假使還有正法繼續流傳，都是非常難得的事；

尤其是在末法時期最後八十年時邪說橫流，勢力非常廣大，人們單單是聽見大家都同樣在流傳邪說，所有道場都是只在弘揚相似像法，卻來同聲指責正法的弘傳時，就沒有人敢再來學習正法了；所以說，像一切世間樂見離車童子這樣的比丘，在世間確實非常難得，因爲到了那時就只有他能夠爲世間學人演說究竟的成佛之道。最後，經文最後都有這麼一段：

「爾時迦葉、阿難、賢護菩薩等無量大眾，聞佛所說，歡喜奉行。」這時候摩訶迦葉與阿難二位尊者，以及賢護菩薩等無量的大眾，聽聞到 如來所說的這些法以後，都歡喜奉行。那麼這一部經就圓滿了。

可是回到剛才所提的「僧讚僧，佛法興」來談，會裡有一位法師要求我對所有僧人所說的法義都不要評論，不管他們講的法義對與錯，這件事情是絕對不能應允的。如果出家大師所說的法是正確的，我當然要讚歎並且還要護持；可是如果他們所說的法義全都是相似像法，都是好像正法卻不是正法，本質都是常見或斷見的外道法，這就像是僞寶出於世間，結果必然是「眞寶則沒」，一定是會使正法滅沒，那我們當然就不能答應了。

所以「僧讚僧，佛法興」的大前提是，那些出家人所說的法是正確的，至少要依文解義而不偏向常見、斷見外道法；如果像釋印順、釋證嚴完全以常見或斷見外道法來取代正法，或如密宗是以外道的淫樂雙身法來詭辯為佛法，那是完全不可能被我們接受的，不但不讚僧，而且要廣加破斥及辨理，救護廣大學人及民眾，以免被騙。而那些僧人其實也已經不是僧人了，因為他們的出家戒體全都在他們毀謗正法及佛菩薩的情況下全部失去了；既無戒體存在，當然就不是僧，我們又何必繼續讚歎他們，也不需要再與他們和平共存，因為雙方所說的法截然不同，不可能有和平共存的空間，正法一向都是受到他們抵制的。而我們也希望藉著破邪顯正的作為，能達到延續正法命脈的目的。

接下來要開講《不退轉法輪經》之前，我有一件事情要跟大家講，這是牽涉到戒律的問題。諸位受三歸戒，也受菩薩戒了，以後遇到七月半，世間人在路邊擺了香案、供品，祭祀孤魂野鬼時，諸位可不要跟著拜；特別是舉起香來，自稱：「弟子某某某，供養什麼鬼神。」那是犯戒的，而且是犯重戒，因為你是三寶弟子，還能歸依鬼神而自稱弟子？所以你家裡如果以前奉祀著道教的神祇，無妨，但是不能坐主位；因為你成為三寶弟子，又供了佛菩薩聖像了；主位一定是佛菩薩，神祇必須在側位。竟然有人把人天至尊放在側位，那就是顚倒！至於祖先呢？那就不必談了！因爲連神都沒能坐正位了，當然祖先更要坐在側位。這是在家裡供奉的時候要留意的地方。

接著，你既然學佛之前家裡已經供了神祇，無妨繼續供著。但供佛的時候，佛在主位、菩薩在主位，神要在側位成爲陪祀。如果又供了祖先，而空間不夠大，只有一個佛案，那不能直接供在一起，你要用個隔屏隔開，因爲祖先不能跟佛菩薩在同一個案上。那你如果把它隔開，意思就清楚了，表示這是另一個佛案，可以准照另一個佛案來供奉。本來家裡供奉著神像，供養了什麼神沒關係，那他當佛菩薩的陪祀，繼續可以上香供養都沒關係，只是不能口稱「弟子」，因爲你是三寶弟子，你不再是他的弟子了。有時候，一個證悟的同修口稱弟子，每天跟他上香禮拜，他可不敢安座；連供養的那些供物都不敢受用，最後只好來託夢。因爲這一拜，他得要跌下來，受不了！每天這麼一跌，眞的受不了，就來託夢。所以這些事情你們要留意。

身爲三寶弟子，又受了菩薩戒，已經是菩薩了；原來家裡供奉的神祇無妨照樣供養，但不能自稱弟子。先供佛菩薩以後，才能供那些神，這個次第分明，不能亂，否則是犯重戒；因為等於同時歸依外道天神了，甚至於有的供奉的是鬼神，還不是天神。譬如他家裡供了土地公，土地公屬於鬼神，但是為什麼叫「福德正神」？因為他有玉皇大帝給他的誥封，所以鬼神的本質而有正神的封號；但他終究是神，沒有辦法接受你自稱為弟子的供養，不要為難他們！如果學佛之前家中供養了土地公，初二、十六上供，以前是三牲五禮，還要酒過三巡才撤下來。如果你受菩薩戒之後，還去買了雞、鴨、魚肉、豬肉，並且還去買酒親自來斟酒上供，都是犯重戒——酤酒戒。還有，買那些雞肉、鴨肉等，是犯殺戒，間接殺；上香時再自稱弟子（大眾笑…），這可嚴重了！這是犯重戒。如來也指示說，這是犯重戒！

如果曾經有作過這樣的事，戒罪雖然還沒有到「波羅夷」；犯重，可悔。請諸位留意：犯重，還沒有到波羅夷，可悔。所以要在 佛前對眾懺悔，這是 如來的指示。目前我們已經有兩位親教師發覺同修間有這種事，趕快懺悔了。一位對眾懺，一位則是由 如來指示，要在我面前向 如來懺悔。所以現在已經懺悔，有兩位了，那諸位要去檢查：如果你還沒有受三歸戒，自稱弟子無妨；如果受了三歸戒還這樣作，是輕戒，要對首懺；如果受菩薩戒了還這樣作，犯重，未到波羅夷，可悔，要對眾懺。這個順便跟諸位說明。

那麼七月半時也不要再拜了。有一些人弄不懂，跟著在門前擺了香案、供品，然後拜了好兄弟，祈求發大財。但那些都是孤魂野鬼，是福德不夠才會成為孤魂野鬼。他們能夠保佑你發大財？他們還要等你布施欸！而且一年才只有一次。所以這個部分特別要注意。有的人還加上一個嚴重的問題，在家裡神祇面前上供了以後，上香自稱弟子，而且還禮拜，那更嚴重。所以這些道理，我要說給諸位聽。

如果是家裡長輩一天到晚跟鬼神混在一起，就喜歡那些拜鬼神的地方，而他已經歸依三寶了，千萬記得要叫他念佛，要叫他迴向往生極樂世界；因為這類人死了，鬼神會來找他，跟著就落入鬼神道。哪一類的鬼神道？很多道教廟裡有那個黑的令旗，有沒有？這令旗神祇拿來一用，可以號召那一些兵將。如果死時被鬼神接去了，就是去當兵，很多人都沒有警覺到這一點。

所以，有這樣的長輩時，一定要好好勸他念佛，求生極樂世界。然後他一往生，趕快幫他念佛；要開示他：起念、生願要往生極樂世界。那如果他的福德不夠，趕快幫他「作頭七」，莊嚴一點；也幫他「作功德」，用他自己的錢幫他作功德；然後幫他求 阿彌陀佛或 觀世音菩薩，接引快去，一七就要走。第一個七，中陰身壞掉時，第二個七的中陰身剛出生時就接走，一定要這樣！如果他的福德不夠，趕快幫他作，這是要很留意的地方。那他去極樂世界，鬼神追不上，也沒辦法阻止；他往生極樂以後就在那邊熏習佛法，到了有因緣的時候，看要回來娑婆或哪個世界都可以，或留在那裡都好，總比跟鬼神爲伍好。這個是大家應該要注意的地方。

（《大法鼓經講義》共六輯，至此講解圓滿。）

佛教正覺同修會〈修學佛道次第表〉

第一階段

* 以憶佛及拜佛方式修習動中定力。
* 學第一義佛法及禪法知見。
* 無相拜佛功夫成就。
* 具備一念相續功夫—動靜中皆能看話頭。
* 努力培植福德資糧，勤修三福淨業。

第二階段

* 參話頭，參公案。
* 開悟明心，一片悟境。
* 鍛鍊功夫求見佛性。
* 眼見佛性〈餘五根亦如是〉親見世界如幻，成就如幻觀。
* 學習禪門差別智。
* 深入第一義經典。
* 修除性障及隨分修學禪定。
* 修證十行位陽焰觀。

第三階段

* 學一切種智真實正理—楞伽經、解深密經、成唯識論…。
* 參究末後句。
* 解悟末後句。
* 透牢關—親自體驗所悟末後句境界，親見實相，無得無失。
* 救護一切衆生迴向正道。護持了義正法，修證十迴向位如夢觀。
* 發十無盡願，修習百法明門，親證猶如鏡像現觀。
* 修除五蓋，發起禪定。持一切善法戒。親證猶如光影現觀。
* 進修四禪八定、四無量心、五神通。進修大乘種智，求證猶如谷響現觀。

佛菩提二主要道次第概要表——二道並修，以外無別佛法

佛菩提道——大菩提道

十信位修集信心——一劫乃至一萬劫

資糧位

初住位修集布施功德（以財施爲主）。
二住位修集持戒功德。
三住位修集忍辱功德。
四住位修集精進功德。
五住位修集禪定功德。
六住位修集般若功德（熏習般若中觀及斷我見，加行位也）。

（外門廣修六度萬行）

見道位

七住位明心般若正觀現前，親證本來自性清淨涅槃。
八住位起於一切法現觀般若中道。漸除性障。
十住位眼見佛性，世界如幻觀成就。

一至十行位，於廣行六度萬行中，依般若中道慧，現觀陰處界猶如陽焰，至第十行滿心位，陽焰觀成就。
一至十迴向位熏習一切種智；修除性障，唯留最後一分思惑不斷。第十迴向滿心位成就菩薩道如夢觀。

（內門廣修六度萬行）

遠波羅蜜多

初地：第十迴向位滿心時，成就道種智一分（八識心王一一親證後，領受五法、三自性、七種第一義、七種性自性、二種無我法）復由勇發十無盡願，成通達位菩薩。復又永伏性障而不具斷，能證慧解脫而不取證，由大願故留惑潤生。此地主修法施波羅蜜多及百法明門。證「猶如鏡像」現觀，故滿初地心。

二地：初地功德滿足以後，再成就道種智一分而入二地；主修戒波羅蜜多及一切種智。滿心位成就「猶如光影」現觀，戒行自然清淨。

解脫道：二乘菩提

→ 斷三縛結，成初果解脫
→ 薄貪瞋癡，成二果解脫
→ 斷五下分結，成三果解脫

入地前的四加行令煩惱障現行悉斷，成四果解脫，留惑潤生。分段生死已斷，煩惱障習氣種子開始斷除，兼斷無始無明上煩惱。

近波羅蜜多 …… 大波羅蜜多 …… 圓滿波羅蜜多

修道位 …… 究竟位

心、五神通。能成就俱解脫果而不取證，留惑潤生。滿心位成就「猶如谷響」現觀及無漏妙定意生身。

四地：由三地再證道種智一分故入四地。主修精進波羅蜜多，於此土及他方世界廣度有緣，無有疲倦。進修一切種智，滿心位成就「如水中月」現觀。

五地：由四地再證道種智一分故入五地。主修禪定波羅蜜多及一切種智，斷除下乘涅槃貪。滿心位成就「變化所成」現觀。

六地：由五地再證道種智一分故入六地。此地主修般若波羅蜜多——依道種智現觀十二因緣一一有支及意生身化身，皆自心眞如變化所現，「非有似有」，成就細相觀，不由加行而自然證得滅盡定，成俱解脫大乘無學。

七地：由六地「非有似有」現觀，再證道種智一分故入七地。此地主修一切種智及方便波羅蜜多，由重觀十二有支一一支中之流轉門及還滅門一切細相，成就方便善巧，念念隨入滅盡定。滿心位證得「如犍闥婆城」現觀。

八地：由七地極細相觀成就故再證道種智一分而入八地。此地主修一切種智及願波羅蜜多。至滿心位純無相觀任運恆起，故於相土自在，滿心位復證「如實覺知諸法相意生身」故。

九地：由八地再證道種智一分故入九地。主修力波羅蜜多及一切種智，成就四無礙，滿心位證得「種類俱生無行作意生身」。

十地：由九地再證道種智一分故入此地。此地主修一切種智——智波羅蜜多。滿心位起大法智雲，及現起大法智雲所含藏種種功德，成受職菩薩。

等覺：由十地道種智成就故入此地。此地應修一切種智，圓滿等覺地無生法忍；於百劫中修集極廣大福德，以之圓滿三十二大人相及無量隨形好。

妙覺：示現受生人間已斷盡煩惱障一切習氣種子，並斷盡所知障一切隨眠，永斷變易生死無明，成就大般涅槃，四智圓明。人間捨壽後，報身常住色究竟天利樂十方地上菩薩；以諸化身利樂有情，永無盡期，成就究竟佛道。

七地滿心斷除故意保留之最後一分思惑時，煩惱障所攝色、受、想三陰有漏習氣種子全部斷盡。→

煩惱障所攝行、識二陰無漏習氣種子任運漸斷，所知障所攝上煩惱任運漸斷。→

斷盡變易生死成就大般涅槃

圓滿成就究竟佛果

佛子蕭平實 謹製
（二〇〇九、〇二 修訂）
（二〇一二、〇二 增補）

佛教正覺同修會 共修現況 及 招生公告　2023/10/21

一、共修現況：（請在共修時間來電，以免無人接聽。）

台北正覺講堂 103 台北市承德路三段 277 號九樓 捷運淡水線圓山站旁

Tel..總機 02-25957295（晚上）（**分機：九樓**辦公室 10、11；知客櫃檯 12、13。 **十樓**知客櫃檯 15、16；書局櫃檯 14。**五樓**辦公室 18；知客櫃檯 19。**二樓**辦公室 20；知客櫃檯 21。）

Fax..25954493

第一講堂　台北市承德路三段 277 號九樓

禪淨班：週一晚班、週三晚班、週四晚班、週五晚班、週六下午班、週六上午班（共修期間二年半，全程免費。皆須報名建立學籍後始可參加共修，欲報名者詳見本公告末頁。）

增上班：成唯識論釋：單週六晚班。雙週六晚班（重播班）。17.50～20.50。平實導師講解，2022 年 2 月末開講，預定六年內講完，僅限已明心之會員參加。

禪門差別智：每月第一週日全天　平實導師主講（事冗暫停）。

解深密經詳解：本經從六度波羅蜜多談到八識心王，再詳論大乘見道所證眞如，然後論及悟後進修的相見道位所觀七眞如，以及入地後的十地所修，乃至成佛時的四智圓明一切種智境界，皆是可修可證之法，流傳至今依舊可證，顯示佛法眞是義學而非玄談或思想，都是淺深次第皆所論及之第一義諦妙義。已於 2021 年三月下旬起開講，由平實導師詳解。每逢週二晚上開講，第一至第七講堂都可同時聽聞，歡迎菩薩種性學人，攜眷共同參與此殊勝法會現場聞法，不限制聽講資格。本會學員憑上課證進入第一至第四、第七講堂聽講，會外學人請以身分證件換證進入聽講（此爲大樓管理處安全管理規定之要求，敬請諒解）；第五及第六講堂（B1、B2）對外開放，不需出示任何證件，請由大樓側門直接進入。

第二講堂　台北市承德路三段 267 號十樓。

禪淨班：週一晚班。

進階班：週三晚班、週四晚班、週五晚班、週六早班、週六下午班。禪淨班結業後轉入共修。

增上班：成唯識論釋：單週六晚班，影音同步傳播。雙週六晚班（重播班）

解深密經詳解：平實導師講解。每週二 18.50~20.50 影像音聲即時傳輸。

第三講堂　台北市承德路三段 277 號五樓。

增上班：成唯識論釋：單週六晚班，影音同步傳播。雙週六晚班（重播班）

進階班：週一晚班、週三晚班、週四晚班、週五晚班、週六下午班。

解深密經詳解：平實導師講解。每週二 18.50~20.50 影像音聲即時傳輸。

第四講堂　台北市承德路三段 267 號二樓。

進階班：週一晚班、週三晚班、週四晚班（禪淨班結業後轉入共修）。

解深密經詳解：平實導師講解。每週二 18.50~20.50 影像音聲即時傳輸。

第五、第六講堂

念佛班　每週日晚上，第六講堂共修（B2），一切求生極樂世界的三寶弟子皆可參加，不限制共修資格。

進階班：週一晚班、週三晚班、週四晚班。

解深密經詳解：平實導師講解。每週二 18.50~20.50 影像音聲即時傳輸。第五、第六講堂爲**開放式講堂**，不需以身分證件換證即可進入聽講，台北市承德路三段 267 號地下一樓、地下二樓。每逢週二晚上講經時段開放給會外人士自由聽經，請由大樓側面梯階逕行進入聽講。

聽講者請尊重講者的著作權及肖像權，請勿錄音錄影，以免違法；若有錄音錄影被查獲者，將依法處理。

第七講堂　台北市承德路三段 267 號六樓。

解深密經詳解：平實導師講解。每週二 18.50~20.50 影像音聲即時傳輸。

正覺祖師堂　大溪區美華里信義路 650 巷坑底 5 之 6 號（台 3 號省道 34 公里處　妙法寺對面斜坡道進入）電話 03-3886110　傳眞 03-3881692 本堂供奉　克勤圓悟大師，專供會員每年四月、十月各三次精進禪三共修，兼作本會出家菩薩掛單常住之用。開放參訪日期請參見本會公告。教內共修團體或道場，得另申請其餘時間作團體參訪，務請事先與常住確定日期，以便安排常住菩薩接引導覽，亦免妨礙常住菩薩之日常作息及修行。

桃園正覺講堂（第一、第二講堂）：桃園市介壽路 286、288 號 10 樓（陽明運動公園對面）電話：03-3749363（請於共修時聯繫，或與台北聯繫）

禪淨班：週一晚班（1）、週一晚班（2）、週三晚班、週四晚班、週五晚班。

進階班：週四晚班、週五晚班、週六上午班。

增上班：成唯識論釋。雙週六晚班（增上重播班）。

解深密經詳解：平實導師講解。每週二晚上，以台北正覺講堂所錄DVD放映；歡迎會外學人共同聽講，不需出示身分證件。

新竹正覺講堂 新竹市東光路 55 號二樓之一　電話 03-5724297（晚上）

第一講堂：

禪淨班：週五晚班。

進階班：週三晚班、週四晚班、週六上午班。由禪淨班結業後轉入共修

增上班：成唯識論釋。單週六晚班。雙週六晚班（重播班）。

解深密經詳解：平實導師講解。每週二晚上，以台北正覺講堂所錄 DVD 放映。歡迎會外學人共同聽講，不需出示身分證件。

第二講堂：

禪淨班：週一晚班、週三晚班、週四晚班、週六上午班。

解深密經詳解：每週二晚上與第一講堂同步播放講經 DVD。

第三、第四講堂：裝修完畢，已經啓用。

台中正覺講堂　04-23816090（晚上）

第一講堂　台中市南屯區五權西路二段 666 號 13 樓之四（國泰世華銀行樓上。鄰近縣市經第一高速公路前來者，由五權西路交流道可以快速到達，大樓旁有停車場，對面有素食館）。

禪淨班：週四晚班、週五晚班。

進階班：週一晚班、週三晚班、週六上午班（由禪淨班結業後轉入共修）。

增上班：成唯識論釋。單週六晚班。雙週六晚班（重播班）。

解深密經詳解：平實導師講解。每週二晚上，以台北正覺講堂所錄 DVD 放映。歡迎會外學人共同聽講，不需出示身分證件。

第二講堂　台中市南屯區五權西路二段 666 號 4 樓。

禪淨班：週一晚班、週三晚班。

第三講堂台中市南屯區五權西路二段 666 號 4 樓。

禪淨班：週一晚班。

第四講堂台中市南屯區五權西路二段 666 號 4 樓。

進階班：週一晚班、週四晚班、週六上午班，由禪淨班結業後轉入共修

解深密經詳解：每週二晚上與第一講堂同步播放講經 DVD。

嘉義正覺講堂 嘉義市友愛路 288 號八樓之一　電話：05-2318228

第一講堂：

禪淨班：週四晚班、週五晚班、週六上午班。

進階班：週一晚班、週三晚班（由禪淨班結業後轉入共修）。

增上班：成唯識論釋。單週六晚班。雙週六晚班（重播班）。

解深密經詳解：平實導師講解。每週二晚上，以台北正覺講堂所錄 DVD 放映。歡迎會外學人共同聽講，不需出示身分證件。

第二講堂　嘉義市友愛路 288 號八樓之二。

第三講堂　嘉義市友愛路 288 號四樓之七。

禪淨班：週一晚班、週三晚班。

台南正覺講堂

第一講堂　台南市西門路四段 15 號 4 樓。06-2820541（晚上）

禪淨班：週一晚班、週三晚班、週四晚班、週五晚班、週六下午班。

增上班：**成唯識論釋**。單週六晚班。雙週六晚班（重播班）。

解深密經詳解：平實導師講解。每週二晚上，以台北正覺講堂所錄 DVD 放映。歡迎會外學人共同聽講，不需出示身分證件。

第二講堂　台南市西門路四段 15 號 3 樓。

解深密經詳解：每週二晚上與第一講堂同步播放講經 DVD。

第三講堂　台南市西門路四段 15 號 3 樓。

進階班：週一晚班、週三晚班、週四晚班、週五晚班（由禪淨班結業後轉入共修）。

解深密經詳解：每週二晚上與第一講堂同步播放講經 DVD。

高雄正覺講堂　高雄市新興區中正三路 45 號五樓 07-2234248（晚上）

第一講堂（五樓）：

禪淨班：週一晚班、週三晚班、週四晚班、週五晚班、週六上午班。

增上班：**成唯識論釋**。單週六晚班。雙週六晚班（重播班）。

解深密經詳解：平實導師講解。每週二晚上，以台北正覺講堂所錄 DVD 放映。歡迎會外學人共同聽講，不需出示身分證件。

第二講堂（四樓）：

進階班：週三晚班、週四晚班、週六上午班（由禪淨班結業後轉入共修）。

解深密經詳解：每週二晚上與第一講堂同步播放講經 DVD。

第三講堂（三樓）：

進階班：週四晚班（由禪淨班結業後轉入共修）。

香港正覺講堂

香港新界葵涌打磚坪街 93 號維京科技商業中心A 座 18 樓。

電話：(852) 23262231

英文地址：18/F, Tower A, Viking Technology & Business Centre, 93 Ta Chuen Ping Street, Kwai Chung, N.T., Hong Kong.

禪淨班：單週六下午班、雙週六下午班、單週日上午班、單週日下午班、雙週日上午班

進階班：雙週六、日上午班（由禪淨班結業後轉入共修）。

增上班：每月第一雙週日下午及晚上班，以台北增上班課程錄成 DVD 放映之。

增上重播班：每月第二雙週日下午及晚上班，以台北增上班課程錄成 DVD 放映之。

不退轉法輪經詳解：平實導師講解。每週六、日 19:00～21:00，以台北正覺講堂所錄 DVD 放映；歡迎會外學人共同聽講，不需出示身分證件。

二、招生公告　**本會台北講堂及全省各講堂、香港講堂，每逢四月、十月下旬開新班，每週共修一次**（每次二小時。開課日起三個月內仍可插班）；**各班共修期間皆爲二年半，全程免費，欲參加者請向本會函索報名表**（各共修處皆於共修時間方有人執事，非共修時間請勿電詢或前來洽詢、請書），**或直接從本會官方網站**(http://www.enlighten.org.tw/newsflash/class)**或成佛之道網站下載報名表**。共修期滿時，若經報名禪三審核通過者，可參加四天三夜之禪三精進共修，有機會明心、取證如來藏，發起般若實相智慧，成爲實義菩薩，脫離凡夫菩薩位。

三、新春禮佛祈福　農曆**年假**期間停止共修：自農曆新年前七天起停止共修與弘法，正月 8 日起回復共修、弘法事務。新春期間正月初一～初七 9.00～17.00 開放台北講堂、正月初一~初三開放新竹、台中、嘉義、台南、高雄講堂，以及大溪禪三道場（正覺祖師堂），方便會員供佛、祈福及會外人士請書。

密宗四大派修雙身法，是外道性力派的邪法；又以生滅的識陰作為常住法，是常見外道，是假的藏傳佛教。

西藏覺囊巴以他空見弘揚第八識如來藏勝法，才是真藏傳佛教

佛教正覺同修會　弘法行事表　2022/04/25

1、**禪淨班**　以無相念佛及拜佛方式修習動中定力，實證一心不亂功夫。傳授解脫道正理及第一義諦佛法，以及參禪知見。共修期間：二年六個月。每逢四月、十月開新班，詳見招生公告表。

2、**進階班**　禪淨班畢業後得轉入此班，進修更深入的佛法，期能證悟明心。各地講堂各有多班，繼續深入佛法、增長定力，悟後得轉入增上班修學道種智，期能證得無生法忍。

3、**增上班　成唯識論**詳解　詳解八識心王的唯識性、唯識相、唯識位，分說八識心王及其心所各別的自性、所依、所緣、相應心所、行相、功用等，並闡述緣生諸法的四緣：因緣、等無間緣、所緣緣、增上緣等四緣，並論及十因五果等。論中闡釋**佛法實證及成就的根本法即是第八識，由第八識成就三界世間及出世間的一切染淨諸法，方有成佛之道可修、可證、可成就，名爲圓成實性**。然後詳解末法時代學人極易混淆的見道位所函蓋的眞見道、相見道、通達位等內容，指正末法時代高慢心一類學人，於見道位前後不斷所墮的同一邪謬處。末後開示修道位的十地之中，各地所應斷的二愚及所應證的一智，乃至佛位的四智圓明及具足四種涅槃等一切種智之眞實正理。由平實導師講述，每逢一、三、五週之週末晚上開示，每逢二、四週之週末爲重播班，供作後悟之菩薩補聞所未聽聞之法。增上班課程僅限已明心之會員參加。未來每逢講完十分之一內容時，便予出書流通；總共十輯，敬請期待。（註：《瑜伽師地論》從 2003 年二月開講，至 2022 年 2 月 19 日已經圓滿，爲期 18 年整。）

4、**解深密經**詳解　本經所說妙法極爲甚深難解，非唯論及佛法中心主旨的八識心王及般若實證之標的，亦論及眞見道之後轉入相見道位中應該修學之法，即是七眞如之觀行內涵，然後始可入地。亦論及見道之後，如何與解脫及佛菩提智相應，兼論十地進修之道，末論如來法身及四智圓明的一切種智境界。如是眞見道、相見道、諸地修行之義，傳至今時仍然可證，顯示佛法眞是義學而非玄談或思想，有實證之標的與內容，非學術界諸思惟研究者之所能到，乃是離言絕句之第八識第一義諦妙義。重講本經之目的，在於令諸已悟之人明解大乘佛法之成佛次第，以及悟後進修一切種智之內涵，確實證知三種自性性，並得據此證解七眞如、十眞如等正理，成就三無性的境界。已於 2021 年三月下旬起每逢週二的晚上公開宣講，由平實導師詳解。不限制聽講資格。

5、**精進禪三**　主三和尚：平實導師。於四天三夜中，以克勤圓悟大師及大慧宗杲之禪風，施設機鋒與小參、公案密意之開示，幫助會員剋期取證，親證不生不滅之眞實心——人人本有之如來藏。每年四月、十月各舉辦三個梯次；平實導師主持。僅限本會會員參加禪淨班共修期滿，報名審核通過者，方可參加。並選擇會中定力、慧力、福德三條件皆已具足之已明心會員，給以指引，令得眼見自己無形無相之佛性遍佈山河大地，眞實而無障礙，得以肉眼現觀世界身心悉皆如幻，具足成就如幻觀，圓滿十住菩薩之證境。

6、**阿含經**詳解　選擇重要之阿含部經典，依無餘涅槃之實際而加以詳解，令大眾得以現觀諸法緣起性空，亦復不墮斷滅見中，顯示經中所隱說之涅槃實際—如來藏—確實已於四阿含中隱說；令大眾得以聞後觀行，確實斷除我見乃至我執，證得**見到**眞現觀，乃至**身證**……等眞現觀；已得大乘或二乘見道者，亦可由此聞熏及聞後之觀行，除斷我所之貪著，成就慧解脫果。由平實導師詳解。不限制聽講資格。

7、**精選如來藏系經典**詳解　精選如來藏系經典一部，詳細解說，以此完全印證會員所悟如來藏之眞實，得入不退轉住。另行擇期詳細解說之，由平實導師講解。僅限已明心之會員參加。

8、**禪門差別智**　藉禪宗公案之微細淆訛難知難解之處，加以宣說及剖析，以增進明心、見性之功德，啓發差別智，建立擇法眼。每月第一週日全天，由平實導師開示，僅限破參明心後，復又眼見佛性者參加(事冗暫停)。

9、**枯木禪**　先講智者大師的《小止觀》，後說《釋禪波羅蜜》，詳解四禪八定之修證理論與實修方法，細述一般學人修定之邪見與岔路，及對禪定證境之誤會，消除枉用功夫、浪費生命之現象。已悟般若者，可以藉此而實修初禪，進入大乘通教及聲聞教的三果心解脫境界，配合應有的大福德及後得無分別智、十無盡願，即可進入初地心中。親教師：平實導師。未來緣熟時將於正覺寺開講。不限制聽講資格。

註：本會例行年假，自 2004 年起，改爲每年農曆新年前七天開始停息弘法事務及共修課程，農曆正月 8 日回復所有共修及弘法事務。新春期間（每日 9.00~17.00）開放台北講堂，方便會員禮佛祈福及會外人士請書。大溪區的正覺祖師堂，開放參訪時間，詳見〈正覺電子報〉或成佛之道網站。本表得因時節因緣需要而隨時修改之，不另作通知。

佛教正覺同修會　贈閱書籍 目錄　2021/8/30

1.**無相念佛**　平實導師著　回郵 36 元
2.**念佛三昧修學次第**　平實導師述著　回郵 52 元
3.**正法眼藏—護法集**　平實導師述著　回郵 76 元
4.**真假開悟簡易辨正法&佛子之省思**　平實導師著　回郵 26 元
5.**生命實相之辨正**　平實導師著　回郵 31 元
6.**如何契入念佛法門**（附：印順法師否定極樂世界）平實導師著　回郵 26 元
7.**平實書箋**—答元覽居士書　平實導師著　回郵 52 元
8.**三乘唯識**—如來藏系經律彙編　平實導師編　回郵 80 元
（精裝本　長 27 cm　寬 21 cm　高 7.5 cm　重 2.8 公斤）
9.**三時繫念全集**—修正本　回郵掛號 52 元（長 26.5 cm×寬 19 cm）
10.**明心與初地**　平實導師述　回郵 31 元
11.**邪見與佛法**　平實導師述著　回郵 36 元
12.**甘露法雨**　平實導師述　回郵 36 元
13.**我與無我**　平實導師述　回郵 36 元
14.**學佛之心態**—修正錯誤之學佛心態始能與正法相應 孫正德老師著 回郵52元
附錄：平實導師著**《略說八、九識並存…等之過失》**
15.**大乘無我觀**—《悟前與悟後》別說　平實導師述著　回郵 36 元
16.**佛教之危機**—中國台灣地區現代佛教之真相（附錄：公案拈提六則）
平實導師著　回郵 52 元
17.**燈 影**—燈下黑（覆「求教後學」來函等）　平實導師著　回郵 76 元
18.**護法與毀法**—覆上平居士與徐恒志居士網站毀法二文
張正圜老師著　回郵 76 元
19.**淨土聖道**—兼評**選擇本願念佛**　正德老師著　**由正覺同修會購贈** 回郵 52 元
20.**辨唯識性相**—對「紫蓮心海《辯唯識性相》書中否定阿賴耶識」之回應
正覺同修會 台南共修處法義組 著　回郵 52 元
21.**假如來藏**—對法蓮法師《如來藏與阿賴耶識》書中否定阿賴耶識之回應
正覺同修會 台南共修處法義組 著　回郵 76 元
22.**入不二門**—公案拈提集錦 第一輯（於平實導師公案拈提諸書中選錄約二十則，
合輯為一冊流通之）平實導師著　回郵 52 元
23.**真假邪說**—西藏密宗索達吉喇嘛《破除邪說論》真是邪說
釋正安法師著　上、下冊回郵各 52 元
24.**真假開悟**—真如、如來藏、阿賴耶識間之關係　平實導師述著　回郵 76 元
25.**真假禪和**—辨正釋傳聖之謗法謬說　孫正德老師著　回郵 76 元

26.**眼見佛性**—駁慧廣法師眼見佛性的含義文中謬說

游正光老師著　回郵 52 元

27.**普門自在**—公案拈提集錦 第二輯（於平實導師公案拈提諸書中選錄約二十則，合輯為一冊流通之）平實導師著　回郵 52 元

28.**印順法師的悲哀**—以現代禪的質疑為線索　恒毓博士著　回郵 52 元

29.**識蘊真義**—現觀識蘊內涵、取證初果、親斷三縛結之具體行門。

—依《成唯識論》及《惟識述記》正義，略顯安慧《大乘廣五蘊論》之邪謬

平實導師著　回郵 76 元

30.**正覺電子報** 各期紙版本　免附回郵　每次最多函索三期或三本。

（已無存書之較早各期，不另增印贈閱）

31.**現代人應有的宗教觀**　蔡正禮老師 著　回郵 31 元

32.**遠惑趣道**—正覺電子報般若信箱問答錄　第一輯　回郵 52 元

33.**遠惑趣道**—正覺電子報般若信箱問答錄　第二輯　回郵 52 元

34.**確保您的權益**—器官捐贈應注意自我保護　游正光老師 著　回郵 31 元

35.**正覺教團電視弘法三乘菩提 DVD 光碟（一）**

由正覺教團多位親教師共同講述錄製 DVD 8 片，MP3 一片，共 9 片。有二大講題：一為「三乘菩提之意涵」，二為「學佛的正知見」。內容精闢，深入淺出，精彩絕倫，幫助大眾快速建立三乘法道的正知見，免被外道邪見所誤導。有志修學三乘佛法之學人不可不看。（製作工本費 100 元，回郵 52 元）

36.**正覺教團電視弘法 DVD 專輯（二）**

總有二大講題：一為「三乘菩提之念佛法門」，一為「學佛正知見（第二篇）」，由正覺教團多位親教師輪番講述，內容詳細闡述如何修學念佛法門、實證念佛三昧，以及學佛應具有的正確知見，可以幫助發願往生西方極樂淨土之學人，得以把握往生，更可令學人快速建立三乘法道的正知見，免於被外道邪見所誤導。有志修學三乘佛法之學人不可不看。（一套 17 片，工本費 160 元。回郵 76 元）

37.**喇嘛性世界**—揭開假藏傳佛教譚崔瑜伽的面紗　張善思 等人合著

由正覺同修會購贈　回郵 52 元

38.**假藏傳佛教的神話**—性、謊言、喇嘛教　張正玄教授編著

由正覺同修會購贈　回郵 52 元

39.**隨 緣**—理隨緣與事隨緣　平實導師述　回郵 52 元。

40.**學佛的覺醒**　正枝居士 著　回郵 52 元

41.**導師之真實義**　蔡正禮老師 著　回郵 31 元

42.**淺談達賴喇嘛之雙身法**—兼論解讀「密續」之達文西密碼

吳明芷居士 著　回郵 31 元

43.**魔界轉世**　張正玄居士 著　回郵 31 元

44.**一貫道與開悟**　蔡正禮老師 著　回郵 31 元

45.**博愛**—愛盡天下女人　正覺教育基金會 編印　回郵 36 元

46.**意識虛妄經教彙編**—實證解脫道的關鍵經文　正覺同修會編印　回郵36元
47.**邪箭囈語**—破斥藏密外道多識仁波切《破魔金剛箭雨論》之邪說
陸正元老師著　上、下冊回郵各52元
48.**真假沙門**—依　佛聖教闡釋佛教僧寶之定義
蔡正禮老師著　俟正覺電子報連載後結集出版
49.**真假禪宗**—藉評論釋性廣《印順導師對變質禪法之批判
及對禪宗之肯定》以顯示真假禪宗
附論一：凡夫知見　無助於佛法之信解行證
附論二：世間與出世間一切法皆從如來藏實際而生而顯
余正偉老師著　俟正覺電子報連載後結集出版　回郵未定

★ 上列贈書之郵資，係台灣本島地區郵資，大陸、港、澳地區及外國地區，請另計酌增（大陸、港、澳、國外地區之郵票不許通用）。尚未出版之書，請勿先寄來郵資，以免增加作業煩擾。

★ 本目錄若有變動，唯於後印之書籍及「成佛之道」網站上修正公佈之，不另行個別通知。

函索書籍請寄：佛教正覺同修會　103 台北市承德路 3 段 277 號 9 樓
台灣地區函索書籍者請附寄郵票，無時間購買郵票者可以等值現金抵用，但不接受郵政劃撥、支票、匯票。大陸地區得以人民幣計算，國外地區請以美元計算（請勿寄來當地郵票，在台灣地區不能使用）。欲以掛號寄遞者，請另附掛號郵資。

親自索閱：正覺同修會各共修處。　★請於共修時間前往取書，餘時無人在道場，請勿前往索取；共修時間與地點，詳見書末正覺同修會共修現況表（以近期之共修現況表為準）。

註：正智出版社發售之局版書，請向各大書局購閱。若書局之書架上已經售出而無陳列者，請向書局櫃台指定洽購；若書局不便代購者，請於正覺同修會共修時間前往各共修處請購，正智出版社已派人於共修時間送書前往各共修處流通。　郵政劃撥購書及　大陸地區　購書，請詳別頁正智出版社發售書籍目錄最後頁之說明。

成佛之道　網站：http://www.a202.idv.tw　　正覺同修會已出版之結緣書籍，多已登載於　成佛之道　網站，若住外國、或住處遙遠，不便取得正覺同修會贈閱書籍者，可以從本網站閱讀及下載。

＊＊假藏傳佛教修雙身法，非佛教＊＊

正智出版社 籌募弘法基金發售書籍目錄 2023/05/18

1.**宗門正眼**—公案拈提 第一輯 重拈 平實導師著 500 元
因重寫內容大幅度增加故，字體必須改小，並增爲 576 頁 主文 546 頁。比初版更精彩、更有內容。初版《禪門摩尼寶聚》之讀者，可寄回本公司免費調換新版書。免附回郵，亦無截止期限。（2007 年起，每冊附贈本公司精製公案拈提〈超意境〉CD 一片。市售價格 280 元，多購多贈。）
2.**禪淨圓融** 平實導師著 200 元（第一版舊書可換新版書。）
3.**真實如來藏** 平實導師著 400 元
4.**禪—悟前與悟後** 平實導師著 上、下冊，每冊 250 元
5.**宗門法眼**—公案拈提 第二輯 平實導師著 500 元
（2007 年起，每冊附贈本公司精製公案拈提〈超意境〉CD 一片）
6.**楞伽經詳解** 平實導師著 全套共 10 輯 每輯 250 元
7.**宗門道眼**—公案拈提 第三輯 平實導師著 500 元
（2007 年起，每冊附贈本公司精製公案拈提〈超意境〉CD 一片）
8.**宗門血脈**—公案拈提 第四輯 平實導師著 500 元
（2007 年起，每冊附贈本公司精製公案拈提〈超意境〉CD 一片）
9.**宗通與說通**—成佛之道 平實導師著 主文 381 頁 全書 400 頁售價 300 元
10.**宗門正道**—公案拈提 第五輯 平實導師著 500 元
（2007 年起，每冊附贈本公司精製公案拈提〈超意境〉CD 一片）
11.**狂密與真密** 一～四輯 平實導師著 西藏密宗是人間最邪淫的宗教，本質不是佛教，只是披著佛教外衣的印度教性力派流毒的喇嘛教。此書中將西藏密宗密傳之男女雙身合修樂空雙運所有祕密與修法，毫無保留完全公開，並將全部喇嘛們所不知道的部分也一併公開。內容比大辣出版社喧騰一時的《西藏慾經》更詳細。並且函蓋藏密的所有祕密及其錯誤的中觀見、如來藏見……等，藏密的所有法義都在書中詳述、分析、辨正。每輯主文三百餘頁 每輯全書約 400 頁 售價每輯 300 元
12.**宗門正義**—公案拈提 第六輯 平實導師著 500 元
（2007 年起，每冊附贈本公司精製公案拈提〈超意境〉CD 一片）
13.**心經密意**—心經與解脫道、佛菩提道、祖師公案之關係與密意 平實導師述 300 元
14.**宗門密意**—公案拈提 第七輯 平實導師著 500 元
（2007 年起，每冊附贈本公司精製公案拈提〈超意境〉CD 一片）
15.**淨土聖道**—兼評「選擇本願念佛」 正德老師著 200 元
16.**起信論講記** 平實導師述著 共六輯 每輯三百餘頁 售價各 250 元

17.**優婆塞戒經講記**　平實導師述著 共八輯 每輯三百餘頁 售價各 250 元

18.**真假活佛**—略論附佛外道盧勝彥之邪說（對前岳靈犀網站主張「盧勝彥是證悟者」之修正） 正犀居士（岳靈犀）著　流通價 140 元

19.**阿含正義**—唯識學探源　平實導師著　共七輯　每輯 300 元

20.**超意境 CD** 以平實導師公案拈提書中超越意境之頌詞，加上曲風優美的旋律，錄成令人嚮往的超意境歌曲，其中包括正覺發願文及平實導師親自譜成的黃梅調歌曲一首。詞曲雋永，殊堪翫味，可供學禪者吟詠，有助於見道。內附設計精美的彩色小冊，解說每一首詞的背景本事。每片 280 元。【每購買公案拈提書籍一冊，即贈送一片。】

21.**菩薩底憂鬱 CD** 將菩薩情懷及禪宗公案寫成新詞，並製作成超越意境的優美歌曲。 1.主題曲〈菩薩底憂鬱〉，描述地後菩薩能離三界生死而迴向繼續生在人間，但因尚未斷盡習氣種子而有極深沈之憂鬱，非三賢位菩薩及二乘聖者所知，此憂鬱在七地滿心位方才斷盡；本曲之詞中所說義理極深，昔來所未曾見；此曲係以優美的情歌風格寫詞及作曲，聞者得以激發嚮往諸地菩薩境界之大心，詞、曲都非常優美，難得一見；其中勝妙義理之解說，已印在附贈之彩色小冊中。 2.以各輯公案拈提中直示禪門入處之頌文，作成各種不同曲風之超意境歌曲，值得玩味、參究；聆聽公案拈提之優美歌曲時，請同時閱讀內附之印刷精美說明小冊，可以領會超越三界的證悟境界；未悟者可以因此引發求悟之意向及疑情，眞發菩提心而邁向求悟之途，乃至因此眞實悟入般若，成眞菩薩。 3.正覺總持咒新曲，總持佛法大意；總持咒之義理，已加以解說並印在隨附之小冊中。本 CD 共有十首歌曲，長達 63 分鐘。每盒各附贈二張購書優惠劵。每片 320 元。

22.**禪意無限 CD** 平實導師以公案拈提書中偈頌寫成不同風格曲子，與他人所寫不同風格曲子共同錄製出版，幫助參禪人進入禪門超越意識之境界。盒中附贈彩色印製的精美解說小冊，以供聆聽時閱讀，令參禪人得以發起參禪之疑情，即有機會證悟本來面目而發起實相智慧，實證大乘菩提般若，能如實證知般若經中的眞實意。本 CD 共有十首歌曲，長達 69 分鐘，每盒各附贈二張購書優惠劵。每片 320 元。

23.**我的菩提路**第一輯　釋悟圓、釋善藏等人合著　售價 300 元

24.**我的菩提路**第二輯　郭正益等人合著　售價 300 元

（初版首刷至第四刷，都可以寄來免費更換爲第二版，免附郵費）

25.**我的菩提路**第三輯　王美伶等人合著　售價 300 元

26.**我的菩提路**第四輯　陳晏平等人合著　售價 300 元
27.**我的菩提路**第五輯　林慈慧等人合著　售價 300 元
28.**我的菩提路**第六輯　劉惠莉等人合著　售價 300 元
29.**我的菩提路**第七輯　余正偉等人合著　售價 300 元
30.**鈍鳥與靈龜**—考證後代凡夫對大慧宗杲禪師的無根誹謗。
平實導師著 共 458 頁 售價 350 元
31.**維摩詰經講記** 平實導師述 共六輯 每輯三百餘頁 售價各 250 元
32.**真假外道**—破劉東亮、杜大威、釋證嚴常見外道見 正光老師著 200 元
33.**勝鬘經講記**—兼論印順《勝鬘經講記》對於《勝鬘經》之誤解。
平實導師述　共六輯　每輯三百餘頁　售價 250 元
34.**楞嚴經講記** 平實導師述 共 15 輯，每輯三百餘頁 售價 300 元
35.**明心與眼見佛性**—駁慧廣〈蕭氏「眼見佛性」與「明心」之非〉文中謬說
正光老師著　共 448 頁　售價 300 元
36.**見性與看話頭** 黃正倖老師 著，本書是禪宗參禪的方法論。
內文 375 頁，全書 416 頁，售價 300 元。
37.**達賴真面目**—玩盡天下女人 白正偉老師 等著 中英對照彩色精裝大本 800 元
38.**喇嘛性世界**—揭開假藏傳佛教譚崔瑜伽的面紗　張善思 等人著　200 元
39.**假藏傳佛教的神話**—性、謊言、喇嘛教　正玄教授編著　200 元
40.**金剛經宗通**　平實導師述　共九輯　每輯售價 250 元。
41.**空行母**—性別、身分定位，以及藏傳佛教。
珍妮·坎貝爾著 呂艾倫 中譯 售價 250 元
42.**末代達賴**—性交教主的悲歌　張善思、呂艾倫、辛燕編著 售價 250 元
43.**霧峰無霧**—給哥哥的信　辨正釋印順對佛法的無量誤解
游宗明 老師著　售價 250 元
44.**霧峰無霧**—第二輯—救護佛子向正道　細說釋印順對佛法的各類誤解
游宗明 老師著　售價 250 元
45.**第七意識與第八意識？**—穿越時空「超意識」
平實導師述　每冊 300 元
46.**黯淡的達賴**—失去光彩的諾貝爾和平獎
正覺教育基金會編著　每冊 250 元
47.**童女迦葉考**—論呂凱文〈佛教輪迴思想的論述分析〉之謬。
平實導師 著 定價 180 元
48.**人間佛教**—實證者必定不悖三乘菩提
平實導師 述，定價 400 元

49.**實相經宗通**　平實導師述　共八輯　每輯 250 元

50.**真心告訴您(一)**—達賴喇嘛在幹什麼？

正覺教育基金會編著　售價 250 元

51.**中觀金鑑**—詳述應成派中觀的起源與其破法本質

孫正德老師著　分爲上、中、下三冊，每冊 250 元

52.**藏傳佛教要義**—《狂密與真密》之簡體字版　平實導師 著 上、下冊

僅在大陸流通　每冊 300 元

53.**法華經講義**　平實導師述　共二十五輯　每輯三百餘頁 售價 300 元

54.**西藏「活佛轉世」制度**—附佛、造神、世俗法

許正豐、張正玄老師合著　定價 150 元

55.**廣論三部曲**　郭正益老師著　定價 150 元

56.**真心告訴您(二)**—達賴喇嘛是佛教僧侶嗎？

—補祝達賴喇嘛八十大壽

正覺教育基金會編著　售價 300 元

57.**次法**—實證佛法前應有的條件

張善思居士著　分爲上、下二冊，每冊 250 元

58.**涅槃**—解說四種涅槃之實證及內涵　平實導師著 上、下冊 各 350 元

59.**山法**—西藏關於他空與佛藏之根本論

篤補巴·喜饒堅贊著　傑弗里·霍普金斯英譯

張火慶教授、呂艾倫老師中譯　精裝大本 1200 元

60.**佛藏經講義**　平實導師述　共二十一輯　每輯三百餘頁 售價 300 元。

61.**成唯識論**　大唐 玄奘菩薩所著鉅論。重新正確斷句，並以不同字體及標點符號顯示質疑文，令得易讀。全書 288 頁，精裝大本 400 元。

62.**大法鼓經講義**　平實導師述 2023 年 1 月 30 日開始出版　共六輯 每二個月出版一輯，每輯 300 元

63.**成唯識論釋**—詳解大唐玄奘菩薩所著《成唯識論》，平實導師著述。共十輯每輯內文四百餘頁，12級字編排，於每講完一輯的分量以後即予出版，2023年五月底出版第一輯，以後每七到十個月出版一輯，每輯400元。

64.**假鋒虛焰金剛乘**—揭示顯密正理，兼破索達吉師徒《般若鋒兮金剛焰》

釋正安法師著 簡體字版 即將出版 售價未定

65.**廣論之平議**—宗喀巴《菩提道次第廣論》之平議　正雄居士著

約二或三輯　俟正覺電子報連載後結集出版　書價未定

66.**不退轉法輪經講義** 平實導師講述 《大法鼓經講義》出版後發行

67.**八識規矩頌**詳解　○○居士 註解　出版日期另訂　書價未定。

68.**中觀正義**—註解平實導師《中論正義頌》。

〇〇法師（居士）著　出版日期未定　書價未定

69.**中論正義**—釋龍樹菩薩《中論》頌正理。

孫正德老師著　出版日期未定　書價未定

70.**中國佛教史**—依中國佛教正法史實而論。〇〇老師 著　書價未定。

71.**印度佛教史**—法義與考證。依法義史實評論印順《印度佛教思想史、佛教史地考論》之謬說　正偉老師著　出版日期未定　書價未定

72.**阿含經講記**—將選錄四阿含中數部重要經典全經講解之，講後整理出版。

平實導師述　約二輯　每輯300元　出版日期未定

73.**寶積經講記**　平實導師述　每輯三百餘頁 優惠價300元 出版日期未定

74.**解深密經講義**　平實導師述 約四輯　將於重講後整理出版

75.**修習止觀坐禪法要講記**　平實導師述　每輯三百餘頁

將於正覺寺建成後重講、以講記逐輯出版　出版日期未定

76.**無門關**—《無門關》公案拈提　平實導師著　出版日期未定

77.**中觀再論**—兼述印順《中觀今論》謬誤之平議。正光老師著 出版日期未定

78.**輪迴與超度**—佛教超度法會之真義。

〇〇法師（居士）著　出版日期未定　書價未定

79.《**釋摩訶衍論**》**平議**—對偽稱龍樹所造《釋摩訶衍論》之平議

〇〇法師（居士）著　出版日期未定　書價未定

80.**正覺發願文**註解—以真實大願為因 得證菩提

正德老師著　出版日期未定　書價未定

81.**正覺總持咒**—佛法之總持　正圜老師著　出版日期未定　書價未定

82.**三自性**—依四食、五蘊、十二因緣、十八界法，說三性三無性。

作者未定　出版日期未定

83.**道品**—從三自性說大小乘三十七道品　作者未定　出版日期未定

84.**大乘緣起觀**—依四聖諦七真如現觀十二緣起 作者未定　出版日期未定

85.**三德**—論解脫德、法身德、般若德。　作者未定　出版日期未定

86.**真假如來藏**—對印順《如來藏之研究》謬說之平議　作者未定 出版日期未定

87.**大乘道次第**　作者未定　出版日期未定　書價未定

88.**四緣**—依如來藏故有四緣。　作者未定　出版日期未定

89.**空之探究**—印順《空之探究》謬誤之平議　作者未定 出版日期未定

90.**十法義**—論阿含經中十法之正義　作者未定　出版日期未定

91.**外道見**—論述外道六十二見　作者未定　出版日期未定

正智出版社有限公司 書籍介紹

禪淨圓融：言淨土諸祖所未曾言，示諸宗祖師所未曾示；禪淨圓融，另闢成佛捷徑，兼顧自力他力，闡釋淨土門之速行易行道，亦同時揭櫫聖教門之速行易行道；令廣大淨土行者得免緩行難證之苦，亦令聖道門行者得以藉著淨土速行道而加快成佛之時劫。乃前無古人之超勝見地，非一般弘揚禪淨法門典籍也，先讀爲快。平實導師著 200元。

宗門正眼—**公案拈提**第一輯：繼承克勤圜悟大師碧巖錄宗旨之禪門鉅作。先則舉示當代大法師之邪說，消弭當代禪門大師鄉愿之心態，摧破當今禪門「世俗禪」之妄談；次則旁通教法，表顯宗門正理；繼以道之次第，消弭古今狂禪；後藉言語及文字機鋒，直示宗門入處。悲智雙運，禪味十足，數百年來難得一睹之禪門鉅著也。平實導師著 500元（原初版書《禪門摩尼寶聚》，改版後補充爲五百餘頁新書，總計多達二十四萬字，內容更精彩，並改名爲《宗門正眼》，讀者原購初版《禪門摩尼寶聚》皆可寄回本公司免費換新，免附回郵，亦無截止期限）（2007年起，凡購買公案拈提第一輯至第七輯，每購一輯皆贈送本公司精製公案拈提〈超意境〉CD一片，市售價格280元，多購多贈）。

禪—悟前與悟後：本書能建立學人悟道之信心與正確知見，圓滿具足而有次第地詳述禪悟之功夫與禪悟之內容，指陳參禪中細微淆訛之處，能使學人明自眞心、見自本性。若未能悟入，亦能以正確知見辨別古今中外一切大師究係眞悟？或屬錯悟？便有能力揀擇，捨名師而選明師，後時必有悟道之緣。一旦悟道，遲者七次人天往返，便出三界，速者一生取辦。學人欲求開悟者，不可不讀。　平實導師著。上、下冊共500元，單冊250元。

眞實如來藏：如來藏眞實存在，乃宇宙萬有之本體，並非印順法師、達賴喇嘛等人所說之「唯有名相、無此心體」。如來藏是涅槃之本際，是一切有智之人竭盡心智、不斷探索而不能得之生命實相；是古今中外許多大師自以爲悟而當面錯過之生命實相。如來藏即是阿賴耶識，乃是一切有情本自具足、不生不滅之眞實心。當代中外大師於此書出版之前所未能言者，作者於本書中盡情流露、詳細闡釋。眞悟者讀之，必能增益悟境、智慧增上；錯悟者讀之，必能檢討自己之錯誤，免犯大妄語業；未悟者讀之，能知參禪之理路，亦能以之檢查一切名師是否眞悟。此書是一切哲學家、宗教家、學佛者及欲昇華心智之人必讀之鉅著。　平實導師著　售價400元。

宗門法眼—**公案拈提**第二輯：列舉實例，闡釋土城廣欽老和尚之悟處；並直示這位不識字的老和尚妙智橫生之根由，繼而剖析禪宗歷代大德之開悟公案，解析當代密宗高僧卡盧仁波切之錯悟證據，並例舉當代顯宗高僧、大居士之錯悟證據（凡健在者，爲免影響其名聞利養，皆隱其名）。藉辨正當代名師之邪見，向廣大佛子指陳禪悟之正道，彰顯宗門法眼。悲勇兼出，強捋虎鬚；慈智雙運，巧探驪龍；摩尼寶珠在手，直示宗門入處，禪味十足；若非大悟徹底，不能爲之。禪門精奇人物，允宜人手一冊，供作參究及悟後印證之圭臬。**本書於2008年4月改版，增寫為大約500頁篇幅，以利學人研讀參究時更易悟入宗門正法，以前所購初版首刷及初版二刷舊書，皆可免費換取新書。**平實導師著 500元（2007年起，凡購買公案拈提第一輯至第七輯，每購一輯皆贈送本公司精製公案拈提〈超意境〉CD一片，市售價格280元，多購多贈）。

宗門道眼—**公案拈提**第三輯：繼宗門法眼之後，再以金剛之作略、慈悲之胸懷、犀利之筆觸，舉示寒山、拾得、布袋三大士之悟處，消弭當代錯悟者對於寒山大士……等之誤會及誹謗。 亦舉出民初以來與虛雲和尚齊名之蜀郡鹽亭袁煥仙夫子——南懷瑾老師之師，其「悟處」何在？並蒐羅許多眞悟祖師之證悟公案，顯示禪宗歷代祖師之睿智，指陳部分祖師、奧修及當代顯密大師之謬悟，作爲殷鑑，幫助禪子建立及修正參禪之方向及知見。假使讀者閱此書已，一時尚未能悟，亦可一面加功用行，一面以此宗門道眼辨別眞假善知識，避開錯誤之印證及歧路，可免大妄語業之長劫慘痛果報。欲修禪宗之禪者，務請細讀。平實導師著 售價500元（2007年起，凡購買公案拈提第一輯至第七輯，每購一輯皆贈送本公司精製公案拈提〈超意境〉CD一片，市售價格280元，多購多贈）。

楞伽經詳解：本經是禪宗見道者印證所悟眞僞之根本經典，亦是禪宗見道者悟後起修之依據經典；故達摩祖師於印證二祖慧可大師之後，將此經典連同佛缽祖衣一併交付二祖，令其依此經典佛示金言、進入修道位，修學一切種智。由此可知此經對於眞悟之人修學佛道，是非常重要之一部經典。此經能破外道邪說，亦破佛門中錯悟名師之謬說，亦破禪宗部分祖師之狂禪：不讀經典、一向主張「一悟即成究竟佛」之謬執。並開示愚夫所行禪、觀察義禪、攀緣如禪、如來禪等差別，令行者對於三乘禪法差異有所分辨；亦糾正禪宗祖師古來對於如來禪之誤解，嗣後可免以訛傳訛之弊。此經亦是法相唯識宗之根本經典，禪者悟後欲修一切種智而入初地者，必須詳讀。平實導師著，全套共十輯，已全部出版完畢，每輯主文約320頁，每冊約352頁，定價250元。

宗門血脈—**公案拈提第四輯**：末法怪象—許多修行人自以爲悟，每將無念靈知認作眞實；崇尚二乘法諸師及其徒眾，則將外於如來藏之緣起性空—無因論之無常空、斷滅空、一切法空—錯認爲 佛所說之般若空性。這兩種現象已於當今海峽兩岸及美加地區顯密大師之中普遍存在；人人自以爲悟，心高氣壯，便敢寫書解釋祖師證悟之公案，大多出於意識思惟所得，言不及義，錯誤百出，因此誤導廣大佛子同陷大妄語之地獄業中而不能自知。彼等書中所說之悟處，其實處處違背第一義經典之聖言量。彼等諸人不論是否身披袈裟，都非佛法宗門血脈，或雖有禪宗法脈之傳承，亦只徒具形式；猶如螟蛉，非眞血脈，未悟得根本眞實故。禪子欲知佛、祖之眞血脈者，請讀此書，便知分曉。平實導師著，主文452頁，全書464頁，定價500元（2007年起，凡購買公案拈提第一輯至第七輯，每購一輯皆贈送本公司精製公案拈提〈超意境〉CD一片，市售價格280元，多購多贈）。

宗通與說通：古今中外，錯誤之人如麻似粟，每以常見外道所說之靈知心，認作眞心；或妄想虛空之勝性能量爲眞如，或錯認物質四大元素藉冥性（靈知心本體）能成就吾人色身及知覺，或認初禪至四禪中之了知心爲不生不滅之涅槃心。此等皆非通宗者之見地。復有錯悟之人一向主張「宗門與教門不相干」，此即尚未通達宗門之人也。其實宗門與教門互通不二，宗門所證者乃是眞如與佛性，教門所說者乃說宗門證悟之眞如佛性，故教門與宗門不二。本書作者以宗教二門互通之見地，細說「宗通與說通」，從初見道至悟後起修之道、細說分明；並將諸宗諸派在整體佛教中之地位與次第，加以明確之教判，學人讀之即可了知佛法之梗概也。欲擇明師學法之前，允宜先讀。平實導師著，主文共381頁，全書392頁，只售成本價300元。

宗門正道—**公案拈提**第五輯：修學大乘佛法有二果須證解脫果及大菩提果。二乘人不證大菩提果，唯證解脫果；此果之智慧，名爲聲聞菩提、緣覺菩提。大乘佛子所證二果之菩提果爲佛菩提，故名大菩提果，其慧名爲一切種智函蓋二乘解脫果。然此大乘二果修證，須經由禪宗之宗門證悟方能相應。而宗門證悟極難，自古已然；其所以難者，咎在古今佛教界普遍存在三種邪見：1.以修定認作佛法，2.以無因論之緣起性空—否定涅槃本際如來藏以後之一切法空作爲佛法，3.以常見外道邪見（離語言妄念之靈知性）作爲佛法。如是邪見，或因自身正見未立所致，或因邪師之邪教導所致，或因無始劫來虛妄熏習所致。若不破除此三種邪見，永劫不悟宗門眞義、不入大乘正道，唯能外門廣修菩薩行。平實導師於此書中，有極爲詳細之說明，有志佛子欲摧邪見、入於內門修菩薩行者，當閱此書。主文共496頁，全書512頁。售價500元（2007年起，凡購買公案拈提第一輯至第七輯，每購一輯皆贈送本公司精製公案拈提〈超意境〉CD一片，市售價格280元，多購多贈）。

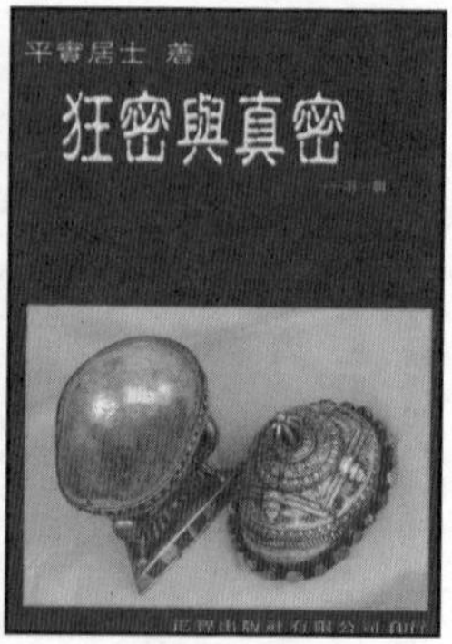

狂密與真密：密教之修學，皆由有相之觀行法門而入，其最終目標仍不離顯教經典所說第一義諦之修證；若離顯教第一義經典、或違背顯教第一義經典，即非佛教。西藏密教之觀行法，如灌頂、觀想、遷識法、寶瓶氣、大聖歡喜雙身修法、喜金剛、無上瑜伽、大樂光明、樂空雙運等，皆是印度教**兩性生生不息思想**之轉化，**自始至終**皆以**如何能運用交合淫樂之法達到全身受樂**爲其中心思想，純屬欲界五欲的貪愛，不能令人超出欲界輪迴，更不能令人斷除我見；何況大乘之明心與見性，更無論矣！故密宗之法絕非佛法也。而其明光大手印、大圓滿法教，又皆同以常見外道所說**離語言妄念之無念靈知心**錯認爲佛地之眞如，不能直指不生不滅之眞如。西藏密宗所有法王與徒衆，都尚未開頂門眼，不能辨別眞僞，以**依人不依法、依密續不依經典**故，不肯將其上師喇嘛所說對照第一義經典，純依密續之藏密祖師所說爲準，因此而誇大其證德與證量，動輒謂彼祖師上師爲究竟佛、爲地上菩薩；如今台海兩岸亦有自謂其師證量高於 釋迦文佛者，然觀其師所述，猶未見道，仍在觀行即佛階段，尚未到禪宗相似即佛、分證即佛階位，竟敢標榜爲究竟佛及地上法王，誑惑初機學人。凡此怪象皆是狂密，不同於眞密之修行者。近年狂密盛行，密宗行者被誤導者極衆，動輒自謂已證佛地眞如，自視爲究竟佛，陷於大妄語業中而不知自省，反謗顯宗眞修實證者之證量粗淺；或如義雲高與釋性圓…等人，於報紙上公然誹謗眞實證道者爲「騙子、無道人、人妖、癩蛤蟆…」等，造下誹謗大乘勝義僧之大惡業；或以外道法中有爲有作之甘露、魔術……等法，誑騙初機學人，狂言彼外道法爲眞佛法。如是怪象，在西藏密宗及附藏密之外道中，不一而足，舉之不盡，學人宜應愼思明辨，以免上當後又犯毀破菩薩戒之重罪。密宗學人若欲遠離邪知邪見者，請閱此書，即能了知密宗之邪謬，從此遠離邪見與邪修，轉入眞正之佛道。

平實導師著 共四輯 每輯約400頁（主文約340頁）每輯售價300元。

宗門正義—公案拈提第六輯：佛教有六大危機，乃是藏密化、世俗化、膚淺化、學術化、宗門密意失傳、悟後進修諸地之次第混淆；其中尤以宗門密意之失傳，爲當代佛教最大之危機。由宗門密意失傳故，易令世尊本懷普被錯解，易令 世尊正法被轉易爲外道法，以及加以淺化、世俗化，是故宗門密意之廣泛弘傳與具緣佛弟子，極爲重要。然而欲令宗門密意之廣泛弘傳予具緣之佛弟子者，必須同時配合錯誤知見之解析、普令佛弟子知之，然後輔以公案解析之直示入處，方能令具緣之佛弟子悟入。而此二者，皆須以公案拈提之方式爲之，方易成其功、竟其業，是故平實導師續作宗門正義一書，以利學人。全書500餘頁，售價500元（2007年起，凡購買公案拈提第一輯至第七輯，每購一輯皆贈送本公司精製公案拈提〈超意境〉CD一片，市售價格280元，多購多贈）。

心經密意—心經與解脫道、佛菩提道、祖師公案之關係與密意。二乘菩提所證之解脫道，實依第八識心之斷除煩惱障現行而立解脫之名；大乘菩提所證之佛菩提道，實依親證第八識如來藏之涅槃性、清淨自性、及其中道性而立般若之名；禪宗祖師公案所證之眞心，即是此第八識如來藏；是故三乘佛法所修所證之三乘菩提，皆依此如來藏心而立名也。此第八識心，即是《心經》所說之心也。證得此如來藏已，即能漸入大乘佛菩提道，亦可因證知此心而了知二乘無學所不能知之無餘涅槃本際，是故《心經》之密意，與三乘佛菩提之關係極爲密切、不可分割，三乘佛法皆依此心而立名故。今者平實導師以其所證解脫道之無生智及佛菩提之般若種智，將《心經》與解脫道、佛菩提道、祖師公案之關係與密意，以演講之方式，用淺顯之語句和盤托出，發前人所未言，呈三乘菩提之眞義，令人藉此《心經密意》一舉而窺三乘菩提之堂奧，迥異諸方言不及義之說；欲求眞實佛智者、不可不讀！主文317頁，連同跋文及序文…等共384頁，售價300元。

宗門密意—**公案拈提**第七輯：佛教之世俗化，將導致學人以信仰作爲學佛，則將以感應及世間法之庇祐，作爲學佛之主要目標，不能了知學佛之主要目標爲親證三乘菩提。大乘菩提則以般若實相智慧爲主要修習目標，以二乘菩提解脫道爲附帶修習之標的；是故學習大乘法者，應以禪宗之證悟爲要務，能親入大乘菩提之實相般若智慧中故，般若實相智慧非二乘聖人所能知故。此書則以台灣世俗化佛教之三大法師，說法似是而非之實例，配合眞悟祖師之公案解析，提示證悟般若之關節，令學人易得悟入。平實導師著，全書五百餘頁，售價500元（2007年起，凡購買公案拈提第一輯至第七輯，每購一輯皆贈送本公司精製公案拈提〈超意境〉CD一片，市售價格280元，多購多贈）。

淨土聖道—兼評日本本願念佛：佛法甚深極廣，般若玄微，非諸二乘聖僧所能知之，一切凡夫更無論矣！所謂一切證量皆歸淨土是也！是故大乘法中「聖道之淨土、淨土之聖道」，其義甚深，難可了知；乃至眞悟之人，初心亦難知也。今有正德老師眞實證悟後，復能深探淨土與聖道之緊密關係，憐憫眾生之誤會淨土實義，亦欲利益廣大淨土行人同入聖道，同獲淨土中之聖道門要義，乃振奮心神、書以成文，今得刊行天下。主文279頁，連同序文等共301頁，總有十一萬六千餘字，正德老師著，成本價200元。

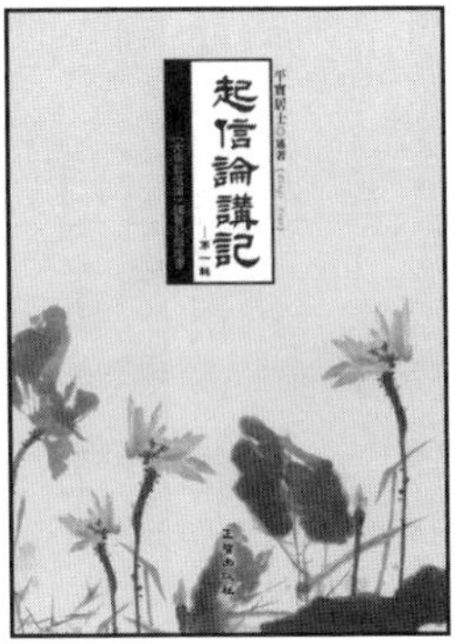

起信論講記：詳解大乘起信論**心生滅門**與**心眞如門**之眞實意旨，消除以往大師與學人對起信論所說**心生滅門**之誤解，由是而得了知眞心如來藏之非常非斷中道正理；亦因此一講解，令此論以往隱晦而被誤解之眞實義，得以如實顯示，令大乘佛菩提道之正理得以顯揚光大；初機學者亦可藉此正論所顯示之法義，對大乘法理生起正信，從此得以眞發菩提心，眞入大乘法中修學，世世常修菩薩正行。平實導師演述，共六輯，都已出版，每輯三百餘頁，售價250元。

優婆塞戒經講記：本經詳述在家菩薩修學大乘佛法，應如何受持菩薩戒？對人間善行應如何看待？對三寶應如何護持？應如何正確地修集此世後世證法之福德？應如何修集後世「行菩薩道之資糧」？並詳述第一義諦之正義：五蘊非我非異我、自作自受、異作異受、不作不受……等深妙法義，乃是修學大乘佛法、行菩薩行之在家菩薩所應當了知者。出家菩薩今世或未來世登地已，捨報之後多數將如華嚴經中諸大菩薩，以在家菩薩身而修行菩薩行，故亦應以此經所述正理而修之，配合《楞伽經、解深密經、楞嚴經、華嚴經》等道次第正理，方得漸次成就佛道；故此經是一切大乘行者皆應證知之正法。平實導師講述，每輯三百餘頁，售價各250元；共八輯，已全部出版。

真假活佛—略論附佛外道盧勝彥之邪說：人人身中都有眞活佛，永生不滅而有大神用，但眾生都不了知，所以常被身外的西藏密宗假活佛籠罩欺瞞。本來就眞實存在的眞活佛，才是眞正的密宗無上密！諾那活佛因此而說禪宗是大密宗，但藏密的所有活佛都不知道、也不曾實證自身中的眞活佛。本書詳實宣示眞活佛的道理，舉證盧勝彥的「佛法」不是眞佛法，也顯示盧勝彥是假活佛，直接的闡釋第一義佛法見道的眞實正理。眞佛宗的所有上師與學人們，都應該詳細閱讀，包括盧勝彥個人在內。正犀居士著，優惠價140元。

阿含正義—唯識學探源：廣說四大部《阿含經》諸經中隱說之眞正義理，一一舉示佛陀本懷，令阿含時期初轉法輪根本經典之眞義，如實顯現於佛子眼前。並提示末法大師對於阿含眞義誤解之實例，一一比對之，證實唯識增上慧學確於原始佛法之阿含諸經中已隱覆密意而略說之，證實 世尊確於原始佛法中已曾密意而說第八識如來藏之總相；亦證實 世尊在四阿含中已說此藏識是名色十八界之因、之本—證明如來藏是能生萬法之根本心。佛子可據此修正以往受諸大師（譬如西藏密宗應成派中觀師：印順、昭慧、性廣、大願、達賴、宗喀巴、寂天、月稱、……等人）誤導之邪見，建立正見，轉入正道乃至親證初果而無困難；書中並詳說三果所證的**心解脫**，以及四果**慧解脫**的親證，都是如實可行的具體知見與行門。全書共七輯，已出版完畢。平實導師著，每輯三百餘頁，售價300元。

超意境CD：以平實導師公案拈提書中超越意境之頌詞，加上曲風優美的旋律，錄成令人嚮往的超意境歌曲，其中包括正覺發願文及平實導師親自譜成的黃梅調歌曲一首。詞曲雋永，殊堪翫味，可供學禪者吟詠，有助於見道。內附設計精美的彩色小冊，解說每一首詞的背景本事。每片280元。【每購買公案拈提書籍一冊，即贈送一片。】

菩薩底憂鬱CD將菩薩情懷及禪宗公案寫成新詞，並製作成超越意境的優美歌曲。1.主題曲〈菩薩底憂鬱〉，描述地後菩薩能離三界生死而迴向繼續生在人間，但因尚未斷盡習氣種子而有極深沈之憂鬱，非三賢位菩薩及二乘聖者所知，此憂鬱在七地滿心位方才斷盡；本曲之詞中所說義理極深，昔來所未曾見；此曲係以優美的情歌風格寫詞及作曲，聞者得以激發嚮往諸地菩薩境界之大心，詞、曲都非常優美，難得一見；其中勝妙義理之解說，已印在附贈之彩色小冊中。2.以各輯公案拈提中直示禪門入處之頌文，作成各種不同曲風之超意境歌曲，值得玩味、參究；聆聽公案拈提之優美歌曲時，請同時閱讀內附之印刷精美說明小冊，可以領會超越三界的證悟境界；未悟者可以因此引發求悟之意向及疑情，眞發菩提心而邁向求悟之途，乃至因此眞實悟入般若，成眞菩薩。3.正覺總持咒新曲，總持佛法大意；總持咒之義理，已加以解說並印在隨附之小冊中。本CD共有十首歌曲，長達63分鐘，附贈二張購書優惠券。每片320元。

禪意無限CD平實導師以公案拈提書中偈頌寫成不同風格曲子，與他人所寫不同風格曲子共同錄製出版，幫助參禪人進入禪門超越意識之境界。盒中附贈彩色印製的精美解說小冊，以供聆聽時閱讀，令參禪人得以發起參禪之疑情，即有機會證悟本來面目，實證大乘菩提般若。本CD共有十首歌曲，長達69分鐘，每盒各附贈二張購書優惠券。每片320元。

我的菩提路第一輯：凡夫及二乘聖人不能實證的佛菩提證悟，末法時代的今天仍然有人能得實證，由正覺同修會釋悟圓、釋善藏法師等二十餘位實證如來藏者所寫的見道報告，已爲當代學人見證宗門正法之絲縷不絕，證明大乘義學的法脈仍然存在，爲末法時代求悟般若之學人照耀出光明的坦途。由二十餘位大乘見道者所繕，敘述各種不同的學法、見道因緣與過程，參禪求悟者必讀。全書三百餘頁，售價300元。

我的菩提路第二輯：由郭正益老師等人合著，書中詳述彼等諸人歷經各處道場學法，一一修學而加以檢擇之不同過程以後，因閱讀正覺同修會、正智出版社書籍而發起抉擇分，轉入正覺同修會中修學；乃至學法及見道之過程，都一一詳述之。**本書已改版印製重新流通**，讀者原購的初版書，不論是第一刷或第二、三、四刷，都可以寄回換新，免附郵費。

我的菩提路第三輯：由王美伶老師等人合著。自從正覺同修會成立以來，每年夏初、冬初都舉辦精進禪三共修，藉以助益會中同修們得以證悟明心發起般若實相智慧；凡已實證而被平實導師印證者，皆書具見道報告用以證明佛法之眞實可證而非玄學，證明佛法並非純屬思想、理論而無實質，是故每年都能有人證明正覺同修會的「實證佛教」主張並非虛語。特別是眼見佛性一法，自古以來中國禪宗祖師實證者極寡，較之明心開悟的證境更難令人信受；至2017年初，正覺同修會中的證悟明心者已近五百人，然而其中眼見佛性者至今唯十餘人爾，可謂難能可貴，是故明心後欲冀眼見佛性者實屬不易。黃正倖老師是懸絕七年無人見性後的第一人，她於2009年的見性報告刊於本書的第二輯中，爲大眾證明佛性確實可以眼見；其後七年之中求見性者都屬解悟佛性而無人眼見，幸而又經七年後的2016冬初，以及2017夏初的禪三，復有三人眼見佛性，希冀鼓舞四眾佛子求見佛性之大心，今則具載一則於書末，顯示求見佛性之事實經歷，供養現代佛教界欲得見性之四眾弟子。全書四百頁，售價300元，已於2017年6月30日發行。

我的菩提路第四輯：由陳晏平等人著。中國禪宗祖師往往有所謂「見性」之言，所言多屬看見如來藏具有能令人發起成佛之自性，並非《大般涅槃經》中 如來所說之眼見佛性。眼見佛性者，於親見佛性之時，即能於山河大地眼見自己佛性，亦能於他人身上眼見自己佛性及對方之佛性，如是境界無法爲尚未實證者解釋；勉強說之，縱使眞實明心證悟之人聞之，亦只能以自身明心之境界想像之，但不論如何想像多屬非量，能有正確之比量者亦是稀有，故說眼見佛性極爲困難。眼見佛性之人若所見極分明時，在所見佛性之境界下所眼見之山河大地、自己五蘊身心皆是虛幻，自有異於明心者之解脫功德受用，此後永不思證二乘涅槃，必定邁向成佛之道而進入第十住位中，已超第一阿僧祇劫三分有一，可謂之爲超劫精進也。今又有明心之後眼見佛性之人出於人間，將其明心及後來見性之報告，連同其餘證悟明心者之精彩報告一同收錄於此書中，供養眞求佛法實證之四眾佛子。全書380頁，售價300元，已於2018年6月30日發行。

我的菩提路第五輯：林慈慧老師等人著，本輯中所舉學人從相似正法中來到正覺同修會的過程，各人都有不同，發生的因緣亦是各有差別，然而都會指向同一個目標——證實生命實相的源底，確證自己生從何來、死往何去的事實，所以最後都證明佛法真實而可親證，絕非玄學；本書將彼等諸人的始修及末後證悟之實例，羅列出來以供學人參考。本期亦有一位會裡的老師，是從1995年即開始追隨平實導師修學，1997年明心後持續進修不斷，直到2017年眼見佛性之實例，足可證明《大般涅槃經》中世尊開示眼見佛性之法正真無訛，第十住位的實證在末法時代的今天仍有可能，如今一併具載於書中以供學人參考，並供養現代佛教界欲得見性之四眾弟子。全書四百頁，售價300元，已於2019年12月31日發行。

我的菩提路第六輯：劉惠莉老師等人著，本輯中舉示劉老師明心多年以後的眼見佛性實錄，供末法時代學人了知明心之異於見性本質，足可證明《大般涅槃經》中世尊開示眼見佛性之法正真無訛。亦列舉多篇學人從各道場來到正覺學法之不同過程，以及如何發覺邪見之異於正法的所在，最後終能在正覺禪三中悟入的實況，以證明佛教正法仍在末法時代的人間繼續弘揚的事實，鼓舞一切真實學法的菩薩大眾思之：我等諸人亦可有因緣證悟，絕非空想白思。約四百頁，售價300元，已於2020年6月30日發行。

我的菩提路第七輯：余正偉老師等人著，本輯中舉示余老師明心二十餘年以後的眼見佛性實錄，供末法時代學人了知明心異於見性之本質，並且舉示其見性後與平實導師互相討論眼見佛性之諸多疑訛處；除了證明《大般涅槃經》中 世尊開示眼見佛性之法正真無訛以外，亦得一解明心後尚未見性者之所未知處，甚爲精彩。此外亦列舉多篇學人從各不同宗教進入正覺學法之不同過程，以及發覺諸方道場邪見之內容與過程，最終得於正覺精進禪三中悟入的實況，足供末法精進學人借鑑，以彼鑑己而生信心，得以投入了義正法中修學及實證。凡此，皆足以證明不唯明心所證之第七住位般若智慧及解脫功德仍可實證，乃至第十住位的實證與當場發起如幻觀之實證，於末法時代的今天皆仍有可能。本書約四百頁，售價300元。

明心與眼見佛性：本書細述明心與眼見佛性之異同，同時顯示了中國禪宗破初參明心與重關眼見佛性二關之間的關聯；書中又藉法義辨正而旁述其他許多勝妙法義，讀後必能遠離佛門長久以來積非成是的錯誤知見，令讀者在佛法的實證上有極大助益。也藉慧廣法師的謬論來教導佛門學人回歸正知正見，遠離古今禪門錯悟者所墮的意識境界，非唯有助於斷我見，也對未來的開悟明心實證第八識如來藏有所助益，是故學禪者都應細讀之。游正光老師著　共448頁　售價300元。

見性與看話頭：黃正倖老師的《見性與看話頭》於《正覺電子報》連載完畢，今集結出版。書中詳說禪宗看話頭的詳細方法，並細說看話頭與眼見佛性的關係，以及眼見佛性者求見佛性前必須具備的條件。本書是禪宗實修者追求明心開悟時參禪的方法書，也是求見佛性者作功夫時必讀的方法書，內容兼顧眼見佛性的理論與實修之方法，是依實修之體驗配合理論而詳述，條理分明而且極爲詳實、周全、深入。本書內文375頁，全書416頁，售價300元。

鈍鳥與靈龜：鈍鳥及靈龜二物，被宗門證悟者說為二種人：前者是精修禪定而無智慧者，也是以定為禪的愚癡禪人；後者是或有禪定、或無禪定的宗門證悟者，凡已證悟者皆是靈龜。但後者被人虛造事實，用以嘲笑大慧宗杲禪師，說他雖是靈龜，卻不免被天童禪師預記「患背」痛苦而亡：「鈍鳥離巢易，靈龜脫殼難。」藉以貶低大慧宗杲的證量。同時將天童禪師實證如來藏的證量，曲解為意識境界的離念靈知。自從大慧禪師入滅以後，錯悟凡夫對他的不實毀謗就一直存在著，不曾止息，並且捏造的假事實也隨著年月的增加而越來越多，終至編成「鈍鳥與靈龜」的假公案、假故事。本書是考證大慧與天童之間的不朽情誼，顯現這件假公案的虛妄不實；更見大慧宗杲面對惡勢力時的正直不阿，亦顯示大慧對天童禪師的至情深義，將使後人對大慧宗杲的誣謗至此而止，不再有人誤犯毀謗賢聖的惡業。書中亦舉證宗門的所悟確以第八識如來藏為標的，詳讀之後必可改正以前被錯悟大師誤導的參禪知見，日後必定有助於實證禪宗的開悟境界，得階大乘真見道位中，即是實證般若之賢聖。全書459頁，售價350元。

維摩詰經講記：本經係 世尊在世時，由等覺菩薩維摩詰居士藉疾病而演說之大乘菩提無上妙義，所說函蓋甚廣，然極簡略，是故今時諸方大師與學人讀之悉皆錯解，何況能知其中隱含之深妙正義，是故普遍無法為人解說；若強為人說，則成依文解義而有諸多過失。今由平實導師公開宣講之後，詳實解釋其中密意，令維摩詰菩薩所說大乘不可思議解脫之深妙正法得以正確宣流於人間，利益當代學人及與諸方大師。書中詳實演述大乘佛法深妙不共二乘之智慧境界，顯示諸法之中絕待之實相境界，建立大乘菩薩妙道於永遠不敗不壞之地，以此成就護法偉功，欲冀永利娑婆人天。已經宣講圓滿整理成書流通，以利諸方大師及諸學人。全書共六輯，每輯三百餘頁，售價各250元。

真假外道：本書具體舉證佛門中的常見外道知見實例，並加以教證及理證上的辨正，幫助讀者輕鬆而快速的了知常見外道的錯誤知見，進而遠離佛門內外的常見外道知見，因此即能改正修學方向而快速實證佛法。游正光老師著。成本價200元。

勝鬘經講記：如來藏爲三乘菩提之所依，若離如來藏心體及其含藏之一切種子，即無三界有情及一切世間法，亦無二乘菩提緣起性空之出世間法；本經詳說無始無明、一念無明皆依如來藏而有之正理，藉著詳解煩惱障與所知障間之關係，令學人深入了知二乘菩提與佛菩提相異之妙理；聞後即可了知佛菩提之特勝處及三乘修道之方向與原理，邁向攝受正法而速成佛道的境界中。平實導師講述，共六輯，每輯三百餘頁，售價各250元。

楞嚴經講記：楞嚴經係密教部之重要經典，亦是顯教中普受重視之經典；經中宣說明心與見性之內涵極爲詳細，將一切法都會歸如來藏及佛性—妙眞如性；亦闡釋五陰區宇及五陰盡的境界，作諸地菩薩自我檢驗證量之依據，旁及佛菩提道修學過程中之種種魔境，以及外道誤會涅槃之狀況，亦兼述明三界世間之起源。然因言句深澀難解，法義亦復深妙寬廣，學人讀之普難通達，是故讀者大多誤會，不能如實理解佛所說之明心與見性內涵，亦因是故多有悟錯之人引爲開悟之證言，成就大妄語罪。今由平實導師詳細講解之後，整理成文，以易讀易懂之語體文刊行天下，以利學人。全書十五輯，全部出版完畢。每輯三百餘頁，售價每輯300元。

金剛經宗通：三界唯心，萬法唯識，是成佛之修證內容，是諸地菩薩之所修；般若則是成佛之道（實證三界唯心、萬法唯識）的入門，若未證悟實相般若，即無成佛之可能，必將永在外門廣行菩薩六度，永在凡夫位中。然而實相般若的發起，全賴實證萬法的實相；若欲證知萬法的眞相，則必須探究萬法之所從來，則須實證自心如來—金剛心如來藏，然後現觀這個金剛心的金剛性、眞實性、如如性、清淨性、涅槃性、能生萬法的自性性、本住性，名爲證眞如；進而現觀三界六道唯是此金剛心所成，人間萬法須藉八識心王和合運作方能現起。如是實證《華嚴經》的「三界唯心、萬法唯識」以後，由此等現觀而發起實相般若智慧，繼續進修第十住位的如幻觀、第十行位的陽焰觀、第十迴向位的如夢觀，再生起增上意樂而勇發十無盡願，方能滿足三賢位的實證，轉入初地；自知成佛之道而無偏倚，從此按部就班、次第進修乃至成佛。第八識自心如來是般若智慧之所依，般若智慧的修證則要從實證金剛心自心如來開始；《金剛經》則是解說自心如來之經典，是一切三賢位菩薩所應進修之實相般若經典。這一套書，是將平實導師宣講的《金剛經宗通》內容，整理成文字而流通之；書中所說義理，迴異古今諸家依文解義之說，指出大乘見道方向與理路，有益於禪宗學人求開悟見道，及轉入內門廣修六度萬行，已於2013年9月出版完畢，總共9輯，每輯約三百餘頁，售價各250元。

霧峰無霧—給哥哥的信：本書作者藉兄弟之間信件往來論義，略述佛法大義；並以多篇短文辨義，舉出釋印順對佛法的無量誤解證據，並一一給予簡單而清晰的辨正，令人一讀即知。久讀、多讀之後即能認清楚釋印順的六識論見解，與眞實佛法之牴觸是多麼嚴重；於是在久讀、多讀之後，於不知不覺之間提升了對佛法的極深入理解，正知正見就在不知不覺間建立起來了。當三乘佛法的正知見建立起來之後，對於三乘菩提的見道條件便將隨之具足，於是聲聞解脫道的見道也就水到渠成；接著大乘見道的因緣也將次第成熟，未來自然也會有親見大乘菩提之道的因緣，悟入大乘實相般若也將自然成功，自能通達般若系列諸經而成實義菩薩。作者居住於南投縣霧峰鄉，自喻見道之後不復再見霧峰之霧，故鄉原野美景一一明見，於是立此書名爲《霧峰無霧》；讀者若欲撥霧見月，可以此書爲緣。游宗明 老師著，已於2015年出版，售價250元。

霧峰無霧—第二輯—救護佛子向正道：本書作者藉釋印順著作中之各種錯謬法義提出辨正，以詳實的文義一一提出理論上及實證上之解析，列舉釋印順對佛法的無量誤解證據，藉此教導佛門大師與學人釐清佛法義理，遠離岐途轉入正道，然後知所進修，久之便能見道明心而入大乘勝義僧數。被釋印順誤導的大師與學人極多，很難救轉，是故作者大發悲心深入解說其錯謬之所在，佐以各種義理辨正而令讀者在不知不覺之間轉歸正道。如是久讀之後欲得斷身見、證初果，即不爲難事；乃至久之亦得大乘見道而得證眞如，脫離空有二邊而住中道，實相般若智慧生起，於佛法不再茫然，漸漸亦知悟後進修之道。屆此之時，對於大乘般若等深妙法之迷雲暗霧亦將一掃而空，生命及宇宙萬物之故鄉原野美景一一明見，是故本書仍名《霧峰無霧》，爲第二輯；讀者若欲撥雲見日、離霧見月，可以此書爲緣。游宗明　老師著，已於2019年出版，售價250元。

空行母—性別、身分定位，以及藏傳佛教：本書作者爲蘇格蘭哲學家，因爲嚮往佛教深妙的哲學內涵，於是進入當年盛行於歐美的假藏傳佛教密宗，擔任卡盧仁波切的翻譯工作多年以後，被邀請成爲卡盧的空行母（又名佛母、明妃），開始了她在密宗裡的實修過程；後來發覺在密宗雙身法中的修行，其實無法使自己成佛，也發覺密宗對女性岐視而處處貶抑，並剝奪女性在雙身法中擔任一半角色時應有的身分定位。當她發覺自己只是雙身法中被喇嘛利用的工具，沒有獲得絲毫應有的尊重與基本定位時，發現了密宗的父權社會控制女性的本質；於是作者傷心地離開了卡盧仁波切與密宗，但是卻被恐嚇不許講出她在密宗裡的經歷，也不許她說出自己對密宗的教義與教制下對女性剝削的本質，否則將被咒殺死亡。後來她去加拿大定居，十餘年後方才擺脫這個恐嚇陰影，下定決心將親身經歷的實情及觀察到的事實寫下來並且出版，公諸於世。出版之後，她被流亡的達賴集團人士大力攻訐，誣指她爲精神狀態失常、說謊……等。但有智之士並未被達賴集團的政治操作及各國政府政治運作吹捧達賴的表相所欺，使她的書銷售無阻而又再版。正智出版社鑑於作者此書是親身經歷的事實，所說具有針對「藏傳佛教」而作學術研究的價值，也有使人認清假藏傳佛教剝削佛母、明妃的男性本位實質，因此洽請作者同意中譯而出版於華人地區。珍妮・坎貝爾女士著，呂艾倫　中譯，每冊250元。

假藏傳佛教的神話——性、謊言、喇嘛教：本書編著者是由一首名為「阿姊鼓」的歌曲為緣起，展開了序幕，揭開假藏傳佛教——喇嘛教——的神祕面紗。其重點是蒐集、摘錄網路上質疑「喇嘛教」的帖子，以揭穿「假藏傳佛教的神話」為主題，串聯成書，並附加彩色插圖以及說明，讓讀者們瞭解西藏密宗及相關人事如何被操作為「神話」的過程，以及神話背後的眞相。作者：張正玄教授。售價200元。

達賴真面目——玩盡天下女人：假使您不想戴綠帽子，請記得詳細閱讀此書；假使您不想讓好朋友戴綠帽子，請您將此書介紹給您的好朋友。假使您想保護家中的女性，也想要保護好朋友的女眷，請記得將此書送給家中的女性和好友的女眷都來閱讀。本書為印刷精美的大本彩色中英對照精裝本，為您揭開達賴喇嘛的眞面目，內容精彩不容錯過，為利益社會大眾，特別以優惠價格嘉惠所有讀者。編著者：白志偉等。大開版雪銅紙彩色精裝本。售價800元。

喇嘛性世界——揭開假藏傳佛教譚崔瑜伽的面紗：這個世界中的喇嘛，號稱來自世外桃源的香格里拉，穿著或紅或黃的喇嘛長袍，散布於我們的身邊傳教灌頂，吸引了無數的人嚮往學習；這些喇嘛虔誠地為大眾祈福，手中拿著寶杵（金剛）與寶鈴（蓮花），口中唸著咒語：「唵．嘛呢．叭咪．吽……」，咒語的意思是說：「我至誠歸命金剛杵上的寶珠伸向蓮花寶穴之中」！「喇嘛性世界」是什麼樣的「世界」呢？本書將為您呈現喇嘛世界的面貌。當您發現眞相以後，您將會唸：「噢！喇嘛．性．世界，譚崔性交嘛！」作者：張善思、呂艾倫。售價200元。

末代達賴——性交教主的悲歌：簡介從藏傳僞佛教（喇嘛教）的修行核心——性力派男女雙修，探討達賴喇嘛及藏傳僞佛教的修行內涵。書中引用外國知名學者著作、世界各地新聞報導，包含：歷代達賴喇嘛的祕史、達賴六世修雙身法的事蹟，以及《時輪續》中的性交灌頂儀式……等；達賴喇嘛書中開示的雙修法、達賴喇嘛的黑暗政治手段；達賴喇嘛所領導的寺院爆發喇嘛性侵兒童；新聞報導《西藏生死書》作者索甲仁波切性侵女信徒、澳洲喇嘛秋達公開道歉、美國最大假藏傳佛教組織領導人邱陽創巴仁波切的性氾濫；等等事件背後眞相的揭露。作者：張善思、呂艾倫、辛燕。售價250元。

黯淡的達賴——失去光彩的諾貝爾和平獎：本書舉出很多證據與論述，詳述達賴喇嘛不爲世人所知的一面，顯示達賴喇嘛並不是眞正的和平使者，而是假借諾貝爾和平獎的光環來欺騙世人；透過本書的說明與舉證，讀者可以更清楚的瞭解，達賴喇嘛是結合暴力、黑暗、淫欲於喇嘛教裡的集團首領，其政治行爲與宗教主張，早已讓諾貝爾和平獎的光環染污了。本書由財團法人正覺教育基金會寫作、編輯，由正覺出版社印行，每冊250元。

第七意識與第八意識？——穿越時空「超意識」：「三界唯心，萬法唯識」是佛教中應該實證的聖教，也是《華嚴經》中明載而可以實證的法界實相。唯心者，三界一切境界、一切諸法唯是一心所成就，即是每一個有情的第八識如來藏，不是意識心。唯識者，即是人類各各都具足的八識心王——眼識、耳鼻舌身意識、意根、阿賴耶識，第八阿賴耶識又名如來藏，人類五陰相應的萬法，莫不由八識心王共同運作而成就，故說萬法唯識。依聖教量及現量、比量，都可以證明意識是二法因緣生，是由第八識藉意根與法塵二法為因緣而出生，又是夜夜斷滅不存之生滅心，即無可能反過來出生第七識意根、第八識如來藏，當知不可能從生滅性的意識心中，細分出恆審思量的第七識意根，更無可能細分出恆而不審的第八識如來藏。本書是將演講內容整理成文字，細說如是內容，並已在〈正覺電子報〉連載完畢，今彙集成書以廣流通，欲幫助佛門有緣人斷除意識我見，跳脫於識陰之外而取證聲聞初果；嗣後修學禪宗時即得不墮外道神我之中，得以求證第八識金剛心而發起般若實智。平實導師 述，每冊300元。

童女迦葉考——論呂凱文〈佛教輪迴思想的論述分析〉之謬：童女迦葉是佛世率領五百大比丘遊行於人間的歷史事實，是以童貞行而依止菩薩戒弘化於人間的大菩薩，不依別解脫戒（聲聞戒）來弘化於人間。這是大乘佛教與聲聞佛教同時存在於佛世的歷史明證，證明大乘佛教不是從聲聞法中分裂出來的部派佛教的產物，卻是聲聞佛教分裂出來的部派佛教聲聞凡夫僧所不樂見的史實；於是古今聲聞法中的凡夫都欲加以扭曲而作詭說，更是末法時代高聲大呼「大乘非佛說」的六識論聲聞凡夫極力想要扭曲的佛教史實之一，於是想方設法扭曲迦葉菩薩為聲聞僧，以及扭曲迦葉童女為比丘僧等荒謬不實之論著便陸續出現，古時聲聞僧寫作的《分別功德論》是最具體之事例，現代之代表作則是呂凱文先生的〈佛教輪迴思想的論述分析〉論文。鑑於如是假藉學術考證以籠罩大眾之不實謬論，未來仍將繼續造作及流竄於佛教界，繼續扼殺大乘佛教學人法身慧命，必須舉證辨正之，遂成此書。平實導師 著，每冊180元。

人間佛教—實證者必定不悖三乘菩提：「大乘非佛說」的講法似乎流傳已久，卻只是日本人企圖擺脫中國正統佛教的影響，而在明治維新時期才開始提出來的說法；台灣佛教、大陸佛教的淺學無智之人，由於未曾實證佛法而迷信日本人錯誤的學術考證，錯認爲這些別有用心的日本佛學考證的講法爲天竺佛教的眞實歷史；甚至還有更激進的反對佛教者提出「**釋迦牟尼佛並非眞實存在，只是後人捏造的假歷史人物**」，竟然也有少數佛教徒願意跟著「學術」的假光環而信受不疑，亦導致部分台灣佛教界人士，造作了反對中國大乘佛教而推崇南洋小乘佛教的行爲，使台灣佛教的信仰者難以檢擇，亦導致一般大陸人士開始轉入基督教的盲目迷信中。在這些佛教及外教人士之中，也就有一分人根據此邪說而大聲主張「大乘非佛說」的謬論，這些人以「人間佛教」的名義來抵制中國正統佛教，公然宣稱中國的大乘佛教是由聲聞部派佛教的凡夫僧所創造出來的。這樣的說法流傳於台灣及大陸佛教界凡夫僧之中已久，卻非眞正的佛教歷史中曾經發生過的事，只是繼承六識論的聲聞法中凡夫僧，以及別有居心的日本佛教界，依自己的意識境界立場，純憑臆想而編造出來的妄想說法，卻已經影響許多無智之凡夫僧俗信受不移。本書則是從佛教的經藏法義實質及實證的現量內涵本質立論，證明大乘佛法本是佛說，是從《阿含正義》尚未說過的不同面向來討論「人間佛教」的議題，證明「大乘眞佛說」。閱讀本書可以斷除六識論邪見，迴入三乘菩提正道發起實證的因緣；也能斷除禪宗學人學禪時普遍存在之錯誤知見，對於建立參禪時的正知見有很深的著墨。平實導師 述，內文488頁，全書528頁，定價400元。

實相經宗通：學佛之目的在於實證一切法界背後之實相，禪宗稱之爲本來面目或本地風光，佛菩提道中稱之爲實相法界；此實相法界即是金剛藏，又名佛法之祕密藏，即是能生有情五陰、十八界及宇宙萬有（山河大地、諸天、三惡道世間）的第八識如來藏，又名阿賴耶識心，即是禪宗祖師所說的眞如心，此心即是三界萬有背後的實相。證得此第八識心時，自能瞭解般若諸經中隱說的種種密意，即得發起實相般若——實相智慧。每見學佛人修學佛法二十年後仍對實相般若茫然無知，亦不知如何入門，茫無所趣；更因不知三乘菩提的互異互同，是故越是久學者對佛法越覺茫然，都肇因於尚未瞭解佛法的全貌，亦未瞭解佛法的修證內容即是第八識心所致。本書對於修學佛法者所應實證的實相境界提出明確解析，並提示趣入佛菩提道的入手處，有心親證實相般若的佛法實修者，宜詳讀之，於佛菩提道之實證即有下手處。平實導師述著，共八輯，已於2016年出版完畢，每輯成本價250元。

真心告訴您（一）——達賴喇嘛在幹什麼？這是一本報導篇章的選集，更是「破邪顯正」的暮鼓晨鐘。「破邪」是戳破假象，說明達賴喇嘛及其所率領的密宗四大派法王、喇嘛們，弘傳的佛法是仿冒的佛法；他們是假藏傳佛教，是坦特羅(譚崔性交)外道法和藏地崇奉鬼神的苯教混合成的「喇嘛教」，推廣的是以所謂「無上瑜伽」的男女雙身法冒充佛法的假佛教，詐財騙色誤導眾生，常常造成信徒家庭破碎、家中兒少失怙的嚴重後果。「顯正」是揭櫫眞相，指出眞正的藏傳佛教只有一個，就是覺囊巴，傳的是 釋迦牟尼佛演繹的第八識如來藏妙法，稱爲他空見大中觀。正覺教育基金會即以此古今輝映的如來藏正知見，在眞心新聞網中逐次報導出來，將箇中原委「眞心告訴您」，如今結集成書，與想要知道密宗眞相的您分享。售價250元。

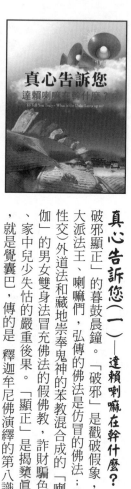

中觀金鑑—詳述應成派中觀的起源與其破法本質：學佛人往往迷於中觀學派之不同學說，被應成派與自續派所迷惑；修學般若中觀二十年後自以為實證般若中觀了，卻仍不曾入門，甫聞實證般若中觀者之所說，則茫無所知，迷惑不解；隨後信心盡失，不知如何實證佛法；凡此，皆因惑於這二派中觀學說所致。自續派中觀所說同於常見，以意識境界立為第八識如來藏之境界，應成派所說則同於斷見，但又同立意識為常住法，故亦具足斷常二見。今者孫正德老師有鑑於此，乃將起源於密宗的應成派中觀學說，追本溯源，詳考其來源之外，亦一一舉證其立論內容，詳加辨正，令密宗雙身法祖師以識陰境界而造之應成派中觀學說本質，詳細呈現於學人眼前，令其維護雙身法之目的無所遁形。若欲遠離密宗此二大派中觀謬說，欲於三乘菩提有所進道者，允宜具足閱讀並細加思惟，反覆讀之以後將可捨棄邪道返歸正道，則於般若之實證即有可能，證後自能現觀如來藏之中道境界而成就中觀。本書分上、中、下三冊，每冊250元，已全部出版完畢。

法華經講義：此書為平實導師始從2009/7/21演述至2014/1/14之講經錄音整理所成。世尊一代時教，總分五時三教，即是華嚴時、聲聞緣覺教、般若教、種智唯識教、法華時；依此五時三教區分為藏、通、別、圓四教。本經是最後一時的圓教經典，圓滿收攝一切法教於本經中，是故最後的圓教聖訓中，特地指出無有三乘菩提，其實唯有一佛乘；皆因眾生愚迷故，方便區分為三乘菩提以助眾生證道。世尊於此經中特地說明如來示現於人間的唯一大事因緣，便是為有緣眾生「開、示、悟、入」諸佛的所知所見——第八識如來藏妙真如心，並於諸品中隱說「妙法蓮花」如來藏心的密意。然因此經所說甚深難解，真義隱晦，古來難得有人能窺堂奧；平實導師以知如是密意故，特為末法佛門四眾演述《妙法蓮華經》中各品蘊含之密意，使古來未曾被古德註解出來的「此經」密意，如實顯示於當代學人眼前。乃至〈藥王菩薩本事品〉、〈妙音菩薩品〉、〈觀世音菩薩普門品〉、〈普賢菩薩勸發品〉中的微細密意，亦皆一併詳述之，可謂開前人所未曾言之密意，示前人所未見之妙法。最後乃至以〈法華大義〉而總其成，全經妙旨貫通始終，而依佛旨圓攝於一心如來藏妙心，厥為曠古未有之大說也。平實導師述，共有25輯，已於2019/05/31出版完畢。每輯300元。

西藏「活佛轉世」制度—附佛、造神、世俗法：歷來關於喇嘛教活佛轉世的研究，多針對歷史及文化兩部分，於其所以成立的理論基礎，較少系統化的探討。尤其是此制度是否依據「佛法」而施設？是否合乎佛法眞實義？現有的文獻大多含糊其詞，或人云亦云，不曾有明確的闡釋與如實的見解。因此本文先從活佛轉世的由來，探索此制度的起源、背景與功能，並進而從活佛的尋訪與認證之過程，發掘活佛轉世的特徵，以確認「活佛轉世」在佛法中應具足何種果德。定價150元。

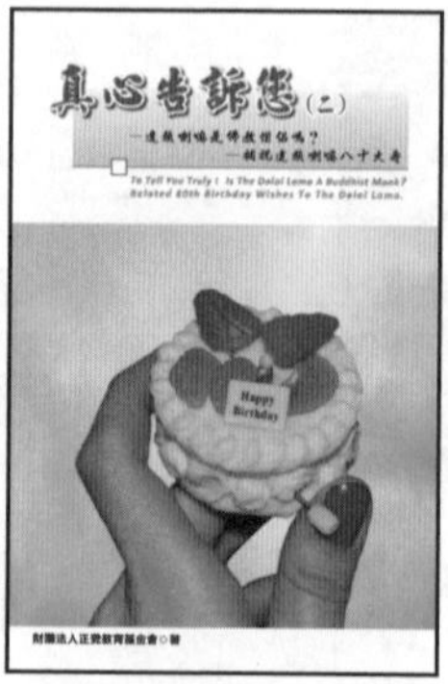

真心告訴您（二）—達賴喇嘛是佛教僧侶嗎？補祝達賴喇嘛八十大壽：這是一本針對當今達賴喇嘛所領導的喇嘛教，冒用佛教名相、於師徒間或師兄姊間，實修男女邪淫，而從佛法三乘菩提的現量與聖教量，揭發其謊言與邪術，證明達賴及其喇嘛教是仿冒佛教的外道，是「假藏傳佛教」。藏密四大派教義雖有「八識論」與「六識論」的表面差異，然其實修之內容，皆共許「無上瑜伽」四部灌頂爲究竟「成佛」之法門，也就是共以男女雙修之邪淫法爲「即身成佛」之密要，雖美其名曰「欲貪爲道」之「金剛乘」，並誇稱其成就超越於（應身佛）釋迦牟尼佛所傳之顯教般若乘之上；然詳考其理論，則或以意識離念時之粗細心爲第八識如來藏，或以中脈裡的明點爲第八識如來藏，或如宗喀巴與達賴堅決主張第六意識爲常恆不變之眞心者，分別墮於外道之常見與斷見中；全然違背　佛說能生五蘊之如來藏的實質。售價300元。

涅槃——解說四種涅槃之實證及內涵：眞正學佛之人，首要即是見道，由見道故方有涅槃之實證，證涅槃者方能出生死，但涅槃有四種：二乘聖者的有餘涅槃、無餘涅槃，以及大乘聖者的本來自性清淨涅槃、佛地的無住處涅槃。大乘聖者實證本來自性清淨涅槃，入地前再取證二乘涅槃，然後起惑潤生捨離二乘涅槃，繼續進修而在七地心前斷盡三界愛之習氣種子，依七地無生法忍之具足而證得念念入滅盡定；八地後進斷異熟生死，直至妙覺地下生人間成佛，具足四種涅槃，方是眞正成佛。此理古來少人言，以致誤會涅槃正理者比比皆是，今於此書中廣說四種涅槃、如何實證之理、實證前應有之條件，實屬本世紀佛教界極重要之著作，令人對涅槃有正確無訛之認識，然後可以依之實行而得實證。本書共有上下二冊，每冊各四百餘頁，對涅槃詳加解說，每冊各350元。

佛藏經講義：本經說明爲何佛菩提難以實證之原因，都因往昔無數阿僧祇劫前的邪見，引生此世求證時之業障而難以實證。即以諸法實相詳細解說，繼之以念佛品、念法品、念僧品，說明諸佛與法之實質；然後以淨戒品之說明，期待佛弟子四眾堅持清淨戒而轉化心性，並以往古品的實例說明歷代學佛人在實證上的業障由來，教導四眾務必滅除邪見轉入正見中，不再造作謗法及謗賢聖之大惡業，以免未來世尋求實證之時被業障所障；然後以了戒品的說明和囑累品的付囑，期望末法時代的佛門四眾弟子皆能清淨知見而得以實證。平實導師於此經中有極深入的解說，總共21輯，已於2022/11/30出版完畢，每輯三百餘頁，售價300元。

大法鼓經講義：本經解說佛法的總成：法、非法。由開解法、非法二義，說明了義佛法與世間戲論法的差異，指出佛法實證之標的即是法——第八識如來藏；並顯示實證後的智慧，如實擊大法鼓、演深妙法，演說如來祕密教法，非二乘定性及諸凡夫所能得聞，唯有具足菩薩性者方能得聞。正聞之後即得依於　世尊大願而拔除邪見，入於正法而得實證；深解不了義經之方便說，亦能實解了義經所說之眞實義，得以證法——如來藏，而得發起根本無分別智，乃至進修而發起後得無分別智；並堅持布施及受持清淨戒而轉化心性，得以現觀眞我眞法如來藏之各種層面。此爲第一義諦聖教，並授記末法最後餘八十年時，一切世間樂見離車童子以七地證量而示現爲凡夫身，將繼續護持此經所說正法。平實導師於此經中有極深入的解說，總共六輯，每輯300元，於2023/01/30開始每二個月發行一輯。

成唯識論釋：本論係大唐玄奘菩薩揉合當時天竺十大論師的說法加以辨正而著成，攝盡佛門證悟菩薩及部派佛教聲聞凡夫論師對佛法的論述，並函蓋當時天竺諸大外道對生命實相的錯誤論述加以辨正，是由玄奘大師依據無生法忍證量加以評論確定而成爲此論。平實導師弘法初期即已依於證量略講過一次，歷時大約四年，當時正覺同修會規模尚小，聞法成員亦多尚未證悟，是故並未整理成書；如今正覺同修會中的證悟同修已超過六百人，鑑於此論在護持正法、實證佛法及悟後進修上的重要性，已於2022年初重講，並已經預先註釋完畢編輯成書，名爲《成唯識論釋》，總共十輯，每輯目次41頁、序文7頁、每輯內文多達四百餘頁，並將原本13級字縮小爲12級字編排，以增加其內容；於增上班宣講時的內容將會更詳細於書中所說，涉及佛法密意的詳細內容只於增上班中宣講，於書中皆依佛誡隱覆密意而說，然已足夠所有學人藉此一窺佛法堂奧而進入正道、免入岐途。重新判教後編成的〈目次〉已經詳盡判定論中諸段句義，用供學人參考；是故讀者閱完此論之釋，即可深解成佛之道的正確內涵。本書總共十輯，預定每一輯內容講述完畢時即予出版，第一輯於2023年五月底出版，然後每七至十個月出版下一輯，每輯定價400元。

不退轉法輪經講義：世尊弘法有五時三教之別，分為藏、通、別、圓四教之理，本經是大乘般若期前的通教經典，所說之大乘般若正理與所證解脫果，通於二乘解脫道，佛法智慧則通大乘般若，皆屬大乘般若與解脫甚深之理，故其所證解脫果位通於二乘法教；而其中所說第八識無分別法之正理，即是世尊降生人間的唯一大事因緣。如是第八識能仁而且寂靜，恆順眾生於生死之中從無乖違，識體中所藏之本來無漏性的有為法以及真如涅槃境界，皆能助益學人最後成就佛道；此謂釋迦意為能仁，牟尼意為寂靜，此第八識即名釋迦牟尼，釋迦牟尼即是能仁寂靜的第八識真如；若有人聽聞如是第八識常住、如來不滅之正理，信受奉行之人皆有大乘實證之因緣，永得不退於成佛之道，是故聽聞釋迦牟尼名號而解其義者，皆得不退轉於無上正等正覺，未來世中必有實證之因緣。如是深妙經典，已由平實導師詳述圓滿並整理成書，預定於《大法鼓經講義》發行圓滿之後接著梓行，每二個月發行一輯，總共十輯，每輯300元。

解深密經講義：本經是所有尋求大乘見道及悟後欲入地者所應詳讀串習的三經之一，即是《楞伽經》、《解深密經》、《楞嚴經》三經中的一經，亦可作為見道真假的自我印證依據。此經是 世尊晚年第三轉法輪時，宣說地上菩薩所應熏修之無生法忍唯識正義經典；經中總說真見道位所見的智慧總相，兼及相見道位所應熏修的七真如等法；亦開示入地應修之十地真如等義理，乃是大乘一切種智增上慧學，以阿陀那識—如來藏—阿賴耶識為成佛之道的主體。禪宗之證悟者，若欲修證初地無生法忍乃至八地無生法忍者，必須修學《楞伽經、解深密經、楞嚴經》所說之八識心王一切種智。此三經所說正法，方是真正成佛之道；印順法師否定第八識如來藏之後所說萬法緣起性空之法，墮於六識論中而著作的《成佛之道》，乃宗本於密宗宗喀巴六識論邪思而寫成的邪見，是以誤會後之二乘解脫道取代大乘真正成佛之道，承襲自古天竺部派佛教聲聞凡夫論師的邪見，尚且不符二乘解脫道正理，亦已墮於斷滅見及常見中，所說全屬臆想所得的外道見，不符本經、諸經中佛所說的正義。平實導師曾於本會郭故理事長往生時，於喪宅中從**首七**開始宣講此經，於每一七起各宣講三小時，至**十七**而快速略講圓滿，作為郭老之往生後的佛事功德，迴向郭老早證八地、速返娑婆住持正法。茲為今時後世學人故，已經開始重講《解深密經》，以淺顯之語句講畢後，將會整理成文並梓行流通，用供證悟者進道；亦令諸方未悟者，據此經中佛語正義修正邪見，依之速能入道。平實導師述著，全書輯數未定，每輯三百餘頁，將於未來重講完畢後逐輯陸續出版。

修習止觀坐禪法要講記：修學四禪八定之人，往往錯會禪定之修學知見，欲以無止盡之坐禪而證禪定境界，卻不知修除性障之行門才是修證四禪八定不可或缺之要素，故智者大師云「性障初禪」；性障不除，初禪永不現前，云何修證二禪等？又：行者學定，若唯知數息，而不解六妙門之方便善巧者，欲求一心入定，未到地定極難可得，智者大師名之爲「事障未來」：障礙未到地定之修證。又禪定之修證，不可違背二乘菩提及第一義法，否則縱使具足四禪八定，亦不能實證涅槃而出三界。此諸知見，智者大師於《修習止觀坐禪法要》中皆有闡釋。作者平實導師以其第一義之見地及禪定之實證證量，曾加以詳細解析。將俟正覺寺竣工啟用後重講，不限制聽講者資格；講後將以語體文整理出版。欲修習世間定及增上定之學者，宜細讀之。平實導師述著。

阿含經講記──小乘解脫道之修證：數百年來，南傳佛法所說證果之不實，所說解脫道之虛妄，所弘解脫道法義之世俗化，皆已少人知之；阿含解脫道從南洋傳入台灣與大陸之後，所說法義虛謬之事，亦復少人知之；今時台灣全島印順系統之法師居士，多不知南傳佛法數百年來所說解脫道之義理已然偏斜、已然世俗化、已非眞正之二乘解脫正道，猶極力推崇與弘揚。彼等南傳佛法近代所謂之證果者皆非眞實證果者，譬如阿迦曼、葛印卡、帕奧禪師、一行禪師……等人，悉皆未斷我見故。近年更有台灣南部大願法師，高抬南傳佛法之二乘修證行門爲「捷徑究竟解脫之道」者，然而南傳佛法縱使眞修實證，得成阿羅漢，至高唯是二乘菩提解脫之道，絕非究竟解脫，無餘涅槃中之實際尚未得證故，法界之實相尚未了知故，習氣種子待除故，一切種智未實證故，焉得謂爲「究竟解脫」？即使南傳佛法近代眞有實證之阿羅漢，尚且不及三賢位中之七住明心菩薩本來自性清淨涅槃智慧境界，則不能知此賢位菩薩所證之無餘涅槃實際，仍非大乘佛法中之見道者，何況彼等普未實證聲聞果乃至未斷我見之人？謬充證果已屬逾越，更何況是誤會二乘菩提之後，以未斷我見之凡夫知見所說之二乘菩提解脫偏斜法道，焉可高抬爲「究竟解脫」？而且自稱「捷徑之道」？又妄言解脫之道即是成佛之道，完全否定般若實智、否定三乘菩提所依之如來藏心體，此理大大不通也！平實導師爲令修學二乘菩提欲證解脫果者，普得迴入二乘菩提正見、正道中，是故選錄四阿含諸經中，對於二乘解脫道法義有具足圓滿說明之經典，預定未來十年內將會加以詳細講解，令學佛人得以了知二乘解脫道之修證理路與行門，庶免被人誤導之後，未證言證，梵行未立，干犯道禁自稱阿羅漢或成佛，成大妄語，欲升反墮。本書首重斷除我見，以助行者斷除我見而實證初果爲著眼之目標，若能根據此書內容，配合平實導師所著《識蘊眞義》《阿含正義》內涵而作實地觀行，實證初果非爲難事，行者可以藉此三書自行確認聲聞初果爲實際可得現觀成就之事。此書中除依二乘經典所說加以宣示外，亦依斷除我見等之證量，及大乘法中道種智之證量，對於意識心之體性加以細述，令諸二乘學人必定得斷我見、常見，免除三縛結之繫縛。次則宣示斷除我執之理，欲令升進而得薄貪瞋痴，乃至斷五下分結…等。平實導師將擇期講述，然後整理成書。共二冊，每冊三百餘頁。每輯300元。

總經銷：聯合發行股份有限公司

231 新北市新店區寶橋路 235 巷 6 弄 6 號 4F

Tel.02－2917-8022（代表號） Fax.02－2915-6275（代表號）

零售：1.**全台連鎖經銷書局：**

三民書局、誠品書局、何嘉仁書店

敦煌書店、紀伊國屋、金石堂書局、建宏書局

諾貝爾圖書城、墊腳石圖書文化廣場

2.**台北市：**佛化人生 **大安區**羅斯福路 3 段 325 號 6 樓之 4　台電大樓對面

3.**新北市：**春大地書店 **蘆洲區**中正路 117 號

4.**桃園市：**御書堂 **龍潭區**中正路 123 號

5.**新竹市：**大學書局 **東區**建功路 10 號

6.**台中市：**瑞成書局 **東區**雙十路 1 段 4 之 33 號

佛教詠春書局 **南屯區**永春東路 884 號

文春書店 **霧峰區**中正路 1087 號

7.**彰化市：**心泉佛教文化中心 南瑤路 286 號

8.**高雄市：**政大書城 **前鎮區**中華五路 789 號 2 樓（高雄夢時代店）

明儀書局 **三民區**明福街 2 號

青年書局 **苓雅區**青年一路 141 號

9.**台東市：**東普佛教文物流通處 博愛路 282 號

10.**其餘鄉鎮市經銷書局：**請電詢總經銷**聯合**公司。

11.**大陸地區請洽：**

香港：樂文書店

銅鑼灣店 :香港銅鑼灣駱克道 506 號 2 樓

電話 :(852) 2881 1150 email: luckwinbs@gmail.com

廈門：廈門外圖臺灣書店有限公司

地址：廈門市思明區湖濱南路809 號 廈門外圖書城3 樓 郵編：361004

電話：0592-5061658（臺灣地區請撥打 86-592-5061658）

E-mail：JKB118@188.COM

12.**美國：世界日報圖書部：**紐約圖書部　電話 7187468889#6262

洛杉磯圖書部　電話 3232616972#202

13.**國內外地區網路購書：**

正智出版社 書香園地　http://books.enlighten.org.tw/

（書籍簡介、經銷書局可直接聯結下列網路書局購書）

三民 網路書局　http://www.sanmin.com.tw

誠品 網路書局　http://www.eslitebooks.com

博客來 網路書局　http://www.books.com.tw
金石堂 網路書局　http://www.kingstone.com.tw
聯合 網路書局　http:// www.nh.com.tw

附註：1.請儘量向各經銷書局購買：郵政劃撥需要八天才能寄到（本公司在您劃撥後第四天才能接到劃撥單，次日寄出後第二天您才能收到書籍，此六天中可能會遇到週休二日，是故共需八天才能收到書籍）若想要早日收到書籍者，請劃撥完畢後，將劃撥收據貼在紙上，旁邊寫上您的姓名、住址、郵區、電話、買書詳細內容，直接傳眞到本公司 02-28344822，並來電 02-28316727、28327495 確認是否已收到您的傳眞，即可提前收到書籍。 2.因台灣每月皆有五十餘種宗教類書籍上架，書局書架空間有限，故唯有新書方有機會上架，通常每次只能有一本新書上架；本公司出版新書，大多上架不久便已售出，若書局未再叫貨補充者，書架上即無新書陳列，則請直接向書局櫃台訂購。 3.若書局不便代購時，可於晚上共修時間向正覺同修會各共修處請購（共修時間及地點，詳閱**共修現況表**。每年例行年假期間請勿前往請書，年假期間請見共修現況表）。 4.郵購：郵政劃撥帳號 19068241。 5.正覺同修會會員購書都以八折計價（戶籍台北市者爲一般會員，外縣市爲護持會員）都可獲得優待，欲一次購買全部書籍者，可以考慮入會，節省書費。入會費一千元（第一年初加入時才需要繳），年費二千元。**6.尚未出版之書籍，請勿預先郵寄書款與本公司，謝謝您！** 7.若欲一次購齊本公司書籍，或同時取得正覺同修會贈閱之全部書籍者，請於正覺同修會共修時間，親到各共修處請購及索取；**台北市讀者**請洽：103 台北市承德路三段 267 號 10 樓（捷運淡水線 圓山站旁）請書時間：週一至週五爲 18.00~21.00，第一、三、五週週六爲 10.00~21.00，雙週之週六爲 10.00~18.00 請購處專線電話：25957295-分機 14（於請書時間方有人接聽）。

敬告大陸讀者：

大陸讀者購書、索書捷徑（尙未在大陸出版的書籍，以下二個途徑都可以購得，電子書另包括結緣書籍）：

1.廈門外國圖書公司：廈門市思明區湖濱南路 809 號 廈門外圖書城 3F
郵編：361004　電話：0592-5061658　網址：**http://www.xibc.com.cn/**

2.電子書：正智出版社有限公司及正覺同修會在台灣印行的各種局版書、結緣書，已有『**正覺電子書**』陸續上線中，提供讀者於手機、平板電腦上購書、下載、閱讀正智出版社、正覺同修會及正覺教育基金會所出版之電子書，詳細訊息敬請參閱『正覺電子書』專頁：**http://books.enlighten.org.tw/ebook**

關於平實導師的書訊，請上網查閱：

成佛之道　http://www.a202.idv.tw

正智出版社 書香園地　http://books.enlighten.org.tw/

中國網採訪佛教正覺同修會、正覺教育基金會訊息：

http://foundation.enlighten.org.tw/newsflash/20150817_1

http://video.enlighten.org.tw/zh-CN/visit_category/visit10

★ 正智出版社有限公司售書之稅後盈餘，全部捐助財團法人正覺寺籌備處、佛教正覺同修會、正覺教育基金會，供作弘法及購建道場之用；懇請諸方大德支持，功德無量。

★ 聲　明 ★

本社於 2015/01/01 開始調整本目錄中部分書籍之售價，以因應各項成本的持續增加。

＊ 喇嘛教修外道雙身法、墮識陰境界，非佛教 ＊

＊ 弘揚如來藏他空見的覺囊派才是真正藏傳佛教 ＊

售後服務—換書啓事(免附回郵)　2017/12/05

《楞伽經詳解》第三輯初版免費調換新書啓事：茲因 平實導師弘法早期尚未回復往世全部證量，有些法義接受他人的說法，寫書當時並未察覺而有二處（同一種法義）跟著誤說，如今發現已將之修正。茲爲顧及讀者權益，已開始免費調換新書；敬請所有讀者將以前所購第三輯（不論第幾刷），攜回或寄回本公司免費換新；郵寄者之回郵由本公司負擔，不需寄來郵票。因此而造成讀者閱讀、以及換書的不便，在此向所有讀者致上萬分的歉意，祈請讀者大眾見諒！

《楞嚴經講記》第 14 輯初版首刷本免費調換新書啓事：本講記第 14 輯出版前因 平實導師諸事繁忙，未將之重新閱讀而只改正校對時發現的錯別字，故未能發覺十年前所說法義有部分錯誤，於第 15 輯付印前重閱時才發覺第 14 輯中有部分錯誤尚未改正。今已重新審閱修改並已重印完成，煩請所有讀者將以前所購第 14 輯初版首刷本，寄回本公司免費換新（初版二刷本無錯誤），本公司將於寄回新書時同時附上您寄書來換新時的郵資，並在此向所有讀者致上最誠懇的歉意。

《心經密意》初版書免費調換二版新書啓事：本書係演講錄音整理成書，講時因時間所限，省略部分段落未講。後於再版時補寫增加 13 頁，維持原價流通之。茲爲顧及初版讀者權益，自 2003/9/30 開始免費調換新書，原有初版一刷、二刷書籍，皆可寄來本公司換書。

《宗門法眼》已經增寫改版爲 464 頁新書，2008 年 6 月中旬出版。讀者原有初版之第一刷、第二刷書本，都可以寄回本公司免費調換改版新書。改版後之公案及錯悟事例維持不變，但將內容加以增說，較改版前更具有廣度與深度，將更能助益讀者參究實相。

換書者免附回郵，亦無截止期限；舊書請寄：111 台北郵政 73-151 號信箱 或 103 台北市承德路三段 267 號 10 樓 正智出版社有限公司。舊書若有塗鴨、殘缺、破損者，仍可換取新書；但缺頁之舊書至少應仍有五分之三頁數，方可換書。所有讀者不必顧念本公司是否有盈餘之問題，都請踴躍寄來換書；本公司成立之目的不是營利，只要能眞實利益學人，即已達到成立及運作之目的。若以郵寄方式換書者，免附回郵；並於寄回新書時，由本公司附上您寄來書籍時耗用的郵資。造成您不便之處，再次致上萬分的歉意。

正智出版社有限公司 啓

免費換書公告

2023/07/15

《法華經講義》第十三輯初版免費調換新書啓事：本書因謄稿、印製等相關人員作業疏失，導致該書中的經文及內文用字將「**親近**」誤植成「清淨」。茲爲顧及讀者權益，自2017/8/30開始免費調換新書；敬請所有讀者將以前所購第十三輯初版首刷及二刷本，攜回或寄回本公司免費換新。錯誤更正說明如下：

一、第256頁第10行~第14行：【就是先要具備「**法親近處**」、「**眾生親近處**」；法**親近**處就是在實相之法有所實證，如果在實相法上有所實證，他在二乘菩提中自然也能有所實證，以這個作爲第一個**親近**處——第一個基礎。然後還要有第二個基礎，就是瞭解應該如何善待眾生；對於眾生不要有排斥或者是貪取之心，平等觀待而攝受、親近一切有情。以這兩個**親近**處作爲基礎，來實行其他三個安樂行法。】。

二、第268頁第13行：【具足了那兩個「**親近處**」，使你能夠在末法時代，如實而圓滿的演述《法華經》時，那麼你作這個夢，它就是如理作意的，完全符合邏輯去完成這個過程，就表示你那個晚上，在那短短的一場夢中，已經度了不少眾生了。

《大法鼓經講義》第一輯初版免費調換二版新書啓事：本書因校對相關人員作業疏失錯失別字，導致該書中的內文255頁倒數5行有二字錯植而無發現，乃「『**智慧**』的滅除不容易」應更正爲「『**煩惱**』的滅除不容易」。茲爲顧及讀者權益，自2023/4/1開始免費調換新書，或請自行更正其中的錯誤之處；敬請所有讀者將以前所購第一輯初版首刷及二刷本，攜回或寄回本公司免費換新。

《涅槃》下冊初版一刷至六刷**免費調換新書啓事**：本書因法義上有少處疏失而重新印製，乃第20頁倒數6行的「法智忍、法智」更正爲「**法智、類智**」，同頁倒數4行的「類智忍、類智」更正爲「**法智忍、類智忍**」；並將書中引文重新標點後重印。敬請讀者攜回或寄回本公司免費換新。

換書者免附回郵，郵寄者之回郵由本公司負擔，不需寄來郵票，亦無截止期限；同時對因此而造成讀者閱讀、以及換書的困擾及不便，在此向所有讀者致上最誠懇的歉意，祈請讀者大眾見諒！

正智出版社有限公司 敬啓

國家圖書館出版品預行編目(CIP) 資料

大法鼓經講義. 第六輯 / 平實導師述著. --初版.--
臺北市: 正智出版社有限公司, 2023.11 面; 公分

ISBN 978-626-96703-2-1(第一輯;平裝)
ISBN 978-626-96703-5-2(第二輯;平裝)
ISBN 978-626-96703-8-3(第三輯;平裝)
ISBN 978-626-97355-2-5(第四輯;平裝)
ISBN 978-626-97355-4-9(第五輯;平裝)
ISBN 978-626-97355-6-3(第六輯;平裝)

1.CST:法華部

221.5 112018337

大法鼓經講義——第六輯

著述者：平實導師
音文轉換：鄭瑞卿 劉夢瓚
校　對：章乃鈞 孫淑貞 陳介源 王美伶 張善思
出版者：正智出版社有限公司
電話：○二 28327495 28316727（白天）
傳眞：○二 28344822
111 台北郵政 73-151 號信箱
郵政劃撥帳號：一九○六八二四一
正覺講堂：總機○二 25957295（夜間）
總經銷：聯合發行股份有限公司
231 新北市新店區寶橋路 235 巷 6 弄 6 號 4 樓
電話：○二 29178022（代表號）
傳眞：○二 29156275
初版首刷：二○二三年十一月三十日 二千冊
定　價：三○○元